KERSTIN LÜCKER (HG.)

IN
WAS JETZT ZU TUN IST,
TIEFER
UM DIE WELT ZU RETTEN
SORGE

KERSTIN LÜCKER (HG.)

IN TIEFER SORGE

WAS JETZT ZU TUN IST, UM DIE WELT ZU RETTEN

EIN APPELL

Mit Beiträgen von Franz Alt · Jakob Blasel · Thilo Bode · Michael Braungart · Josef Göppel · Bärbel Höhn · Claus-Peter Hutter · Hannes Jaenicke · Helga Kromp-Kolb · Franz Josef Radermacher · Dirk Roßmann · Christof Schenck · Elisabeth Stern · Klaus Töpfer · Hubert Weiger · Christine von Weizsäcker · Ernst Ulrich von Weizsäcker

LUDWiG

Sollte diese Publikation Links auf Webseiten Dritter enthalten,
so übernehmen wir für deren Inhalte keine Haftung,
da wir uns diese nicht zu eigen machen, sondern lediglich
auf deren Stand zum Zeitpunkt der Erstveröffentlichung verweisen.

Im folgenden Buch haben wir uns bei der Verwendung genderinklusiver Sprachnormen wie bspw. dem sogenannten Gendersternchen an den Formulierungen der Autor*innen orientiert. Bei Verwendung des grammatischen, generischen Maskulinums sind nichtsdestotrotz, soweit nicht eindeutig anders angegeben, in allen Personengruppen und Bezeichnungen weibliche, männliche, non-binäre und fluide Personen mit eingeschlossen.

Penguin Random House Verlagsgruppe FSC® N001967

Originalausgabe 10/2022

Copyright © 2022 by Ludwig Verlag, München,
in der Penguin Random House Verlagsgruppe GmbH,
Neumarkter Straße 28, 81673 München
Redaktion: Kerstin Lücker
Umschlaggestaltung: und -illustration: DAS ILLUSTRAT, München,
unter Verwendung eines Motives von Panga Media/Shutterstock
Satz: Leingärtner, Nabburg
Druck und Bindung: GGP Media GmbH, Pößneck
Printed in Germany
ISBN: 978-3-453-28155-4

www.ludwig-verlag.de

Inhalt

Vorwort der Herausgeberin 7

Klaus Töpfer: Die Zeit der Zeitenwenden 13

Franz Alt: Die Klimakrise ist kein Schicksal 37

Christof Schenck: Natur ohne uns für uns 47

Bärbel Höhn: Wenn viele kleine Leute an
vielen kleinen Orten viele kleine Dinge tun,
können sie das Gesicht der Welt verändern 71

Josef Göppel †: »Den Garten zu pflegen
und zu schützen« 88

Helga Kromp-Kolb: Wie Bläschen, die an
die Oberfläche dringen – ein Erfahrungsbericht
aus vielen Jahren im Kampf um nachhaltige
Transformation 101

Thilo Bode: Unsere Erfolge reichen nicht 116

Christine von Weizsäcker: Gemeinsam und Unverdrossen 132

Claus-Peter Hutter: Wieder wissen, was wir
einmal wussten – eine Bildungsrevolution ist überfällig 145

Hubert Weiger: Naturschutz sichert Zukunft 162

Dirk Roßmann Der lange Weg zur Nachhaltigkeit 182

Hannes Jaenicke, Jakob Blasel: Wir haben
ein gigantisches Handlungsdefizit 194

Michael Braungart: Klimapositiv statt Klimaneutral –
wie wir erreichen, dass im Jahr 2100 wieder
der Gehalt an Treibhausgasen in der Atmosphäre
besteht, den es im Jahr 1900 gegeben hat 214

Alexander Van der Bellen: »Schließlich sind wir Menschen« 219

Elisabeth Stern: Wir Klima-Seniorinnen klagen,
weil die Schweiz zu wenig gegen den Klimawandel
unternimmt und damit unsere verfassungsmäßigen
Rechte verletzt 228

Franz Josef Radermacher: Versuch einer Zwischenbilanz 245

Ernst Ulrich von Weizsäcker: Immer wieder
neue Abenteuer – mit Pionieren als Freunden 269

Über die Autor:innen 286

Anmerkungen 295

Vorwort der Herausgeberin

Wer auf dem Gipfel des Mont Ventoux in der Provence steht, soll gleichzeitig die Alpen, das Mittelmeer und die Pyrenäen sehen können. Vom Gipfel des Mont Ventoux aus beschrieb der italienische Dichter Francesco Petrarca im 14. Jahrhundert die Welt, die sich vor ihm erstreckte. Er fand sie schön, und er erfuhr im Anblick dieses Naturschönen auch sich selbst neu. Petrarcas Schilderung gilt als Zeugnis jenes kulturhistorischen Moments, als Philosophen, Wissenschaftler und Künstler in Europa den Blick vom Himmel abwandten und begannen, die Natur zu erforschen. Und das bedeutete, die Natur von der menschlichen Kultur zu unterscheiden, um sie zu vermessen, zu gestalten und zu beherrschen. Heute ist umstritten, ob Petrarca den Gipfel wirklich erklommen hat oder ob seine Schilderung Fiktion ist. Als Fiktion, könnte man mit einer Portion Zynismus sagen, scheint sich jedenfalls eine der wirkmächtigsten Ideen zu erweisen, deren Aufkommen Petrarcas Brief an der Schwelle zur Neuzeit bezeugt: die Idee vom Menschen als Krone der Schöpfung. Sollten wir je die Krone der Schöpfung gewesen sein, so sind wir heute, fast 700 Jahre später, zu ihrem Bulldozer geworden. Auch wenn längst nicht alle diese Erkenntnis teilen: Je länger uns Umweltaktivisten und zunehmend die Natur selbst den Spiegel vorhalten, desto schwieriger wird es zu leugnen, wie viel Natur, wie viel Naturschönes wir durch unsere Lebensweise täglich zerstören, und wie maßlos diese Zerstörung um sich greift.

Wir erleben derzeit einen Bewusstseinswandel, der ähnlich radikal zu werden scheint wie der Beginn von Renaissance und Humanismus, als die Grundlagen für unsere moderne, wissenschaftsbasierte Lebensweise entstanden. Vor gut einem halben Jahrhundert lenkten Rachel Carsons Buch *Der stumme Frühling* (1962) und Dennis Meadows' Bericht *Die Grenzen des Wachstums* (Club of Rome, 1972) die Aufmerksamkeit der Weltöffentlichkeit zum ersten Mal auf ein Phänomen, das seither von Wissenschaftlern auf vielfältige Weise beschrieben wird: Wir Menschen sind mit unserer industrialisierten Lebensweise zu einem *geologischen* Faktor geworden, zu einer Naturgewalt, deren Einflüsse das Gesicht der Erde in kurzer Zeit dramatisch verändern. Vom Klima über das Artensterben bis zur Versauerung der Meere. Mit dem Schlagwort »Anthropozän« (Paul Crutzen) ist dieser Umstand noch relativ freundlich beschrieben. Die Welt brennt, das sieht man, während ich dies schreibe, am 18. Juli 2022, möglicherweise sogar vom Gipfel des Mont Ventoux aus, da die Menschen an der Atlantikküste zu Zehntausenden ihre Wohnungen und Häuser verlassen müssen, um sich in einem wieder einmal viel zu heißen Sommer vor den Flammen in Sicherheit zu bringen.[1]

Am Beginn dieses Buchs stand der Arbeitstitel *Umweltpioniere* mit der Idee, einige Aktivisten der ersten und zweiten Stunde nach ihren Erfahrungen zu befragen. Inzwischen hat das Buch sich von diesem anfänglichen Titel emanzipiert, und zu den frühen Umweltpionieren ist mit Jakob Blasel von Fridays for Future auch ein Aktivist der jüngsten Generation dazugekommen. Die meisten hier versammelten Autorinnen eroberten neues, bis dahin völlig unbekanntes Terrain auf der Landkarte politischer und gesellschaftlicher Auseinandersetzungen. Durch ihre Arbeit wurden Welt und Natur zur Umwelt, beharrlich sorgten sie dafür, dass wir unseren Blick auf das richten, was sich in den vergangenen Jahrzehnten im Schatten unserer technischen Eroberungen an Kollateralschäden so angehäuft hat. Und natürlich haben sie es nicht dabei belassen, unsere Sinne zu schärfen, sondern auch auf unterschiedlichste Weise dazu beigetragen, Lösungen zu entwickeln, zu verbreiten und politisch durchzusetzen.

Seither hat sich viel getan: Private Unternehmer haben im Verein mit Lokalpolitik und Umweltverbänden Flüsse gerettet, Wälder und Böden geschützt und für die Einrichtung und Erhaltung von Naturschutzgebieten gekämpft. Viele von ihnen haben vor Gericht für mehr Umweltschutz gestritten, manche als Wissenschaftlerinnen an technischen Ökoinnovationen mitgewirkt, andere vor allem PR- und Lobbyarbeit für die Umwelt geleistet. Die Grünen haben auf dem langen Weg von der außerparlamentarischen Opposition zur Regierungspartei – nicht allein, aber als maßgeblicher Treiber – Erfolge wie den Atomausstieg und die Durchsetzung erneuerbarer Energien erstritten. Unterdessen haben Organisationen wie *Greenpeace* eine Tradition mehr oder weniger legaler Guerilla-Aktionen begründet, die von Gruppierungen wie *Extinction Rebellion* und *Ende Gelände* fortgeführt wird.

So weit, so bekannt. Warum also ein Buch, warum das, was viele unserer Autorinnen seit 30 Jahren sagen und schreiben, hier noch einmal aufschreiben?

Weil die CO_2-Emissionen unvermindert steigen, die Plastikberge unvermindert wachsen und Tag für Tag unzählige Arten von unserem Planeten verschwinden. Weil wir heute nicht etwa weniger, sondern deutlich mehr Verpackungsmüll anhäufen als in den 1990er-Jahren und zu Beginn des Jahrtausends und weil derzeit, angesichts des Kriegs in der Ukraine, selbst die beschlossenen Ausstiege aus Kohle und Atomenergie wieder infrage stehen. Weil wir nach 50 Jahren *Die Grenzen des Wachstums* immer noch nicht anders können, als unseren gigantischen Energiehunger panisch irgendwie zu stillen, jetzt, da wir plötzlich auf das billige Gas aus Russland verzichten müssen – um nicht einen Systemkollaps zu riskieren, den wir natürlich auf keinen Fall riskieren dürfen. Wie die beiden Schneiden einer Schere gehen das wachsende Wissen um die Umweltprobleme und die ungebremste Umweltzerstörung in zwei verschiedene Richtungen auseinander, und es drängt sich der Verdacht auf, dass dies nicht nur bei der Schere in ihrer Konstruktion begründet liegt. Die Frage, wie wir aus diesem Dilemma herauskommen, ist nach einem halben Jahrhundert noch kaum wirklich beantwortet.

Deshalb haben wir in diesem Buch die Stimmen verschiedener Vorreiter der Umweltbewegung versammelt: Wissenschaftlerinnen wie Ernst Ulrich von Weizsäcker, Helga Kromp-Kolb, Christine von Weizsäcker, Christof Schenck, Michael Braungart und Franz Josef Radermacher kommen zu Wort, Aktivisten wie Thilo Bode, Hannes Jaenicke, Franz Alt und Elisabeth Stern von den Schweizer KlimaSeniorinnen, Vertreter von Naturschutzorganisationen wie Hubert Weiger, Unternehmer wie Dirk Roßmann, der Autor Claus-Peter Hutter und nicht zuletzt Politikerinnen wie Bärbel Höhn, Klaus Töpfer und Alexander Van der Bellen. Die vier Töchter von Josef Göppel haben, nachdem dieser im April 2022 überraschend verstarb, die Aufgabe übernommen, einen Beitrag nicht nur in seinem Angedenken, sondern auch in seinem Sinne zu verfassen. Sie alle haben wir gebeten, auf die vergangenen Jahrzehnte zurückzuschauen. Weil wir wissen wollten, was wir von ihnen lernen können: Wo lohnt es sich zu kämpfen und wie? Welche Ideen zur Lösung bestimmter Probleme gab es schon, welche wurden vergessen, welche werden zu wenig gehört? Wie geht es ihnen nach Jahrzehnten des Engagements: Sind sie hoffnungsvoll, optimistisch, enttäuscht, resigniert, verzweifelt?

Ihre Berichte und Bilanzen fallen so unterschiedlich aus wie ihre Tätigkeiten: Von kleinen, keineswegs unbedeutenden Ideen und Innovationen bis zu großen Lösungsvorschlägen, die das 1,5-Grad-Ziel und die Wiederherstellung des globalen ökologischen Gleichgewichts im Blick haben. Sie berichten von Rückschritten, Zweifeln und Frust, aber auch Erfolgen und Hoffnungen. Dabei fällt auf, dass viele von ihnen in ihrer Haltung ambivalent sind: verzweifelt und zugleich auch optimistisch. Für uns aber ist in einer Zeit, in der es »alternativlos« zu sein scheint, den Umweltschutz angesichts von Pandemie und Krieg hintanzustellen, vor allem eines wichtig: dass sie uns daran erinnern, was alles *möglich* ist. Die Autorinnen und Autoren in diesem Buch haben sich über Jahrzehnte für die Umwelt engagiert. Sie haben beharrlich für ein wachsendes gesellschaftliches Bewusstsein geworben und gleichzeitig nach Lösungen gesucht. Dabei sind sie in das noch weitgehend unerschlossene Terrain von »Umwelt-« und »Naturschutz« vorgedrungen: hier haben sie ganz unterschiedliche Wege freigeschlagen – was uns in die komfortable Lage versetzt, ihnen folgen und diese Wege beschreiten zu können. Ihre Erfahrung, ihr Wissen ist ein Vermächtnis, das es uns heute ermöglicht, zu handeln, ohne dass wir dafür das Rad neu erfinden müssten. Es lohnt sich also, ihnen zuzuhören.

Der französische Anthropologe Philippe Descola weist darauf hin, dass die »geräumige Wohnung mit ihren zwei übereinanderliegenden Etagen, in der wir es uns seit einigen Jahrhunderten bequem gemacht haben, [...] Mängel zu zeigen« beginnt.[2] Gemeint ist die Unterscheidung von Natur und Kultur, die, wie er ausführt, für die meisten Menschen in der nicht-europäischen oder nicht-europäisierten Welt sinnlos ist.[3] Es handle sich, so Descola, bei dieser Unterscheidung, mit der wir im Laufe der Jahrhunderte nahezu alles Nichtmenschliche zu unserer Verfügungsmasse gemacht haben, um einen »historischen Zufall«. Heute, an der wiederum historischen Wende des begonnenen Anthropozän, stehen wir vor der Möglichkeit, die Spaltung von Mensch und Natur zu überwinden und zu einem neuen, weniger zerstörerischen Einklang mit unserer Umwelt zu finden. Wir leben jedoch, wie Donna Haraway schreibt, im Zeitalter des Herumeierns.[4] Es ist an der Zeit, zu handeln. Folgen wir den von den Autorinnen und Autoren des vorliegenden Buchs eingeschlagenen Pfaden.

Klaus Töpfer:

Die Zeit der Zeitenwenden

1. Die Geschichte der Menschheit, sie ist gekennzeichnet und profiliert durch historische Umbrüche, durch »Turning Points in History« – durch Zeitenwenden.

Spätestens in der Rede, die Bundeskanzler Scholz am 24.02.2022 im Bundestag nach dem Einmarsch russischer Truppen in die Ukraine gehalten hat, wurde die aktuelle Zeit zu einem »Turning Point in History«. Zwischenzeitlich verbindet sich eine Vielzahl von historischen Umbrüchen zu dieser Zeitenwende. Die einzelnen Umbrüche sind untereinander verflochten, sind sich wechselseitig verstärkend in der Gesellschaft, der Wissenschaft und der Wirtschaft. Zum Teil erst mit erheblicher Verspätung werden diese Umbrüche in ihrem Ausmaß erkannt und noch später Konsequenzen daraus gezogen.

Dies gilt sicherlich für die umfassende historische Veränderung, in die die aktuelle Zeit der Zeitenwenden eingebunden ist und in der sie ihre Gewichtung erfährt: Die Zeitenwende vom letzten Naturzeitalter, dem Holozän, zum ersten Menschenzeitalter, dem Anthropozän. Paul Crutzen, dieser herausragende Wissenschaftler und Nobelpreisträger, hat mit seinem 2002 in *Nature* erschienenen Artikel »The Geology of Mankind« diesen »Turning Point of History«, den Beginn einer neuen globalen Ära, kurz und knapp präzisiert. Crutzen hatte zuvor mit seinen bahnbrechenden Arbeiten zur Gefährdung der Ozonschicht die Chlorbestandteile vornehmlich in den FCKWs als Ursache für diese Schädigung der Ozonschicht – »das Ozonloch« – dingfest gemacht. Dafür ist er mit dem Nobelpreis ausgezeichnet worden. Seine wissenschaftlichen Erkenntnisse wurden zuvor in breiten Teilen der Wissenschaft, vor allem jedoch in der einschlägigen Wirtschaft, massiv bekämpft und interessengeleitet »widerlegt«. Dieser herausragende Wissenschaftler also verweist darauf, dass der Mensch zu einer »quasi geologischen Kraft« geworden ist, wie es 2007 im Potsdam-Memorandum von 15 Nobelpreisträgern genannt wurde.[5]

Der Mensch als Naturgewalt – das Naturzeitalter abgelöst vom Menschen. Dieser Wendepunkt ist der entscheidende »Turning Point in History«. Wir stehen am Anfang einer neuen Ära: Es ist die Zeitenwende aller Zeitenwenden!

Crutzens Forschungen haben in der Wissenschaft weltweit eine breite, intensive und folgenreiche Diskussion begründet. Eine Konsequenz: In Deutschland wird der Historiker Jürgen Renn, der Leiter des Max-Planck-Instituts für Wissenschaftsgeschichte in Potsdam, gebeten, das Konzept für ein neues Max-Planck-Institut »Anthropozän« zu erarbeiten. Zwischenzeitlich hat Jürgen Renn in bemerkenswerter Klarheit dieses Konzept vorgelegt. Er selbst wird dieses Institut leiten.

In der *Zeit* vom 30.06.2022 findet sich ein Interview mit Jürgen Renn unter der Überschrift »Wir können nicht einfach zurück zur Natur«. Es finden sich Stimmen, die feststellen: »Nature is over.«

Wahrlich: Vom Holozän zum Anthropozän – die Zeitenwende aller Zeitenwenden.

2. Zeitenwenden im Anthropozän

Der Mensch als quasi geologische Kraft, so formuliert im Schlussdokument der Potsdamer Klimakonferenz 2007 unter dem Titel: »Global Sustainability – a Nobel Cause«.

Der Mensch mit seinen Entscheidungen ist immer wieder Ausgangspunkt, ist Verursacher historischen Wandels.

Mit weitreichenden Konsequenzen im Verhalten der Menschen und in der technisch-wissenschaftlichen Maßnahmenpalette. Paul Crutzen kommt zu dem Schluss: »This [...] may well involve internationally accepted, large-scale geo-engineering projects.«

Geo engeneering: mit technischen Mitteln Eingriff in Kreisläufe der Erde. Genannt sei nur das Solar Radiation Management (SRM) durch den Menschen – nicht als Utopie, sondern als konkrete Forschung im Kampf gegen den Klimawandel.

In eine solche Zeitenwende bin ich hineingeboren, kurz vor Beginn des Zweiten Weltkriegs im Jahre 1938 – einer von damals 2,5 Mrd. Erdenbürger:innen. Meine Generation, sie wurde von Wolf Lepenies als die Generation des klugen Timings bezeichnet. Eine Generation, die spät genug gekommen ist und früh genug gehen wird. Diese Generation hat Zeitenwenden erlebt und gestaltet, sie ist von diesen geprägt worden, die sich aus dem Wandel vom Holozän zum Anthropozän erklären und aus diesem Wandel ihre Begründung finden.

Als Flüchtling aus Niederschlesien fand ich mich 1945 mit Eltern und Geschwistern am Ende dieses diabolischen, menschenverachtenden und Millionen Menschenleben kostenden Krieges in Höxter an der Weser, im Paderborner Land, in Ostwestfalen. Beladen mit der kollektiven Schande und Schuld der unglaublichen Verbrechen des Holocaust.

Jeder Bissen zum Essen musste hart erarbeitet oder »organisiert« werden. Ich sehe mich auf den Stoppelfeldern nach Kartoffeln oder Zuckerrübenresten suchen, sehe mich auf einem Sammelplatz für Altpapier und Alteisen »Handel« betreiben, sehe mich Bucheckern sammeln und selbst gesuchte Pilze »vermarkten«. In jeder Woche in der Nacht von Freitag auf Samstag ging der Schüler Töpfer in die dortige Zentrale der Lotto- und Totogesellschaft, wo die eingegangenen Lotto- und Totoscheine gezählt und registriert und damit für die zentrale Auswertung zugänglich gemacht wurden. Direkt von dieser Arbeit ging es in den frühen Morgenstunden am Samstag ins Gymnasium, so bis zum Abitur.

Wirtschaftliche Stabilität, Überlebensfähigkeit in einer Umgebung, wie sie in dem Film *Wir Wunderkinder* von Wolfgang Neuss und Wolfgang Müller brillant kabarettistisch dargestellt wurde: »Freunde, genießt nur die Nachkriegszeit, sehr bald wird sie wieder zur Vorkriegszeit« – die »Goldenen Zwanziger« und die massiven Umbrüche in Superinflation und Arbeitslosigkeit mit brüningscher Sparpolitik waren nicht vergessen. »Jetzt wird wieder in die Hände gespuckt, wir steigern das Bruttosozialprodukt«, geradezu eine Hymne, die mir bis zum heutigen Tag von Geier Sturzflug nachgeliefert wurde und in Erinnerung blieb – das Ziel war eindeutig: wirtschaftliche Stabilität, wirtschaftlicher Aufschwung, wirtschaftliches Wachstum. Der Morgenthauplan war nicht Realität geworden, wohl aber der Marshallplan. Eine Entwicklung, die sich bereits aus dem sich deutlich abzeichnenden »Kalten Krieg« erklären ließ.

Die Steigerung des Bruttosozialprodukts, koste es, was es wolle – und es kostete viel mehr, als von der damaligen Gesellschaft in den Marktpreisen zur Berechnung des Bruttosozialprodukts erfasst wurde. Das Bruttosozialprodukt, die monopolisierte Messgröße für Fortschritt, für Wohlstand, für Wachstum. Niemand wollte auch nur im Ansatz realisieren, was Kennedy später wie folgt formulierte: »Das Bruttosozialprodukt misst alles, nur nicht das, was das Leben lebenswert macht.« Der soziale Friede, die Qualität der Bildung und Ausbildung, das Glück des menschlichen Miteinanders – dieses und vieles mehr hat eben keinen Marktpreis – und ein »Bruttoglücksprodukt« konnte gar nicht gedacht, geschweige denn handlungsrelevant gemacht werden.

Die Subventionierung dieses Wachstums durch die Abwälzung von großen Kostenblöcken auf die Zukunft, auf die Natur, auf Menschen in anderen Regionen – es blieb bewusst oder unbewusst verdrängt, nur einzelne Stimmen wurden mit einem protestierenden Fanal hörbar. Der gemeinsame Nenner: Die Menschen in den »hoch entwickelten Ländern« leben mit einer massiven Wohlstandslüge.

Zurück zu diesem Glücksprodukt.[6] Jahre später habe ich mit dem König von Bhutan in seinem wunderschönen Land, in der Hauptstadt Thimphu, über dieses Glücksprodukt diskutiert, im wahrsten Sinne des Wortes stundenlang. Dieses Königreich Bhutan hat seine konkrete Utopie in die Vereinten Nationen getragen, hat dafür engagiert Unterstützung gesucht, organisierte federführend auch mit dem Umweltprogramm UNEP (UN Environment Program) Konferenzen und internationale Diskussionen. Einige Bemühungen zur Erfassung entsprechender Daten für die Berechnung eines »Glücksprodukts« gab es auch in Deutschland. Das Projekt verlief im Sande.

Zurück zum Wirtschaftswunderland Deutschland, konkreter der Bundesrepublik Deutschland: In Münster studierte ich bei Hans Karl Schneider, schrieb eine Dissertation zum Thema: »Zur Beeinflussung privater Pläne – dargestellt an der unternehmerischen Standortentscheidung«. Die Zielsetzung dieser Arbeit: Wie können Unternehmer und Unternehmen motiviert werden, dezentral zu investieren und nicht nur in den industriellen Schwerpunkten, in den Großstädten des Landes. »People to Job or Job to People?« war die Kernfrage, die es zu klären und zu beantworten galt – eine Frage, die aktuell etwa bei der politischen Positionierung zur Entfernungspauschale höchst aktuell ist. Standortfaktoren habe ich bewertet, regional unterschiedliche Abwälzungsmöglichkeiten betrieblicher Kosten zum Nulltarif auf Luft, Wasser und Böden habe ich zwar nicht so genannt, aber sie spielten eine umso bedeutsamere Rolle. Die »localization economies« und die »urbanization economies« als zentrale Einflussgrößen kaum quantifizierbar, geschweige denn monetarisierbar. Im Nachhinein liest sich diese Dissertation (sie ist zwischenzeitlich natürlich vergriffen!)

für mich als ein Beitrag zur Öffnung ökonomischen Denkens hin zu den externen Effekten, zu den ökologischen Abwälzungsmechanismen. Sie spricht damit zentrale Herausforderungen jeder Umweltpolitik an.

Hans Karl Schneider hat gemeinsam mit Helmut Schelsky und Harry Westermann das Zentralinstitut für Raumplanung in Münster begründet. Dort war mein erster nachuniversitärer Arbeitsplatz als Leiter der volkswirtschaftlichen Abteilung. Diese Schwerpunktverlagerung auf die regionale Dimension findet aktuell ein mächtiges Echo in der »Renaissance des Regionalen«, in der Erfolgsgeschichte der Bioprodukte bis hin zu Programmen wie der Strategie »from Farm to Fork«. Ein zentrales Ziel: der Abbau strategischer Abhängigkeiten, das Streben nach Autarkie. Vor allem: das Wissen für den Verbraucher, wer wo diese Ware wie erzeugt hat.

Rückblickend waren dieser Forscherkreis um das Zentralinstitut für Raumplanung und für mich zusätzlich die genannte Dissertation der Anstoß für ein Denken über das BSP hinaus. Dieses Denken fand seine konkrete Herausforderung in den immer sichtbarer werdenden konkreten Konsequenzen der auf die Zukunft oder andere Menschen abgewälzten Umweltkosten. Zunehmend wurden für mich die damit verbundenen ethischen Dimensionen des Lebens auf Kosten kommender Generationen und der Natur zur höchst kritischen Rückfrage an die Leistungsfähigkeiten der Marktwirtschaft. Die »Wohlstandslüge« war nicht mehr zu »übersehen«, geschweige denn zu negieren.

So forderte Willy Brandt 1961: »Der Himmel über dem Ruhrgebiet muss wieder blau werden.« Die Verbindung zwischen den Umweltbelastungen, bei Luft, Wasser, Böden, Nahrungsmitteln und der Gesundheit der Menschen als entscheidende Bedingungen eines glücklichen Lebens, eine politische Dimension von zunehmender gesellschaftlicher und politischer Relevanz.

Erinnert würde ich daran, dass ich bereits als Schüler des

Gymnasiums und später als Student Mitglied des katholischen Schülerbundes Neu Deutschland wurde. Ich erinnerte mich an das *Hirschberg-Programm* dieser Gemeinschaft und las darin mit nunmehr gänzlich anderen Augen: »Frieden mit der Natur ist Ausdruck der Ehrfurcht vor Schöpfer und Schöpfung. Wir setzen uns ein für ein Wirtschaften, das diesen Frieden wahrt, und halten Maß im Verbrauch.«

Das »Maß im Verbrauch«! Alle Wahl- und Parteiprogramme habe ich nach dem Wort »Suffizienz« vergeblich durchsucht. Über Effizienz und Resilienz findet man viele strategische Programmpunkte. Über »Suffizienz« findet man nichts. In Interviews und Reden habe ich eine »neue Bescheidenheit« eingefordert. Die Reaktionen der Medien und in der Gesellschaft blieben bis zum heutigen Tag nahezu gänzlich aus. Dabei ist immer wieder zu unterstreichen, dass unser Lebensstil nicht globalisierungsfähig ist. Meine Erinnerung an die Stoppelfelder der Flüchtlingsjahre kontrastiert massiv mit der Tatsache, dass aktuell je nach Berechnung bis zu zehn Millionen Tonnen Nahrungsmittel pro Jahr allein in Deutschland weggeworfen werden – in einer Zeit, in der über 800 Millionen Menschen hungern, mit steigender Tendenz. Ein Gang durch Slums in den afrikanischen Städten, z. B. Mathare in Nairobi, machte diesen massiven Verteilungsskandal für mich physisch erfahrbar, wurde für mich eine moralische Handlungsverpflichtung.

Dieser Umbruch einer eindimensional nur am Wachstum des BSP orientierten Wirtschaft fordert somit immer eine Einbindung der externalisierten Kosten in die Wohlstandsrechnung. Dafür ist, wie in den Bereichen der Sozialpolitik, ein klarer gesetzlicher, ordnungspolitischer Rahmen zwingend geboten. Immer dringlicher und hörbarer wurden die Forderungen nach Investitionen in Luft, Wasser, Böden, in die Naturvielfalt, in den Kampf für Biodiversität. Diese Aufschreie, diese Weckrufe wurden zu literarischen Bestsellern und verstärkten dadurch sehr wirksam ihre politische Relevanz. Der Bericht *Die Grenzen des Wachstums* des Club of Rome, 1972 erarbeitet und in über 30 Millionen Exemplaren in nahezu 40 Sprachen veröffentlicht, bereits 1973 mit dem Friedenspreis des Deutschen Buchhandels geehrt, ist dafür der zentrale Beleg. Rachel Carsons *Der stumme Frühling* hatte bereits 1962 die Diskussion über den Umbruch des Denkens hinsichtlich der Konsequenzen unseres Wirtschaftens und Lebensstils auf die Schöpfung, auf die Artenvielfalt ansteigen lassen. Das Buch *Ein Planet wird geplündert* des damaligen CDU-Bundestagsabgeordneten Herbert Gruhl, erschienen im Jahr 1975, gab der Diskussion über die moralischen Konsequenzen unseres Wirtschaftens eine unmittelbare politische Dimension. Der Untertitel des Buches: *Die Schreckensbilanz unserer Politik*. Dieses Buch, ein Bestseller und, wie schon bald zu erkennen war, in seinen Aussagen und Bewertungen nicht – wie man meinte – übertrieben, sondern eher noch untertrieben. Gruhl war nicht seiner Zeit voraus – er war auf der Höhe der Zeit, während der Mainstream in Gesellschaft und Politik zumeist weit hinter der Zeit zurückblieb.

Da finden sich Sätze, die geradezu revolutionärer Sprengstoff waren und wohl noch sind: »Je fortschrittlicher eine Zivilisation ist, desto mehr beutet sie die Natur aus« (S. 18). Nahezu an gleicher Stelle die Feststellung: »Man hat schlicht vergessen, dass die lebendige Natur und die Bodenschätze die Grundlage jeder Produktion, aller Kapital- und Arbeitseinsätze sind.« Mit der Konsequenz: »Wären diese Aussagen als Elementarfaktoren in die Rechnung einbezogen worden, dann wäre der Mensch bescheidener geblieben.« In diesem Buch findet sich endlich der Hinweis auf die Bescheidenheit, die Suffizienz, auf das Maß im Verbrauch, wie es Jahre zuvor mein katholischer Jugendbund in seinem Grundsatzprogramm formuliert und gefordert hatte. Es wäre an der Zeit, dieses Buch von Gruhl in der Gesellschaft und insbesondere in der CDU intensiv zu diskutieren, in seiner Aktualität zu werten und Schlussfolgerungen für die aktuelle Gestaltung einer moralisch verankerten Umwelt- und Gesellschaftspolitik zu ziehen.

Mein Zugang zu dem, was man heute »Umweltpolitik« nennt und was für mich Teil einer breiten gesellschaftspolitischen Verantwortung darstellt, war nicht ein punktuelles Ereignis oder die Begegnung mit einem in besonderer Weise motivierenden Menschen oder einer Institution. Es war vielmehr der ständig wachsende Zweifel an den richtigen Stellgrößen einer sozialen Marktwirtschaft, die ihren »Wohlstand« bemüht ist zu steigern, indem sie Kosten dieses Wohlstands aus der aktuellen Rechnung heraushält. Diese Abwälzung auf kommende Generationen war für mich zwischenzeitlich sehr konkret geworden: Unsere drei Kinder sind Teil dieser kommenden Generation. Heute konkretisieren diese Rückfrage an unser aktuelles Verhalten vier Enkelkinder mit Blick auf die weitere, auf ihre Zukunft. Dabei verliert der Begriff »Umwelt« und »Umweltpolitik« für mich immer mehr die Berechtigung. Der Mensch ist und bleibt Teil der Schöpfung – es gibt nicht die Trennung des Menschen von dieser Schöpfung. Er ist Teil dieser »Umwelt«.

Es war die steigende Überzeugung, dass in einer Welt mit nunmehr acht Milliarden Menschen ein Planet geplündert wird, weil die Menschen bewusst oder unbewusst Subventionen für diesen Wohlstand kassieren, sich »verschulden«. Den Abbau dieser Schulden müssen andere begleichen – wenn das dann noch möglich sein sollte.

Beispielhaft findet sich diese wachsende Überzeugung zu einer ökologischen Qualifizierung der Marktwirtschaft wieder in dem Kreislaufwirtschaftsgesetz. Das Denken in Kreisläufen muss das lineare Denken überwinden. Im Kreislauf werden die jeweiligen Verursacher unmittelbar in ihrer Verantwortung eingebunden, während lineares Denken stets zu »Abfällen« führt, für die dann die vorangegangenen Stufen der Produktion, des Handels und des Verbrauchs keine Verantwortung übernehmen. Nur durch eine Kreislaufwirtschaft kommt die Menschheit raus aus der »Wegwerfgesellschaft«. Dieses wurde in meiner Zeit als Umweltminister mit der Verpackungsverordnung konkret erprobt – mit erheblichem, stark beachtetem internationalem Erfolg. So wurde ich zum »Grünen Punkt« der Nation; wurde schließlich in einem »gelben Sack« auf die Fernsehbühne einer Rateshow gebracht. In dieser sehr produktiven Zeit des neuen Bundesumweltministeriums wurden europa- und weltweit besonders ambitionierte wichtige wasserwirtschaftliche Rechtsgrundlagen verschärft, wurden damit Infrastrukturen in Kläranlagen durchgesetzt. Ein klares Ordnungsrecht erwies sich als verlässlicher Weg zu sauberen Flüssen und Bächen. Ordnungsrechtliche Vorgaben in Gesetzen und Verordnungen wurden auch für Luftreinhaltung, für chemische Stoffe, für Biodiversität erarbeitet und in Gesetzen festgeschrieben.

In diese Zeit fällt die »Enquete-Kommission zukünftige Kernenergie-Politik« (1979–1983). Der Schlussbericht der parlamentarischen Kommission verdient es, heute noch gelesen zu werden. Die Frage der Nutzung oder Nicht-Nutzung der Kernenergie blieb allerdings offen.

Nach der Reaktorkatastrophe im japanischen Fukushima wurde von der Bundesregierung 2011 die »Ethikkommission für eine sichere Energieversorgung« eingesetzt. Diese von Prof. Matthias Kleiner und mir geleitete Kommission kam zu dem Ergebnis, dass Deutschland bis zum Jahre 2022 die Nutzung der Kernenergie beenden kann. Sie gab somit eine Antwort auf die Frage, die in der Enquete-Kommission von 1979 offengelassen wurde. Die Ergebnisse der Ethikkommission wurden vom Deutschen Bundestag mit breiter Zustimmung akzeptiert und in den folgenden Jahren wie beschlossen umgesetzt. Erst der verbrecherische Überfall Putins auf die Ukraine hat diese nahezu einstimmige Handlungsstrategie mit dem Ende des Ausstiegs im Jahre 2022 infrage gestellt und wieder zu einer breiten gesellschaftlichen Diskussion dieser Energietechnologie geführt. Es wäre zwingend an der Zeit, der Empfehlung der Enquete-Kommission in ihrem gesamten Umfang Beachtung zu schenken. Dazu gehört die Überlegung, eine Rückholbarkeit bei der Entsorgung der radioaktiven Abfallstoffe zu gewährleisten. Es muss die Möglichkeit offengehalten werden, diese Abfälle wieder zu bergen, sollten später neue wissenschaftliche Erkenntnisse für die Behandlung oder sogar ggf. Nutzung dieser Abfallstoffe vorliegen. Ebenso ist es zwingend, dass Deutschland seinen weitgehenden Ausstieg aus der Forschung auf dem Gebiet der Kernenergie schnellstens beendet. Wenn direkte Nachbarn Deutschlands diese Technik sehr progressiv bewerten und nutzen, wenn technisch grundsätzlich andere Atomkraftwerke mit neuen Sicherheitskonzepten entwickelt werden, muss in Deutschland zumindest der technologische Wissensstand dieser Entwicklungen verfügbar gemacht werden. Dabei bleibt die Entscheidung für den Ausstieg aus der Kernenergie unverändert. Eine Perspektive, die ich mit den Argumenten der Ethikkommission weiterhin für richtig halte.

Mehr und mehr wurde durch diese gesetzgeberischen Maßnahmen und die entsprechenden Strategien der Weg sichtbar, den die soziale Marktwirtschaft zu einer ökologischen und sozialen zu gehen hatte und noch hat. Auf dem Parteitag der CDU 1989 in Bremen habe ich bereits den Antrag »Unsere Verantwortung für die Schöpfung« eingebracht. Vergleichbar mit der Sozialpflichtigkeit habe ich die Ökologiepflichtigkeit der Marktwirtschaft begründet, ein Vetorecht des Umweltministers wurde gefordert, vergleichbar mit dem Vetorecht des Finanzministers. Die ökologische und soziale Marktwirtschaft wurde in diesem Antrag gefordert. Er wurde nach langer, intensiver und kontroverser Diskussion vom Parteitag angenommen. Die CDU bekannte sich zur ökologischen und sozialen Marktwirtschaft. Dieser bedeutsame Schritt nach vorn wurde wenige Jahre später wieder zurückgenommen. Nach wie vor bin ich davon überzeugt, dass dieses Bekenntnis zu einer ökologischen und sozialen Marktwirtschaft eine Säule christlich-demokratischer Politik sein muss.

3. Die Zeitenwende zur Globalisierung

1989 fielen die Mauer und der Stacheldraht, die Deutschland teilten. Sicherlich der herausragende Beleg für das Ende des Kalten Krieges, für den Zusammenbruch der Sowjetunion. Wiedervereinigung in Deutschland! Ende der Geschichte!? Fukuyamas Thesen über Demokratie und Marktwirtschaft, über Liberalismus wurden heiß diskutiert. Der Zusammenbruch der kommunistischen Vision – eine Zeitenwende, ein »Turning Point in History«?

Zweifellos eine besondere Zeitenwende mit dynamischer Motivationskraft. Frieden schien auf Dauer global gesichert, alle materiellen und immateriellen Ressourcen konnten für die friedliche Entwicklung der Menschheit eingesetzt werden – sie mussten nicht in Rüstung, in militärischer Abschreckung vergeudet werden. Der Abbau der riesigen weltweiten Entwicklungsunterschiede, gemessen am BSP und an den Lebensperspektiven der Menschen, konnte als Hauptaufgabe der Menschheit in Angriff genommen werden. Es bedurfte nicht mehr des BSP, um den Kampf zwischen Ost und West zu »gewinnen«. Eine geradezu euphorische Begeisterung erfasste die Menschen bis in die Politik hinein!

Diese neue Dimension des Miteinanders zu nutzen und erfolgreich zu machen, war die Herausforderung. Die Unterschiede dieses Kampfes um ökonomische Vorrangstellung zwischen Ost und West wurden auch bei Umweltschäden nach der Wiedervereinigung sichtbar. Ein konkretes Beispiel in Deutschland: Die überalterte Carbochemie im Raum Bitterfeld, verglichen mit der Petrochemie am Rhein. Viele Beispiele derartigen Umweltdumpings wurden unübersehbar. Mit Respekt ist an die Leistungen der Menschen in der damaligen DDR zu erinnern, die mit diesen überalterten technischen Bedingungen und den damit verbundenen ökologischen und gesundheitlichen Belastungen noch weltmarktfähige Qualitätsprodukte herstellen konnten.

Überall Aufbruchstimmung in Deutschland und weit darüber hinaus. In diese Zeit hinein wurde die Umweltkonferenz in Rio de Janeiro 1992 vorbereitet – 20 Jahre nach der ersten Umweltkonferenz der Vereinten Nationen in Stockholm 1972: The United Nation Conference of the Human Environment (UNCHE). Mitten im Kalten Krieg, vom »Osten« boykottiert! Von den sogenannten Entwicklungsländern höchst kritisch, geradezu widerwillig begleitet. Hinter einer »globalen Umweltkonferenz« wurde als Zielsetzung der wirtschaftlich hoch entwickelten Staaten vermutet, die von etwa nur 25 Prozent der Weltbevölkerung verursachten globalisierten Umweltbelastungen als Handlungsverpflichtung der ganzen Welt aufzuerlegen. Indira Gandhi nahm als eine der wenigen Staatsoberhäupter an dieser Konferenz teil und hielt eine bis zum heutigen Tag höchst lehrreiche, lesenswerte Rede. Ein Satz daraus wurde zum Fanal: »Sind nicht Armut und Hunger die am stärksten toxischen Elemente der Welt?« Müssen nicht Armut und Hunger prioritär weltweit bewältigt werden? Haben die Entwicklungsländer nicht geradezu einen Rechtsanspruch gegenüber den Ländern, die die globalen Umweltbelastungen verursacht haben, unter denen die Entwicklungsländer massiv leiden und in ihrem Entwicklungspotenzial belastet werden?

Diese globale Dimension hat mich bereits früh in meinem politischen Leben angetrieben. Sie hat mit der Verantwortung, die ich 1998/1999 für das Umweltprogramm für die Vereinten Nationen in Nairobi übernommen habe, ihren abschließenden Höhepunkt gefunden. Die wirklich relevanten Umweltprobleme unserer Zeit erfordern gebieterisch globales, solidarisches Handeln. Der zwischenzeitlich immer deutlicher werdende Re-Nationalisierungstrend mit einer zunehmenden De-Globalisierung befindet sich immer dramatischer in Widerspruch zu dieser globalen Verantwortung. Dies ist sicherlich auch verbunden mit einem retardierenden Prozess globaler wirtschaftlicher Stabilität mit dem Ziel eines Abbaus der weiterhin deutlich ansteigenden wirtschaftlichen Unterschiede in der Welt, eine Lektion, die ich in Nairobi ganz konkret erfahren musste. Diesen Herausforderungen können die Vereinten Nationen in ihrer aktuellen Struktur nur sehr bedingt, wenn überhaupt gerecht werden. Es ist eine Tragik, dass die sachliche Verpflichtung zur globalen Zusammenarbeit geradezu untergepflügt wird von nationalen Egoismen, von der Philosophie eines »my country first«.

Zurück zur Rio-Konferenz 1992: Die Euphorie war, wie bereits erwähnt, in breiten Teilen der Bevölkerung weltweit sehr groß – die Skepsis gegenüber einer weiteren »Weltumweltkonferenz« allerdings noch stärker ausgeprägt, als dies 1972 der Fall war. Die Entwicklungsländer waren unter keinen Umständen dazu bereit, eine zweite »United Nation Conference on the Human Environment« zu akzeptieren. Selbst für eine Konferenz für Umwelt und Entwicklung, für »Environment and Development« gab es erheblichen Widerstand. Gefordert wurde eine Konferenz für »Development and Environment«: Die Entwicklung musste an erster Stelle stehen, die Umwelt an zweiter.

In dieser Situation hat Deutschland eine zentrale Verhandlungsposition mit der Dritten Welt eingenommen. Als Umweltminister bin ich mit qualifizierter fachlicher Unterstützung aus dem Ministerium besonders nach Asien in entscheidende Länder zu Gesprächen gereist: China, Indien, Malaysia, Indonesien, als einige Beispiele. Es ist gelungen, für Rio 1992 die United Nations Conference on Environment and Development (UNCED) durchzuführen. Eine Zeit erheblicher innenpolitischer Turbulenzen in Brasilien belastete die Erwartungen an diese Konferenz zusätzlich.

Dieser mühsame Vorbereitungsprozess hat die Attraktivität der Konferenz bereits in der Vorbereitung belastet. Mit der Konsequenz, dass z. B. der damalige Umweltkommissar der EU, Carlo Ripa di Meana, nicht zu dieser von ihm als nutzlos bezeichneten Konferenz reiste. Auch in der Bundesregierung waren die Erwartungen an die Ergebnisse außerordentlich begrenzt. So hatte schlussendlich der noch recht neue Umweltminister die Ehre, die deutsche Delegation in Rio zu leiten. Dennoch hat die Euphorie der Zeitenwende nach dem Zusammenbruch des Kommunismus Rio 1992 in großartiger Weise erfolgreich werden lassen. Rio wurde zum Earth Summit.

Die Vorbereitung für die Klimakonvention lag bei Tommy Koh, einem erfahrenen und klugen Spitzenbeamten aus Singapur. Mit ihm habe ich zusammen mit meinen für die Klimaverhandlungen besonders erfahrenen Mitarbeiter:innen diesen Prozess bis zur Annahme der zentralen Konvention in Rio 1992 verhandelt – nicht zuletzt unterstützt durch das große Verhandlungsgeschick des Generalsekretärs dieser Konferenz, Maurice Strong. Die drei »Rio-Konventionen« für Klima, Biodiversität und Wüstenbildung sind möglich geworden.

In Rio 1992 wurden sehr viele Weichen auf globale Umweltzusammenarbeit gestellt. Ein Beispiel: Als Vorsitzender und damit Hauptverantwortlicher für die angestrebte Waldkonvention konnte nach zähen Verhandlungen wenigstens für alle Waldökosysteme, das *Non legally binding Authoritative Statement of Principles for a Global Consensus on the Management, Conservation and Sustainable Development of All Types of Forest* verabschiedet werden. Viel habe ich gelernt in diesen Verhandlungen, was mir später in meiner Tätigkeit für die Vereinten Nationen außerordentlich hilfreich war. Verabschiedet wurde die Biodiversitätskonvention, erfolgreich verhandelt wurden die Rio-Prinzipien.

Diese Konferenz war für die globale Umwelt- und Entwicklungspolitik von entscheidender Bedeutung. Zahlreiche Regierungschefs unterzeichneten die Klimakonvention bereits in Rio – so Präsident Bush, Bundeskanzler Helmut Kohl und Präsident Mitterrand, als besonders herausragende Persönlichkeiten.

Für mich war diese Konferenz wiederum eine Bestätigung, über das BSP hinauszudenken, an die Umweltschäden ursächlich und systematisch heranzugehen, marktwirtschaftliche Strukturen durch einen bindenden ordnungsrechtlichen Rahmen zu ergänzen. Wie es am Anfang der industriellen Revolution eines harten sozialen Kampfes für die soziale Dimension der Marktwirtschaft bedurft hatte, so musste ein vergleichbarer Kampf für die ökologische Qualifizierung der sozialen Marktwirtschaft geführt werden. Dies sind für mich Voraussetzungen dafür, dass Umweltpolitik nicht weiterhin eine mehr oder weniger qualifizierte Reparaturwerkstatt der Marktwirtschaft bleibt. Dazu der Hinweis: Die soziale Qualifizierung der Marktwirtschaft erfolgte und erfolgt wesentlich ebenfalls über klares, verbindliches Ordnungsrecht.

Wirtschaftliche Entwicklung, friedliches Miteinander und Perspektiven für kommende Generationen nur durch strukturelle Weiterentwicklung der Marktwirtschaft! Mehr denn je zweifele ich daran, dass ökologische Ziele verlässlich durch eine direkte oder indirekte staatliche Beeinflussung von Preisen durch Steuern und Abgaben erreicht werden können. Nach wie vor erinnere ich mich an den klugen Satz meines finanzwissenschaftlichen Professors in Münster, Prof. Dr. Timm: »Wer mit Steuern steuern will, wird sein Ziel nie erreichen.« Verbindliche, ordnungsrechtliche Rahmensetzungen müssen eine verlässliche Umweltpolitik tragen. In diesem Rahmen können Preise eine zusätzliche Funktion wirksam erfüllen. Dabei ist immer wieder zu unterstreichen, dass »marktwirtschaftliche Instrumente« keineswegs nur Steuern oder Abgaben sind. Ergänzend sei darauf hingewiesen, dass auch Ordnungsrecht technologischen Fortschritt stimuliert. Eine

Politik über Preise wird dagegen in einer offenen Gesellschaft stets den begründeten Vorwurf bewirken, dass Preise massive soziale Ungleichgewichte begründen oder weiter verstärken.

4. Die geopolitischen Umwälzungen – die Kulmination der Zeitenwenden

Der Zusammenbruch der Sowjetunion – diese Zeitenwende hatte die positive, motivierende Konsequenz zur globalen Zusammenarbeit. Eine neue Dimension für Lösungen durch globale Zusammenarbeit, zur Realisierung zwingender Umwelt- und Entwicklungsziele wurde geöffnet. Diese Globalisierung haben menschliche Kontakte, wirtschaftlichen Austausch und wissenschaftliche Zusammenarbeit aufblühen lassen. Globalisierungsgewinne wurden und werden realisiert – von sinkender Kindersterblichkeit bis zum Aufbau von Lieferketten durch eine wirtschaftliche Globalisierung, aber auch zu einer leider nach wie vor zu zögerlichen und damit einem zu langsamen Abbau von Hunger, Armut und Hoffnungslosigkeit. Grenzen wurden in ihren den Austausch hemmenden Wirkungen durch Verträge und Abkommen friedlich geöffnet – die Europäische Union als besonders herausragendes Beispiel. Ein weiteres besonders bedeutsames Ergebnis: 2015 konnte sich die Völkergemeinschaft in Paris auf einen gemeinsamen Kampf gegen den Klimawandel, auf klare Handlungsgrundlagen einigen: Das 2,0/1,5-Grad-Ziel wurde global akzeptiert und festgeschrieben. Klimapolitik erhielt damit einen auf die Zusammenarbeit aller aufbauenden globalen Handlungsrahmen. Verlässliche Klimapolitik wurde zu einem zentralen Beitrag globaler Sicherheitspolitik.

Wie ein Blitz schlug die Coronapandemie ein in diesen Aufbruch zur Zusammenarbeit, auf internationale Kontakte, auf Gemeinsamkeit als gesellschaftliche Realität, auf umweltpolitische

Partnerschaften. Diese Pandemie erzwang den Verzicht auf Kontakte, machte Isolation zu einem entscheidenden Bestandteil der Therapie, begründete Misstrauen und Kritik mit Blick auf unzureichende Aktivitäten in anderen Regionen. Trennung und nicht Gemeinsamkeit wurde zum Leitmotiv.

Die Erkenntnis wurde deutlich, dass »Natur« auch im Menschenzeitalter, im Anthropozän, rücksichtslos und unkalkulierbar zurückschlägt. Hatte nicht Crutzen bereits festgestellt: »Unless there is ... a pandemic, mankind will remain a major environmental force ...«? Die Rückfrage: Hatte der Mensch diese Pandemie nicht ursächlich mit ausgelöst? – durch bewusste oder unbewusste Schädigungen und Freisetzungen von Zoonosen? Der Tier-Mensch-Bezug ist zentraler Bestandteil jeder Ursachenforschung. Der Markt und das Labor von Wuhan, die Konzentration auf die Fledermaus oder auf Schuppentiere: Die Ursachenforschung ist nicht abgeschlossen, und es ist zu befürchten, dass dieses unstrittig nie erreicht werden wird. Weitgehende Einigung besteht bei der Verbindung zum Tier, zur Freisetzung von Viren durch wissenschaftliche Forschung und/oder wirtschaftliche Interessen bei der Nutzung von Tieren. Eine wichtige Konsequenz: Mit aller Kraft muss eine Strategie für die Verbindung von Humanmedizin und Veterinärmedizin erforscht werden – »One Health« darf nicht zu einer losen Worthülse verkommen. Umso besorgniserregender ist es, dass dies bis zum heutigen Tag allerdings ein gänzlich vernachlässigtes Handlungsfeld globaler Zusammenarbeit ist.

Der nächste Teilkomplex dieser Zeit der Zeitenwenden am Anfang des 21. Jahrhunderts: der verbrecherische Überfall Putins auf die Ukraine. Ein »Turning Point in History«. Dieser rücksichtslose, menschenverachtende Überfall zerstört die globale Sicherheitsarchitektur. Nationale Grenzen werden durch Putin gewaltsam infrage gestellt, nationale Identitäten werden Großmachtsträumen rücksichtslos untergeordnet. Ein neuer Kalter Krieg muss wieder gedacht und in seinen Auswirkungen strategisch durchdacht werden. Vertrauen als Grundlage jeglicher Zusammenarbeit ist weltweit weggebrochen. Die Lösung von globalen Problemen wird sich auf geänderte Strategien einstellen müssen, Ressourcen werden wieder für Rüstung und Abschreckung eingesetzt. Das »Sondervermögen« von 100 Milliarden Euro für die Bundeswehr – es steht für die Bekämpfung von Armut und Umweltvorsorge nicht mehr zur Verfügung.

Bisherige eherne Grundsatzpositionen werden dieser neuen Realität untergeordnet: »Keine Waffen in Kriegsgebiete« weicht der Forderung »Schwere Waffen für die Ukraine«.

Massive Auswirkungen dieses Vernichtungskrieges auf die für die Realisierung der Pariser Klimaziele notwendige Energiewende! Jede wirksame Klimapolitik ist auf einen möglichst kurzfristigen Ausstieg aus den fossilen Energien zwingend angewiesen. Braunkohle – Kohle – Gas – die großen CO_2-Emittenten müssen ersetzt werden. Die Wertschöpfungsketten ändern sich fundamental und verschieben sich von den Besitzern der Energierohstoffe auf die Besitzer der Kenntnisse und Forschungen für die Nutzung der erneuerbaren Energien. Die Exporteure der fossilen Energien verlieren damit wirtschaftliche Perspektiven. Sie verlieren diese Grundlagen vor allem dann, wenn die bisherigen Importeure sich der Klimaverpflichtung entsprechend von fossilen Energien gänzlich unabhängig gemacht haben. Angesichts der Tatsache, dass Russland als Exporteur etwa bis zu 50 Prozent seines Staatshaushalts aus dem Export fossiler Energien finanziert, hat eine erfolgreiche Energiewende die Konsequenz, dass die wirtschaftliche Stabilität des exportierenden Landes erschüttert wird.

Die Unabhängigkeit von fossilen Energien ist gegenwärtig noch nicht erreicht. Vor allem Gas, das pro Energieeinheit am wenigsten CO_2 emittiert, wird für den weiteren Umsetzungsprozess der Energiewende noch dringend benötigt. Damit ergibt sich eine strategische wechselseitige Abhängigkeit der Importeure von dem Exportland Russland und des Exporteurs Russland von den Importeuren. Diese Waffe setzt Putin aktuell rücksichtslos ein.

An dieser Stelle kann nur darauf hingewiesen werden, dass die starke Position Russlands und der Ukraine auf dem Weltmarkt von Getreide und Ölsaaten in anderen Regionen der Welt, vornehmlich in Afrika, als »vergleichbare« Waffe eingesetzt werden könnte. Die Diskussion über den Export von Weizen aus der Ukraine belegt diese menschenverachtende Perspektive.

Zurück zur Energie! Die gekennzeichneten wechselseitigen Abhängigkeiten und ihre Veränderung über die Zeit sind im hohen Maße sicherheitspolitische Einflussgrößen. Es muss das Ziel darin bestehen, einen Weg aus dieser höchst gefährlichen Situation und zugleich für die Klimapolitik ebenso wie für die globale Zusammenarbeit zwingend erforderliche Wirkungsmechanismen zu finden. Dies wird nur durch beidseitig kompromissbereite Verhandlungen und nicht durch Waffengewalt erreicht werden können.

Ein Ansatz dazu ist die Nutzung von Wasserstoff in der Energiewirtschaft. Dafür sind technologische Möglichkeiten mit der Elektrolyse bereits vorhanden und über lange Zeit erprobt. Allerdings bedarf es der Nutzung von »grünem Strom«, um CO_2-frei Wasserstoff zu erzeugen.

Daher ist es von hoher Bedeutung, dass u. a. im Institute for Advanced Sustainability Studies (IASS), das ich nach meiner Rückkehr aus Afrika in Potsdam aufbauen durfte, der Nobelpreisträger Professor Dr. Carlo Rubbia die Methanpyrolyse in eine neue Dimension hineinforschen konnte. Mit dieser Technologie wird Erdgas in Wasserstoff und Kohlenstoff getrennt. Der dabei entstehende »türkise Wasserstoff« ist CO_2-frei nutzbar. Der in der Pyrolyse entstehende elementare Kohlenstoff ist bereits gegenwärtig wirtschaftlich vielfältig nutzbar. Die Methanpyrolyse damit ein geschlossener Kreislauf. Auf die hohe Bedeutung von Ammoniak in der Produktion, im Transport sowie in der Nutzung vornehmlich in der chemischen Industrie kann nur hingewiesen werden.

Ebenso können weitere Techniken einer CO_2-freien Nutzung fossiler Brennstoffe angeführt werden. Insbesondere Carbon Capture and Storage (CCS) und Carbon Capture and Use (CCU) sind im weltweiten Maßstab relevante Lösungswege. Wichtige Erdöl und Erdgas exportierende Länder, wie Norwegen oder Saudi-Arabien, bieten an, das abgeschiedene CO_2 zurückzunehmen und z. B. in den durch die Öl- und Gasförderung entstehenden Kavernen zu speichern.

Dies sind vielversprechende perspektivische Lösungen. Sie können mittel- und langfristig der Weg aus der Krise sein. Daher sind neue Investitionen vornehmlich bei der Nutzung von Gas »H2-ready« zu realisieren. Die bittere kurzfristige Realität: Bereits abgeschaltete Braunkohle- und Steinkohlekraftwerke müssen als Konsequenz der Tatsache, dass Putin den Erdgasexport als Waffe nutzt, wieder reaktiviert werden – ohne Zweifel eine massive zusätzliche Belastung der Klimapolitik. Die ebenso diskutierte zeitliche Nutzung noch laufender Kernkraftwerke könnte vermeiden helfen, Gas in Kraftwerken nur zur Netzstabilisierung für die Stromerzeugung zu verbrennen – ohne zusätzliche Belastung des Klimas.

Massiv steigende Energiepreise sind die Folge. Sie sind ein wesentlicher Verstärker der aktuellen Inflationskrise, die in einer falschen Geldpolitik der EZB ihre eigentliche Begründung hat. Damit werden die soziale Dimension und Dynamik in das Zentrum wirtschaftlicher und gesellschaftlicher Diskussion gerückt. Die Verlierer der Inflation sind stets die sozial Schwachen. Die Konzentration politischer Maßnahmen auf Preissteigerungen erweist sich in der gesellschaftlichen Realität aus dem Protest der Menschen einerseits und der politischen Verantwortung für den sozialen Ausgleich andererseits zumindest als kurz- bis mittelfristige Strategie nicht durchsetzbar.

Es kann in diesem Beitrag nicht das Ziel sein, auf die energiepolitischen Handlungsparameter insgesamt vertiefend einzugehen. Darauf hinweisen will ich aber, dass der Bau von LNG-Terminals in der Deutschen Bucht vor dieser Krise direkt verbunden war mit dem dann ermöglichten Import von Shalegas (Schiefergas) aus den USA, was die Ablehnung derartiger Terminals aus Naturschutzgründen von Umweltverbänden begründete. Die massiv höheren Preise amerikanischen Shalegases begründeten zusätzlich die Ablehnung dieser Maßnahmen aus der Wirtschaft.

An dieser Stelle ist nur die Konzentration auf Energie und Klima erfolgt. Zumindest drei andere auf massive Ungleichgewichte hinsteuernde Bereiche müssen zumindest erwähnt werden:

- Die sich in großer Dramatik abzeichnende weltweite Hungerkatastrophe.
- Die Wasserkrise. Im Gegensatz zur Energie ist für Wasser eine Substitution nicht in Sicht.
- Der sich beschleunigende Verlust der Artenvielfalt.

5. Schlussbemerkung

Bereits im Studium an der Universität in Münster habe ich mich intensiv mit Karl Popper und dem »kritischen Rationalismus« auseinandergesetzt. In der philosophischen Profilierung des kritischen Rationalismus steht die These, dass menschliches Entscheiden stets ein Entscheiden bei unvollkommener Information ist, im Mittelpunkt. Vollkommene Information, Allwissenheit ist keine menschliche Dimension. Wenn aber Entscheidungen stets bei unvollkommener Information zu treffen sind, ist eine Fehlerhaftigkeit der begründenden Thesen nie grundsätzlich auszuschließen. »Wissenschaft« ist daher stets auf die Falsifizierung vorhandenen Wissens zu konzentrieren, so der kritische Rationalismus.

Die Konzentration auf die Verifizierung führt zur Ideologie, sucht nach Bestätigungen einer vorgefassten Meinung.

Für mein wissenschaftliches und politisches Leben ist diese Fixierung auf die Falsifizierung wissenschaftlichen Arbeitens stets leitend gewesen und ist es bis zum heutigen Tage. Der engagierteste Vertreter des kritischen Rationalismus in Deutschland, Hans Albert, hat dieses Denken mit dem bemerkenswerten Satz verbunden: »Wir irren uns nach oben.«

Fehler und Einschränkungen des eigenen Denkens und Handelns selbst kompromisslos zu ermitteln, profiliert den Forscher, profiliert den Politiker in einer offenen parlamentarischen Demokratie. Ein solches Handeln begründet und verstärkt Glaubwürdigkeit und Vertrauen – in einer Zeit, in der wissenschaftliche Forschung immer tiefer die Konstruktionsmuster von Natur und Leben decodiert und damit manipulieren kann. Die Korrektur von Irrtum oder Fehlern führt keineswegs zwangsläufig zum Verlust von Wählerstimmen einerseits oder wissenschaftlicher Reputation andererseits. Baltasar Gracián, dieser von mir hoch geachtete Denker und Ratgeber, dieser aufmüpfige Jesuit (1601–1658), hat in seinem Buch *Handorakel und Kunst der Weltklugheit* festgehalten: »Die Festigkeit gehört in den Willen, nicht in den Verstand.« Diese Folgerung zieht Gracián aus der Feststellung: »Jeder Dumme ist fest überzeugt; und jeder fest Überzeugte ist dumm. Je irriger sein Urteil, desto größer sein Starrsinn.«

Für das praktische Handeln bedeutet dies zum einen, dass technologische Lösungen wo immer möglich gestaltbar, offen für Weiterentwicklungen, reversibel und für die Behebung von Fehlern geeignet sein sollten. Technologien müssen globalisierungs- und demokratiefähig sein, sollten besonders in den Entwicklungsländern Arbeitsplätze schaffen. Bei den Technologien, bei denen ein Fehler massive, irreversible Konsequenzen hat, ist meine Skepsis daher sehr ausgeprägt und provoziert intensivst die Suche nach Alternativen.

»THERE IS NO Alternative« ist die Absage an eine offene, parlamentarische Demokratie.

Aus dieser Haltung des kritischen Rationalismus erklärt sich der Hinweis in diesem Text, dass ich eine Rückholbarkeit der endgelagerten radioaktiven Abfälle für geboten halte – zumal unser Wissen ständig weiter ansteigt, dass es Grenzen des Wissens offenbar nicht gibt. Hubert Markl stellt in dem Buch *Wissenschaft gegen Zukunftsangst* einen Abschnitt unter die Überschrift »Wissenschaft: Wachstum ohne Grenzen?« Diese höchst bedeutsame Frage beantwortet Markl, indem er praktisch das Fragezeichen durch ein Ausrufezeichen ersetzt.

Die Frage nach den »Pionieren« wird dadurch ebenfalls deutlich relativiert. Die Gestaltung einer offenen Gesellschaft, die Entwicklung von Entscheidungsalternativen als Grundlage für demokratische Prozesse – die Erarbeitung von Kompromissen für die Lösung kontroverser Auseinandersetzungen: Alles dies sind für mich Motivationen zum gesellschaftlichen, politischen Handeln. Ich erinnere mich an ein Zitat, das ich sicher nicht wortgetreu wiedergebe: Der Erfolg von Bürgerinitiativen und Nicht-Regierungsorganisationen besteht darin, dass als alternativlos angesehene Tatbestände der politischen Diskussion und Entscheidung wieder verpflichtend übergeben werden. Alternativlosigkeit, oft begründet durch die zu beseitigenden Fehler aus vorangegangenen Entscheidungen, ist stets Begrenzung von Freiheit, begrenzt die Zukunft auf die Beseitigung von Fehlern aus der Vergangenheit. Politik darf nicht auf die Kunst des Möglichen reduziert werden. Sie muss die Kunst sein, das Notwendige möglich zu machen. Nur so wird die Zukunft eine offene, der freiheitlichen Demokratie zugängliche Realität. Die Krise der Demokratie, die bereits große Schatten wirft, wäre sonst die nächste Zeitenwende.

Franz Alt:

Die Klimakrise ist kein Schicksal

Während ich diese Zeilen – Anfang März 2022 – schreibe, bedroht Putins Krieg in der Ukraine alle liberalen Demokratien in ihren Grundfesten. Und wenn Sie diese Zeilen lesen, sind noch weit mehr Menschen durch diesen Krieg gestorben und weitere Millionen auf der Flucht. Gleichzeitig sehen wir auch fatale Schwächen der europäischen Energie- und Klimapolitik, deren Folgen nicht mehr nur unsere Lebensgrundlagen bedrohen. So warnte im Januar 2022 auch die Weltgesundheitsorganisation (WHO): »Fossile Brennstoffe bringen uns um. Die Klimakrise ist die größte Gesundheitskrise der Menschheit.« Aber aus Krisen müssen keine Katastrophen entstehen. Menschen können lernen, wenn sie es nur wollen. Dafür brauchen wir freilich eine moralische Revolution, neues Denken, wie es Michail Gorbatschow schon vor 30 Jahren gefordert hat, und eine »Weltrevolution des Mitgefühls«, wie sie heute der Dalai Lama anmahnt.

Schon vor 20 Jahren habe ich das Buch *Krieg um Öl oder Frieden durch die Sonne* geschrieben. Unsere Abhängigkeit von Putins Gas und Öl ist jedem und jeder schon längst bekannt. Unser Erdöl stammt zu rund einem Drittel aus Russland[7], unsere Steinkohle und unser Erdgas mehr als zur Hälfte. Und fast zwei Drittel der Exporte Russlands, meist von Staatsunternehmen, sind fossile Brennstoffe. Wenn wir Putins Kriege und mögliche weitere Kriege in Osteuropa beenden oder verhindern wollen, müssen wir nicht erst in 20 Jahren komplett auf erneuerbare Energien umsteigen, sondern jetzt. Nur so kann man Putins Kriegskasse austrocknen. Rasche Klimaneutralität ist ohnehin nötig, um das rechtsverbindliche 1,5-Grad-Ziel aus dem Pariser Klimaabkommen[8] einzuhalten, das spätestens 2030 null fossile Brennstoffe nahelegt. Das gilt nicht nur für Strom und Wärme. Wir müssen endlich auch über Mobilität, Mineraldünger, Zement und Kunststoffe reden, die ebenfalls bislang noch weitestgehend auf fossilen Rohstoffen basieren.

In meinem Buch *Der Planet ist geplündert*, das ich 2022 aus Anlass 50 Jahre *Die Grenzen des Wachstums* (Club of Rome) zusammen mit Ernst Ulrich von Weizsäcker zeitgleich mit diesem Artikel schrieb, habe ich das, was wir jetzt noch tun können und müssen, in 18 »Angeboten des Überlebens« so beschrieben:

Die 18 Angebote des Überlebens

Der Klimawandel und die Klimapolitik werden überall auf der Welt vieles auf den Kopf stellen: in Deutschland die Autoindustrie und die alten Energiekonzerne, in Russland die Gaswirtschaft, in den Golfstaaten die Ölindustrie, in Australien, China und Polen die Kohlewirtschaft, in Frankreich die Atomlobby. Und weltweit die Luftfahrt, die Zement- und Metallindustrie. Der Druck zum Wandel wächst überall. Wer ihn verschläft, verschläft seine eigene Zukunft.

»Die Krise besteht darin, dass das Alte stirbt und das Neue nicht geboren werden kann.« (Antonio Gramsci)

Die deutschen Autobauer, die sich – außer Mercedes – auf der Weltklimakonferenz in Glasgow 2021 noch geweigert haben, sich auf den Abschied vom Verbrennerauto ab 2040 einzulassen, werden dazugehören. 33 andere Länder haben sich zum Abschied vom Verbrennungsmotor bis 2040 bekannt. Dabei ist es absehbar, dass der Umstieg auf das E-Auto weit früher kommt. Mercedes hat im Januar 2022 ein E-Auto mit Solardach vorgestellt. Es verbraucht weniger als zehn Kilowattstunden auf 100 Kilometern und soll das effizienteste E-Auto der Welt sein. Meine Frau und ich fahren mit unserem E-Auto und mit Solarstrom vom eigenen Dach aus über 30 Jahre alten Solarzellen so gut wie umsonst.

Viel mehr, als heute denkbar ist, wird künftig elektrifiziert werden. Neben Autos und Heizungen in Zukunft auch Langstreckenflüge mit solar erzeugtem Wasserstoff, die Stahlproduktion, die Zementindustrie und die chemischen Grundstoffe.

Statt weiterer Zukunftsprognosen möchte ich lieber 18 Zukunftsthesen oder, wenn Sie so wollen, 18 Angebote des Überlebens aufstellen nach dem Motto, das Martin Luther King der Menschheit 1963 ins Gedächtnis einbrannte: »I have a dream«:

1. Das »Wir« ist wichtiger als das »Ich« (Peter Spiegel). Dieses Wir ist freilich mehr als wir Menschen. Wir müssen endlich Abschied nehmen vom Anthropozentrismus. Das Prinzip der Zukunft heißt: Das Leben steht im Mittelpunkt – Menschen, Tiere und Pflanzen. Es geht um die Interdependenz allen Lebens. Denn alles ist mit allem verbunden und voneinander abhängig. Erst das Mitgefühl mit allen Geschöpfen macht uns wirklich zu Menschen. Wir werden lernen müssen, dass auch Insekten irgendwo leben und wohnen müssen. Es geht um Ökosysteme, nicht um Egosysteme.

2. Die gesamte Schöpfung basiert auf dem Prinzip von Abhängigkeit und Wechselwirkung: Ohne Insekten gibt es keine Bestäubung und ohne Bestäubung keine Frucht. Und ohne Frucht keine Nahrung und ohne Nahrung kein Leben. In der Tiefe ist alles eins. Das ist das Geheimnis der Schöpfung, die noch lange nicht »fertig« ist.

3. Wir müssen es schaffen, aus der heutigen Bedarfsweckungsgesellschaft eine Bedarfsdeckungsgesellschaft zu organisieren. 2020 sind die globalen Militärausgaben nochmals um 64 Milliarden US-Dollar auf irrwitzige 1981 Billionen US-Dollar gestiegen. Ursache hierfür sind Neid, Angst, Dummheit, über-

triebenes Konkurrenzdenken und Machtstreben, Ideologien und Religionen. Politische und wirtschaftliche Systeme beherrschen uns mehr als das, was uns eint. Wenn wir aber erkennen, dass uns mehr eint als trennt, können wir zur Krone der Schöpfung aufsteigen und diese nicht länger zerstören.

4. In den letzten drei Jahrhunderten seit der Aufklärung war ein sinnloses Leben in einem planlosen Universum der Freibrief für unsere ressourcenfressenden Gesellschaften. Wir können uns aber aus unserer »transzendenten Obdachlosigkeit« (Thomas Lambert Schöberl) befreien, indem wir uns auf Religionsstifter und Weisheitslehrer oder auch auf moderne Bewusstseinsforscher wie C. G. Jung oder Stanislav Grof besinnen. Viele Umfragen zeigen, dass Geld und Besitz für die meisten Menschen wichtig sind, aber nur als Basis. Der wichtigste Glücksfaktor ist jedoch die Sinnhaftigkeit. Menschen sind glücklich, wenn sie das Gefühl haben, etwas zu einem sinnhaften Projekt beizutragen.

5. Das Engagement für sozial Schwache und für Tiere ist beglückender als Aktiengewinne. Nicht Dollar und nicht Euro, nicht Pfund, nicht Lira und nicht Yuan, sondern einzig die Funktionsfähigkeit von Ökosystemen ist die Leitwährung der Zukunft.

6. Die Volkswirtschaft ist wichtiger als die Betriebswirtschaft.

7. Wir brauchen dringend einen Finanzwechsel. Es ist ökonomischer Unsinn, dass die »wertvollsten« Unternehmen wie Google oder Microsoft die höchsten Gewinne einfahren, aber am wenigsten Steuern bezahlen.

8. Es ist unerträglich, dass in Coronazeiten, die unendliches Leid über Millionen Menschen gebracht haben, an den Börsen der Champagner floss.

9. Es ist skandalös, dass global einige Dutzend Milliardäre über mehr Geld verfügen als die ärmere Hälfte der Menschheit, also 3,9 Milliarden Menschen. Und es ist unsäglich dumm und

lächerlich, wenn drei Milliardäre sich einen Wettlauf in den Weltraum liefern und zu gleicher Zeit auf der Erde Millionen Menschen hungern. Die global vorgesehenen 15 Prozent Mindeststeuer sollten auf 25 Prozent erhöht werden. Nach der globalen Mindeststeuer, die erst 2021 beschlossen wurde, sollte auch ein globaler Mindestlohn von einem Dollar pro Stunde für die armen Länder beschlossen werden – der Mindeststundenlohn beträgt heute noch zum Beispiel in Bangladesch 25 Cent. Eine solche »Ein-Dollar-Revolution« würde die Kaufkraft von Hunderten Millionen armer Menschen über die Armutsgrenze heben und die Wirtschaft ihrer Länder stärken.

10. Die heutigen Indikatoren des Bruttoinlandsprodukts sind grotesk und pervers: je mehr Verkehrstote, desto besser fürs BIP. Ein Boom der Sargindustrie ist kein Indikator für mehr Wohlstand.

11. Wir brauchen eine Revolution der Arbeit. Nicht Jobs um jeden Preis sind erstrebenswert für die Zukunft der Arbeit, sondern sinnstiftende und selbstbestimmte Jobs. Arbeiten wir, um zu leben, oder leben wir, um zu arbeiten? Politiker sind sich nicht zu schade, klimaschädlichen Braunkohletagebau noch immer mit extrem wichtigen Arbeitsplätzen zu rechtfertigen. Dabei ist schon lange unbestreitbar, dass erneuerbare Energien Millionen neue und zukunftsfähige Jobs schaffen, weit mehr, als in der alten Energiewirtschaft verloren gehen. Der globale Umstieg auf erneuerbare Energien wird bis 2050 über 120 Millionen neue Arbeitsplätze schaffen. Die Bundesagentur für Arbeit geht davon aus, dass Deutschland jedes Jahr 400 000 Zuwanderer braucht, um seinen Wohlstand zu halten.

12. Der Finanzkapitalismus macht aus Geld noch mehr Geld – ohne jeden Sinn und Verstand. Befriedigendes Einkommen kann aber nur aus sinnhafter Arbeit entstehen. Wir brauchen keine Maximierung der Geldumwälzung, sondern eine Minimierung der Verschwendung und Naturzerstörung.

13. Schon eine geringe Finanztransaktionssteuer von vielleicht 0,2 Prozent bringt in Zukunft die Milliarden, die der Staatshaushalt braucht, um Pflegekräfte in Krankenhäusern und Altenheimen besser zu bezahlen. Es ist völlig sinnlos, dass die höchsten Löhne bis zu 200-mal höher sind als die niedrigsten.
14. Immer größere Einkaufszentren am Stadtrand entleeren unsere Innenstädte, zerstören unsere Umwelt und vernichten Millionen Jobs beim Mittelstand und im Einzelhandel. Schon 1965 beklagte Alexander Mitscherlich in seinem Buch *Die Unwirtlichkeit unserer Städte* die Trostlosigkeit unserer Innenstädte sowie deren negative Auswirkungen auf unser Seelenleben und warb stattdessen für ein »Planen für die Freiheit«.
15. Bei 20 oder 25 Stunden sinnvoller Erwerbsarbeit pro Woche bleibt jedem Menschen Zeit für kreative Arbeit, Familie, Partnerschaft und Kinder. Die Routinearbeit erledigen künftig Maschinen, die Digitalisierung und die künstliche Intelligenz. In vielen Berufen muss man nicht mehr von Montag bis Freitag unendlich viel Zeit im Büro verbringen. Nicht alle, aber viele Jobs kann man gut in zwei oder drei Tagen pro Woche von zu Hause aus erledigen. Kürzere Arbeitszeiten und Homeoffice oder eine sinnvolle Kombination von beidem können zur Routine werden. Das bringt weniger Reisezeit, weniger Stress sowie mehr Zeit für Familie und Freunde.
16. Wir können von der Weisheit der Natur lernen: Kein Tier und keine Pflanze produziert nicht recycelbare Abfälle oder gar ihren eigenen Untergang. Noch nie hat eine Maus eine Mausefalle gebaut, aber Menschen bauen Atombomben. Die Atombombe ist die größte und gefährlichste Missgeburt unseres materialistischen Zeitalters. Leben meint Wandel, aber nicht Zerstörung. In der biblischen Schöpfungsgeschichte heißt es: »Gott, der Herr, brachte also den Menschen in den

Garten Eden. Er übertrug ihm die Aufgabe, den Garten zu hegen und zu pflegen« (Genesis 2,5). Von Zerstörung ist nicht die Rede. In Zeiten, in denen Wladimir Putin mit einer nuklearen Katastrophe droht, in Deutschland über längere Laufzeiten der noch laufenden drei AKWs zu diskutieren, ist einfach verrückt. Allein die Sonne schickt rund 15 000-mal mehr Energie, als die gesamte Menschheit heute verbraucht. Hinzu kommen die Windenergie, die Wasserkraft, die Bioenergie, die Geothermie sowie die Strömungs- und Wellenenergie der Ozeane. Die Welt ist voller Energie. Wir nutzen nur die falschen Energiequellen. Doch das lässt sich in wenigen Jahren ändern. Wenn sich die Welt zu Beginn des 20. Jahrhunderts innerhalb von zehn Jahren vom Pferdefuhrwerk auf das Auto umgestellt hat, dann können wir uns heute im Zeitalter der Digitalisierung auch rasch und komplett auf erneuerbare Energien umstellen.

17. Wir sollten die Umweltbilanz von Produkten durch einfache Zeichen oder Worte sichtbar machen: »nachhaltig«, »bio« oder »öko«. Oder ein Totenkopf auf Schokolade, der signalisiert, dass zu viel Zucker Gift ist. Bei Zigaretten hat die deutliche Aufschrift »Rauchen tötet« vielen Menschen das Leben gerettet.

18. Die Zukunft der Natur und die Natur der Zukunft ist die Zukunft von uns Menschen. Die Erde ist die gemeinsame Heimat aller Lebewesen. »Alle Macht gehört allen Lebewesen« (Stefano Mancuso). Die bestimmende Aufgabe des 21. Jahrhunderts ist, »wieder Frieden mit der Natur zu schließen« (UN-Generalsekretär António Guterres). Ohne Frieden mit der Natur wird es keinen Frieden unter Menschen geben.

»Mensch sein heißt Sinn finden«, schrieb Viktor Frankl, nachdem er vier Konzentrationslager überlebt hatte, in denen seine Mutter, sein Vater, sein Bruder, seine Schwägerin und seine Frau umgekommen waren. Gerettet hatte ihn das jüdische Gebet eines Mitgefangenen, das er auf einem Zettel gefunden hatte, der aus einem Gebetbuch herausgerissen war: »Liebe deinen Gott mit Herz und Seele, mit deiner ganzen Kraft.« Er interpretierte diesen Text als Aufforderung, »Ja zum Leben zu sagen, egal womit es einen konfrontiert«. Frankls Bestseller *Trotzdem Ja zum Leben sagen* wurde ein Welterfolg und eines der wichtigsten Bücher der Menschheit in Krisenzeiten. Warum? Alle Weisheitslehren wissen, dass der Mensch kein vergänglicher Körper, sondern eine lebendige und unsterbliche Seele ist.

»Mensch sein heißt Sinn finden.« Das Scheitern vieler Menschen auf der Suche nach Sinn nennt Frankl »die Massenneurose der modernen Zeit«. Und: »Das Leben selbst ist es, das dem Menschen Fragen stellt. Er hat nicht zu fragen, er ist vielmehr der vom Leben her Gefragte, der dem Leben zu antworten – dem Leben zu verantworten hat.«

Die uns allen angeborenen großen geistigen Ressourcen sind unsere Fähigkeit, zu lieben, unsere Möglichkeit, nach Sinn zu suchen, und unsere Lust nach Beziehungen. Die Stressforschung sagt uns erfreulicherweise auch, dass diese drei geistigen Ressourcen auch noch gesundheitsfördernd sind. Jeder Paartherapeut und jede Therapeutin bestätigt uns, dass unsere Verbundenheit mit anderen Menschen für unsere Gesundheit eine ganz besondere Rolle spielt. Das gilt auch für unsere Lust auf Zukunft. Gute Gene sind ja ganz hilfreich, aber gute Beziehungen sind nach meiner Lebenserfahrung wichtiger.

Der Sinn unseres heutigen Hierseins ist unsere Mithilfe bei den großen Überlebensthemen Frieden, Gerechtigkeit und Bewahrung der Schöpfung. Jede und jeder kann ein Pionier des Wandels sein. Wenn wir lernen, den Tod als Übergang in die geistige Welt anzuerkennen, dann verlieren wir die Angst vor dem Tod und ebenso auch viel Angst vor dem Leben, und wir werden weniger raffgierig.

Religiöse Menschen wissen, dass wir nicht leben, um zu sterben, sondern sterben, um zu leben – in der geistigen Welt. Wer seine Angst vor dem Tod überwindet, überwindet auch seine Angst vor dem Leben – und bekommt Lust zu leben und Lust auf Zukunft.

Es liegt primär an uns selbst, ob wir im Leben Jäger sind oder Gejagte. Dabei können Empfehlungen helfen, die der innovative Neudenker Rüdiger Fox in seinem Buch *Der 0,1-Prozent-Joker* vorschlägt: »SPIELEN! Leute! SPIELEN! Für mehr Kreativität und Kooperation in angstfreien Räumen«.

Geist ist der Urgrund allen Seins. Alles, was in unserer Welt entsteht, ist zuerst geistig. Schöpfung kann nur aus Geist erfolgen. Deshalb sind Achtsamkeit, Meditation, tiefes Gebet, Träume, die Betrachtung innerer Bilder wie Liebe, Freude, Dankbarkeit und ein Innehalten reine innere Quellen, aus denen wir Kraft und Energie schöpfen können. Diese Quellen fließen unerschöpflich, weil sie göttlich sind. Diese in jedem und jeder von uns fließenden Quellen sowie wissenschaftliche Forschung sind die Instrumente zur Beschleunigung der menschlichen Entwicklung. Das ist der Wissensschatz der gesamten Menschheit, die Summe aller Weisheitslehren, das Yoga unserer Zeit und aller Zeit.

In jedem Menschen
und in jedem Tier,
in jedem Baum
und in jeder Pflanze
erkenne ich einen Ausdruck
und einen Abdruck,
einen Spiegel und ein Siegel
göttlicher Intelligenz,
göttlicher Weisheit,
göttlicher Kreativität und
göttlicher LIEBE.

Drei Nächte, nachdem ich dieses Gedicht geschrieben hatte, sah ich im Traum die Schrift an einer Wand: »Alles kommt von Gott.«

Schon heute sind Sonnen- und Windenergie weit preiswerter als die alten fossil-atomaren Energieträger. Und diese alten Energien werden durch Putins Krieg immer noch teurer. Erneuerbare Energien hingegen machen uns unabhängig von Potentaten wie Putin oder von arabischen Ölscheichs. Um den Klimawandel zu überstehen, müssen wir neben der Energiewende unsere Städte grüner bauen, Wälder und Moore schützen, die Landwirtschaft grüner gestalten, mehr Pflanzen statt Fleisch essen, die Natur schützen, statt sie weiter auszubeuten. Die Lösungen sind alle längst bekannt. Wir setzen sie nur zu langsam um. Der letzte Bericht des Weltklimarats sagt: Die Klimakrise ist kein Schicksal, aber uns läuft die Zeit davon.

Noch überweisen die EU-Länder Wladimir Putin täglich etwa eine Milliarde Euro in seine Kriegskassen. Allein diese Zahl beweist, wie die Klimakrise und der Frieden zusammenhängen. Nur erneuerbare Energien sind »Freiheitsenergien«, wie sie Christian Lindner in einer bemerkenswerten Rede im Bundestag bezeichnet hat. Ich füge hinzu: Erneuerbare Energien sind auch Friedensenergien.

Probleme, die Menschen geschaffen haben, können auch von Menschen gelöst werden. Es gibt immer Alternativen.

Christof Schenck:
Natur ohne uns für uns

Wo schreibt sich ein Buchkapitel am besten? Der heimische Garten ist sicher ein geeigneter Ort, zumal dieser Juni-Tag am Spessartrand schöner kaum sein kann. Im Vordergrund stehen die Mähwiesen hüfthoch, die wechselhafte Wetterlage der letzten Wochen hat die Mahd weiter in den Sommer geschoben. Während Rotklee und Margeriten schon Blütenblätter abwerfen und Samen bilden, setzen Wiesenflockenblume und Schafgarbe lilaweiße Akzente. Distelfalter und Admiral durchstreifen das Blütenbuffet. Die Wälder, quasi die Küstenlinie im Fernblick, sind tiefgrün. Einige weiße Kumuluswolken rollen in Zeitlupe den Hügeln entgegen, und darüber wölbt sich ein Sommerhimmel in Blautönen, die von Azur und Opal bis Kobalt reichen. Und natürlich sind, wie passend, auch Sommer- und Himmelsblau dabei. Mönchsgrasmücke, Blaumeise und Haussperling beschallen dezent den Hintergrund, und ein Rotmilan patrouilliert, frei jeglichen Flügelschlags, die Wald-Wiesengrenze. Es könnte ja sein, dass eine Wühlmaus sich unvorsichtig aus der Deckung wagt.

Der Krieg

Das ist es, was mein Auge und Ohr an diesem Morgen in Echtzeit erfassen. Doch sobald ich mich von dieser Idylle löse und auf dem Laptop auf ein neues Fenster klicke, das Smartphone in den Aktivmodus wische oder – ganz altmodisch – die Tageszeitung aufschlage, scheinen die Gedanken auf einem anderen Planeten zu landen: Nur anderthalbmal die Strecke Hamburg–München entfernt tobt ein Krieg, den vor wenigen Monaten niemand für möglich gehalten hätte. Schon nach den ersten drei Monaten sind in der Ukraine Zehntausende Tote zu beklagen, nicht fassbare menschliche Tragödien. Die direkten Schäden sind kaum bezifferbar, ebenso wie die indirekten: unterbrochene Lieferketten, mögliche Hungersnöte in Afrika aufgrund ausbleibender Getreidelieferungen sowie die Reintensivierung von Kohleabbau oder industrieller Intensivst-Landwirtschaft in Mitteleuropa. Viele Milliarden, die jetzt in die Rüstung des Westens investiert werden, sind anderen Kernaufgaben entzogen. Hinzu kommt die grundlegende politische Verwerfung. Es ist schwer vorstellbar, wie jetzt fundamental wichtige multilaterale Abkommen zur Eindämmung des Klimawandels oder der Reduktion des Biodiversitätsverlusts erreicht werden sollen, angesichts eines Krieges, der das Potenzial hat, zu einem Flächenbrand zu werden und schon jetzt Kräfte in Europa, den USA und vielen anderen Ländern bindet. In den ersten Kriegswochen gab es nur noch das Thema Ukraine, ohne Brennpunkt und Sondersendung konnte der Fernsehabend nicht beginnen.

Corona

Dabei hatte der Krieg zuvor – im Wortsinn über Nacht – den Dauerbrenner Corona vom medialen Thron gestoßen. Virologen mussten ihre Talkshow-Sessel den Waffenexperten überlassen. Das bedeutungsschwere Wort der Zeitenwende wurde ausgepackt, obwohl man dies genauso berechtigt für die ersten Monate des Jahres 2020 hätte nutzen können. Irgendwann beim Übertritt in die Zwanzigerjahre hatte damals eine winzige organische Struktur von der Größe eines Tausendstelmillimeters begonnen, die Welt zu verändern. Das Virus mit dem Namen *Severe acute respiratory syndrome coronavirus type 2,* kurz SARS-CoV-2 war im Umfeld der chinesischen Stadt Wuhan von einem bisher nicht identifizierten Wirtstier auf Menschen übergegangen, und in der Folge ergaben sich auch Infektionen von Mensch zu Mensch. Bei einer Weltbevölkerung von knapp acht Milliarden in Kombination mit globaler Mobilität entwickelte sich in Windeseile eine Pandemie, die das Ausmaß aller biblischer Plagen zusammengenommen weit zu übertreffen scheint. Bis jetzt wurden mehr als 530 Millionen Erkrankungen und 6,3 Millionen Todesfälle mit oder durch das Virus SARS-CoV-2 gemeldet. Die Dunkelziffer könnte bei mehr als 20 Millionen Toten liegen. Das Weltwirtschaftswachstum brach ein und fiel auf minus drei Prozent. Deutschland erlebte die schwerste Rezession nach dem Zweiten Weltkrieg. Kein Land und kaum ein Winkel der Erde, der verschont blieb. Die globalen Kosten werden auf zweistellige Billionen-Dollar-Beträge geschätzt. Nicht bezifferbar sind die sozialen und politischen Folgen aufgrund der Lockdowns und Restriktionen wie auch die damit einhergehende soziale Abkopplung und gesellschaftliche Spaltung.

Dabei hätte man all das leicht erahnen können. Wissenschaftler hatten bereits Jahre zuvor vor einem zunehmenden Pandemie-Risiko gewarnt. Rift-Valley-Fever, Zika, Lassa-Virus, HIV, Ebola, Nipah-Virus, SARS, MERS sind nur einige der Zoonosen der letzten hundert Jahre. Die auslösenden Faktoren sind eindeutig: Ein Vordringen in die artenreichen – und damit auch virenreichen – intakten tropischen Ökosysteme, deren Zerstörung und damit eine Anreicherung der Viren bei wenigen Wirten, der Wildtierhandel, die industrielle Fleischproduktion, die hohe Bevölkerungsdichte und Mobilität sowie der Klimawandel. Im Mai 2019 machte der Weltbiodiversitätsrat (IPBES) in einer großen Studie auf die globalen Konsequenzen des Biodiversitätsverlustes aufmerksam und zeigte auf, dass Millionen Tier- und Pflanzenarten vom Aussterben bedroht sind und etwa 80 Prozent der

Nachhaltigkeitsziele der Vereinten Nationen nicht erreicht werden, wenn der Arten- und Lebensraumverlust nicht eingedämmt wird. Im Juli 2020 hat das Expertengremium einen Workshop zu Pandemien und Biodiversität abgehalten und die Ergebnisse anschließend publiziert. Demnach wird geschätzt, dass alleine in Säugetieren und Vögeln (die Hauptwirte für Zoonosen) noch 1,7 Millionen unbekannte Viren vorkommen und dass von diesen bis zu 820 000 Menschen befallen sein könnten. Derzeit gibt es etwa fünf neue Krankheiten beim Menschen pro Jahr, und jede hat theoretisch das Potenzial, eine Pandemie auszulösen. Die Wissenschaftler des IPBES machen deutlich, dass diese Pandemien keine Naturkatastrophen sind, sondern durch das Handeln des Menschen entstehen. Und Inger Andersen, Chefin des UN-Umweltprogramms UNEP, sagt: »Wenn wir weiterhin die Tierwelt ausbeuten und unsere Ökosysteme zerstören, können wir in den kommenden Jahren einen stetigen Strom dieser Krankheiten erwarten.«

Damit hat sich für viele überraschend, aber eben nicht für alle unvorhergesehen, eine dritte globale Krise mit gigantischem Ausmaß manifestiert: durch Zoonosen ausgelöste Pandemien. Wie aber steht es um die beiden anderen Krisen – die Klimaerwärmung und den Verlust der Artenvielfalt – und wie hängt alles zusammen?

Klimawandel oder besser gesagt: die Aufheizung der Erde

Mit dem Starkregen Mitte Juli 2021 ereignete sich ein »Fukushima-Moment« in Deutschland: In einem Hochtechnologieland war es nicht möglich gewesen, die Bürger ausreichend zu schützen. Fast 200 Menschen kamen in den Fluten ums Leben, der Wiederaufbau wird mit 30 Milliarden Euro vom Staat unterstützt.

In nur drei Tagen fiel der Himmel auf die Erde. Mit 150 Litern Wasser pro Quadratmeter stürzte, regional sehr begrenzt, der Niederschlag von zwei Monaten herunter. Auch wenn die Verdichtung und Versiegelung der Böden sowie die Bebauung in potenziellen Flutgebieten mit eine Rolle spielen, nehmen vor allem die Häufigkeit und die Ausmaße genau solcher Extremwetterereignisse zu. Und es wird nicht nur sintflutartig nass, sondern mitunter auch wüstenähnlich trocken und heiß. Wenn TV-Teams über Waldbrände berichten wollen, brauchen sie nicht mehr ins ferne Kalifornien oder Australien reisen, sie können ebenso im heimischen Brandenburg drehen – auch wenn die Brandflächen hier, vorerst, winzig anmuten im Vergleich zu den gigantischen Busch-, Gras- und Waldbränden von Sibirien bis zum Amazonas. Die deutsche Sommerflut 2021 zeigte auf drastische Weise: Der Klimawandel, sonst eher ein Thema anderer Weltregionen, manifestiert sich zunehmend auch in Mitteleuropa, und zwar nicht nur, indem bei grünen Wintern in den deutschen Mittelgebirgen mit Schneekanonen nachgeholfen werden muss. Nein, jetzt geht es um Menschenleben und um Gebäude und Infrastruktur im Wert von vielen Milliarden. Es ist womöglich an der Zeit, Geografiebücher zu korrigieren. Die dort beschriebenen »gemäßigten Breiten« zwischen Wende- und Polarkreis sind nicht mehr so gemäßigt, und ihr ausgeglichenes Klima wird zunehmend Vergangenheit.

Nach einer aktuellen Modellierungsstudie ergibt sich bei der derzeitigen Klimapolitik eine globale Erwärmung von 2,7 Grad bis 2100.[9] Davon geht auch UN-Generalsekretär António Guterres aus. Das hehre 1,5-Grad-Ziel, als letzter großer Erfolg der Weltgemeinschaft gefeiert, verdampft geradezu in den Hochöfen unserer Lebensweise. Ohnehin hatte man mit den 1,5 Grad ja einen politischen Anker in stürmischer See ausgeworfen, anstatt den Klimaforschern zu folgen und schnell einen sicheren Hafen anzusteuern. Denn natürlich sind 1,4 Grad besser und 1,6 Grad schlechter. Alles ist schlecht, was die Erdsysteme schnell aus ihren über lange Zeiträume etablierten Zuständen pusht. Werden die 4,6 Milliarden Jahre Erdgeschichte in ein Zwölf-Stunden-Modell gepresst, dann taucht der Mensch in der letzten Minute vor dem Glockenschlag auf. Und in den letzten 2000 Jahren, als die Bevölkerung von 250 auf 8000 Millionen anwuchs, schwankte die Temperatur in Raum und Zeit sehr wenig. Vorindustrielle Warm- und Kaltzeiten waren regional begrenzt. Für die explodierende Menschheit war dies überaus bedeutsam, denn nur so konnten Städte an sicheren Orten zu Metropolen für Millionen wachsen oder auf Millionen Hektar Ackerflächen Nahrungsmittel produziert werden. In den vergangenen Jahrhunderten verursachten Ausbrüche tropischer Vulkane durchaus Temperaturanomalien, die sogar zu Dürren in Afrika oder einem Vorrücken der Alpengletscher führten. Aber nichts ist mit dem vergleichbar, was seit hundert Jahren passiert. Das gab es Jahrtausende lang nicht. Und das ist katastrophal für uns. Wir und viele andere pflanzliche und tierische Erdbewohner sind nicht in der Lage, uns schnell genug daran anzupassen.

Die World Meteorological Organisation, unser globaler Wetterfrosch, gibt eine Wahrscheinlichkeit von 48 Prozent dafür an, dass die 1,5-Grad-Schwelle bereits in den nächsten vier Jahren gerissen wird. Erinnert sich noch jemand an die 400 ppm (parts per million)? 2016 wurde dieser Wert, der den Gehalt von Kohlendioxid in der Atmosphäre angibt, erstmalig im September überschritten. Dies war so besorgniserregend, weil im Spätsommer aufgrund des Pflanzenwachstums der CO_2-Wert grundsätzlich am niedrigsten ist. Schon vorher gab es diese Grenzwert-Überschreitung. Aber eben nur kurz und nicht zu dieser Zeit. Und wie so oft, wenn es um das Klima geht, wurde vermeldet: der höchste Wert zu dieser Jahreszeit seit Aufzeichnungsbeginn. Das ist wissenschaftlich und in gewissem Sinn noch freundlich ausgedrückt. Vieles deutet darauf hin, dass dies Millionen von Jahren nicht der Fall war. Und wie die Viren ist auch dies eine globale Veränderung durch Menschenhand, die nicht rückgängig gemacht werden kann. Es geht nicht mehr um Null-COVID oder ein vorindustrielles Klima. Es geht um die Begrenzung weiterer, viel schlimmerer Katastrophen.

Ab einer Erwärmung von zwei Grad steigt das Überschwemmungsrisiko durch Flüsse auf 20 Prozent der Landfläche, alle Korallenriffe sterben ab, in neun von zehn Jahren gibt es Hitzerekordjahre, Tropenkrankheiten nehmen deutlich zu, der Meeresspiegel steigt zwischen einem halben und mehr als einem Meter. Millionenstädte wie Bangkok, Ho Chi Minh City, Shanghai oder Basra wären bereits 2050 überflutet. Das Risiko für weitere Kipppunkte steigt dann enorm.

Doch wie im Drogenrausch können wir die Finger nicht lassen von der Rodung der Wälder und der exzessiven Nutzung fossiler Energie.

Der goldene Schuss droht uns heute vielleicht am ehesten am Amazonas.

Hier zeigen Berechnungen, dass das größte Regenwaldgebiet der Erde sich ab 20 bis 25 Prozent Entwaldung fortlaufend und unaufhaltsam selbst zerstören wird. Wenn Regenwasser auf Rodungsflächen oberflächig abläuft, anstatt als Verdunstungsniederschlag im System zu verbleiben, sinkt die Gesamtniederschlagsmenge unter den kritischen Wert von etwa 1500 Millimetern Jahresniederschlag. Ab da werden Regenwälder unaufhaltsam zu Savannen und setzen dabei immense Kohlenstoffmengen frei. Es braucht weder Säge noch Feuer, der Wald stirbt, großflächig, alleine und unaufhaltsam. Brasilianische Klimaforscher sagen: Das ist das Ende der Welt, wie wir sie kennen. Weit sind wir davon nicht mehr entfernt. Mit bereits erfolgter Abholzung und Brandrodung von 18 Prozent Amazoniens trennen uns nur noch wenige Prozentpunkte von den kritischen Niedergangswerten. 2021 erreichte die Entwaldung im größten Amazonas-Anteilsland

Brasilien wieder einen neuen Zehnjahreshöchststand von 13 000 Quadratkilometern (fast die Fläche Schleswig-Holsteins). Im August 2019 loderten dort 6669 Brände, so viel wie seit der Jahrtausendwende nicht mehr. Im ganzen Jahr 2020 waren es 100 000. Und einzelne Flammenherde wuchsen zu gigantischen Großfeuern. Mit den heißen Aufwinden erzeugen Feuer ihren eigenen Blasebalg. Einen signifikanten Waldverlust gibt es zusätzlich auch in Peru, Kolumbien oder Bolivien. Dies zeigt, dass der in Glasgow 2021 bei der Weltklimakonferenz jüngst als Absicht formulierte Stopp der Waldvernichtung bis 2030 völlig unzureichend ist, um die massive, global gefährliche Zerstörung Amazoniens aufzuhalten. Wir haben diese acht Jahre nicht mehr. Nicht auszumalen wäre es, wenn mit dem Überschreiten eines Kipppunkts andere wie der Permafrostboden, der Golfstrom oder das Grönlandeis dominosteinartig fallen und eine Kettenreaktion auslösen würden.

Die Rechnung, die uns der Klimawandel beschert, ist jetzt schon hoch, und sie wird ins Unermessliche steigen. Es wird Zeit, einen Blick darauf zu werfen, wer jetzt schon mal ins Portemonnaie greifen sollte. Wie bei der Trinkrunde geht es nicht um das letzte Getränk, sondern um das, was Servicekräfte den Abend über auf dem Bierdeckel mit Strichen vermerken. Seit 1751 sind es vier Weltregionen, deren Bierdeckel übervoll sind mit Strichen, während der Rest der Welt für weniger als das Trinkgeld aufkommt. Asien, allen voran China und Indien, liegen bei 29 Prozent der globalen Kohlendioxid-Emissionen gleichauf mit den USA. Mit 33 Prozent knapp darüber steht noch Europa im Ranking der Klimasünder, Russland eingeschlossen. Die restlichen kleinen neun Prozent verteilen sich auf die Riesenregionen Afrika, Südamerika und Ozeanien. Für Deutschland sieht es auch bei den aktuellen Emissionen nicht gut aus. Zwar liegt unser Anteil derzeit »nur« bei zwei Prozent, den Außenhandel und Konsum mitgerechnet steigt dieser jedoch schnell auf fünf – und das bei nur einem Prozent der Weltbevölkerung. Die viertgrößte Volkswirtschaft der Erde wird sich um die Stammtischrechnung nicht mehr lange drücken können. Zudem wird es zunehmend schwierig werden, Entwicklungsgelder und Klimafonds als Almosen zu verkaufen. Stattdessen könnten die Politiker sich ein neues Narrativ in die Reden schreiben: Zahlungen zum Schutz des Klimas und für die schnelle Abkehr von fossilen Energieträgern sind keine Kosten, sondern Einsparungen auf Rechnungen, die sonst wesentlich höher ausfallen werden.

Das Massenaussterben

Ungebremst schreitet auch der Lebensraum- und Artenverlust fort. Millionen Pflanzen- und Tierarten gelten als gefährdet. Die globale Rote Liste der bedrohten Arten, seit 1964 von der IUCN publiziert, verlängert sich zusehends. Von knapp 140 000 der damals erfassten Arten gelten 38 500 als vom Aussterben bedroht. Dazu gehören 41 Prozent der Amphibien, 37 Prozent der Haie und Rochen, 34 Prozent der Nadelhölzer, 33 Prozent der riffbildenden Korallen, 26 Prozent der Säugetiere und 14 Prozent der Vögel.

Heute sind etwas mehr als zwei Millionen Tier- und Pflanzenarten bekannt, acht bis zehn Millionen mögen es nach Schätzungen sein. Allein dieses gigantische Unwissen macht nervös. Wir haben bestenfalls einem Viertel aller Arten einen Namen gegeben, ihre Ökologie und ihr Wirken im globalen Netz kennen wir nur bruchstückhaft. Von den restlichen drei Vierteln wissen wir praktisch nichts. Und so löschen wir blind Daten auf der Festplatte der Erde, die in Millionen von Jahren entstanden ist und sich immer weiter verändert hat. Jetzt brauchen wir uns nur noch vorzustellen, diese Festplatte wäre das zentrale Element eines Airbus A320 und wir würden im Pilotensitz sitzen.

Bei langem Lesen soll man ab und an in die Ferne schauen. Und so gleitet der Blick wieder vom Laptop auf die Spessarthügel, zurück in die heimische Idylle. Weg von Krieg und Katastrophen. Die Blautöne werden heller, die Sonne intensiver. Die Kumuluswolken haben sich zum Glück nicht den Nimbus dazugeholt, sind also nicht zu den typischen Gewitterwolken herangewachsen. Doch schon sind es die Gedanken, die sich dunkel und grau wieder vor das sehende Auge schieben. Wann ertönte hier eigentlich das letzte Mal das *Kwiau* des Steinkauz? Steht auf der Roten Liste, Bestand in Deutschland gefährdet. Wann sah man hier den taumelnden Gauklerflug des Kiebitzmännchens in der Balzzeit, bei dem der sonst elegante schwarz-weiße Vogel eher den Eindruck eines Schluckspechts macht? Steht auf der Roten Liste. Bestand in Deutschland stark gefährdet. Und der Rotmilan wird vergeblich versuchen, seine einstige Hauptbeute, den Feldhamster, zu erspähen. Steht auf der Roten Liste. In Deutschland vom Aussterben bedroht. Auch die Liste der Ursachen ist lang: Entwässerung, Grundwasserabsenkung, frühe Wiesenmahd, industrieller Torfabbau, Aufforstung von Mooren, Intensivierung der Landwirtschaft mit Riesenfeldern aus Raps- und Maismonokulturen, Dünger- und Pestizideinsatz, hocheffizient arbeitende Maschinen, Wegfall von Rückzugsräumen wie Hecken und Wasserrandstreifen. Mehr Wohlstand mit billiger Nahrung, aber Leerstand in der Feldflur.

Shifting Baselines nennt man es, wenn man etwas nicht mehr vermisst, weil man sich nicht mehr erinnern kann, dass es mal existiert hat oder man es gar nicht mehr selbst erlebt hat. Nur in Ausnahmefällen hilft noch ein Erinnerungsimpuls. 2017 gab es so einen: In jenem Jahr publizierte der Entomologische Verein Krefeld e. V. die Ergebnisse einer 27 Jahre umfassenden Langzeitstudie zur Biomasse von Fluginsekten. Eigentlich nichts, von dem man einen gesteigerten Nachrichtenwert erwarten könnte. Und doch bekam die Studie quasi die Bronzemedaille, was die weltweite Häufigkeit der Zitate einer wissenschaftlichen Studie angeht.

Man könnte auch sagen: Sie schlug ein wie eine Bombe. Die Krefelder hatten einen Verlust von 75 Prozent der Fluginsektenbiomasse festgestellt. Dies deckte sich mit anderen Studien von Kalifornien bis Borneo. Wenn man jetzt noch bedenkt, dass 87 Prozent aller Blütenpflanzen von der Bestäubung durch Tiere und hauptsächlich von Insekten abhängen, dann stellt sich akutes Schwindelgefühl ein. Denn keine Bestäubung heißt ja auch keine Fortpflanzung. Eine Welt ohne Schnaken und Schaben konnte man sich ja noch vorstellen. Aber ohne Blütenpflanzen? Wissenschaftler der Universität Hohenheim haben den monetären Wert der tierischen Arbeitskräfte abgeschätzt: Die Summer und Brummer leisten pro Jahr einen Beitrag von 3,8 Milliarden Euro zur Volkswirtschaft in Deutschland, weltweit sind es sogar eine Billion Dollar. Doch dabei geht es nicht nur ums Geld. Ohne die Insekten grünt und blüht es nicht mehr, und die Teller bleiben leer. Als die Studie vom Untergang der Insekten herauskam, erwachte die Erinnerung der 40-Plus-Generation an eine *Shifting Baseline*, die gar nicht wahrgenommen wurde. Doch da waren sie plötzlich wieder, die Gedanken an die sommerliche Urlaubsfahrt, als man die Tankstelle nicht nur zum Auftanken anfuhr, sondern auch zum Scheibenreinigen. Handliche gelbe und recht feste Plastikschwämme lagen in Eimern bereit, um Hunderte Insektenkörper von Scheibe und Scheinwerfer zu putzen. Wann war das noch mal? Und wann hat das eigentlich aufgehört? Der Beweiswert der eigenen Erinnerung potenzierte die Glaubwürdigkeit der Studie um ein Vielfaches.

Wildnis – der Wille des Landes

Meine Erkenntnis über die *Shifting Baseline* beruht auf einer Erfahrung, die ich weit entfernt in den Tiefen der peruanischen Regenwälder machte. In einem der abgelegensten, artenreichsten und ursprünglichsten Gebiete dieser Erde. Dorthin hatte es mich zusammen mit meiner Frau Elke Staib Mitte 1990 verschlagen. Wir wollten die hochbedrohten Riesenotter, eine seltene Fischotterart, erforschen und zu ihrem Schutz beitragen. Drei Jahre lang lebten wir im Zelt in dem weg- und steglosen Urwald, der für uns zwischen grüner Hölle und grünem Paradies oszillierte. Diese endlos scheinenden Wälder im Dreiländereck von Peru, Bolivien und Brasilien gehören zu den am dünnsten besiedelten Regionen überhaupt. Im Manu-Nationalpark, einem unserer Hauptarbeitsgebiete, leben einige indigene Ethnien in kleinen Dorfgemeinschaften, dazu gibt es noch Waldnomaden ohne Kontakt zur modernen Welt. Angehörige der letzten »unkontaktierten« Völker dieser Erde. Der Begriff Wildnis bekommt dort eine tiefe Dimension: die Abwesenheit des Menschen als grundlegender Gestalter der Landschaft. Engrammen gleich erzeugte das Erleben dieser Wildnis eine nicht löschbare Struktur im Gehirn, in den Emotionen, im rationalen Denken und vor allem in der Analyse des Erlebens. Zurück im zivilisierten Mitteleuropa sprang die Abwesenheit von Wildnis praktisch überall ins Auge. Die einstigen Wälder der Heimat waren zu Forsten geworden. Auf Schritt und Tritt begegnete uns das Wirken und Gestalten des Menschen. Selbst im Alpenraum, im Umfeld unserer damaligen Heimat Oberammergau. Die Option, in den heimischen Kulturlandschaften Naturschutz zu betreiben, mit Landwirten um ein paar Quadratmeter Orchideenwiese zu feilschen, Förster zu überzeugen, doch ein paar wenige Altholzbuchen stehen zu lassen oder sich in den Wettstreit der Gemeinden um jedes Kleinstindustriegebiet einzumischen – das alles erschien nicht mehr attraktiv. Zu groß, zu international waren die Probleme. Zu viel stand auf dem Spiel. Vor allem im Globalen Süden. Und so kam die Anstellung bei der Zoologischen Gesellschaft Frankfurt (ZGF) wie gerufen. Damals förderte die »Grzimek«-Organisation eine Reihe von Projekten, verstreut über den Globus. Heute, ein Vierteljahrhundert später, gehört sie zu den wichtigen international tätigen Naturschutzorganisationen. Fast 50 Mitarbeiter und Mitarbeiterinnen in Frankfurt, 1500 in 18 Ländern auf vier Kontinenten setzen sich mit großem Elan und Können ein, für die Rettung von Wäldern jeglicher Couleur, Steppen und Savannen, Feuchtgebieten und Bergregionen. Im Portfolio der Organisation stehen Nationalparks von der Größe der Schweiz. Mehr als 60 Prozent der Mittel werden in Afrika investiert, 20 Prozent in Südamerika. Der Rest in Südostasien und Europa. Die ZGF-Mannschaft besteht aus Naturschutzpraktikern mit einem langen Atem. Und im Zentrum steht die letzte Wildnis. Artenreiche Großlandschaften mit Ökosystemen, deren Funktionen wir unbedingt brauchen.

Alles hängt zusammen

Mit dem deutschen Insektendilemma ist es wie beim Ahrtal-Hochwasser oder bei Corona: Klimawandel, Schwund der Biodiversität und Pandemie sind allmählich keine abstrakten Begriffe fremder Länder oder ferner Zeiten mehr. Die drei Krisen klopfen inzwischen auch an unsere Haustür. Nur langsam begreifen wir: Sie sind alle menschengemacht, und sie hängen alle zusammen. Werden Regenwälder geschädigt, steigt das Pandemierisiko. Steigen die Temperaturen, treibt dies tropische Mückenarten samt den mitreisenden Viren, Bakterien und Parasiten gen Norden. Werden Wälder in ihrer Funktionalität geschädigt, durch flächige Rodungen, Edelholzentnahme oder Artenschwund, fördert dies die Erhitzung der Erde. So wandelte sich der riesige Amazonas-Regenwald, mehr als 16-mal so groß wie Deutschland, bereits von einem Kohlendioxidspeicher zu einem Emittenten. Und der Klimawandel wiederum ist längst zum Sensenmann für Tier- und Pflanzenarten geworden. Deren Möglichkeiten, in kältere Zonen Richtung Pol oder Himmel auszuweichen, sind begrenzt. Arten brauchen Zeit, um sich an veränderte Umweltbedingungen anzupassen, und das hyperkomplexe Zusammenspiel der Arten untereinander muss sich immer wieder neu justieren. Darüber gehen Jahrhunderte bis Jahrtausende ins Land. Zeit, die es heute nicht mehr gibt, seit der Mensch den Superturbo der Veränderungen angeworfen hat.

Doch inzwischen wird auch deutlich: Wir müssen die Erde als Ganzes denken und Systeme verstehen. Denn in vielen Bereichen haben wir den Pfad der Erkenntnis längst verlassen. Wir löschen nicht nur beliebig auf der Festplatte des Bordcomputers, wir sind auch sonst schon in den Blindflug gegangen. Eine 28-köpfige Gruppe von Erdsystemwissenschaftlern unter der Leitung von Johan Rockström vom Stockholm Resilience Center stellte bereits 2009 ihr Konzept zu den planetaren Grenzen vor. Sie hatten neun solcher Grenzen ermittelt, deren Überschreitung uns eine ungewisse Zukunft bringt. Diese Abgründe tun sich auf beim Klimawandel, bei der Versauerung der Ozeane, beim Ozonabbau in der Stratosphäre, bei der Aerosolbelastung der Atmosphäre, bei den biochemischen Kreisläufen von Stickstoff und Phosphat, beim Süßwasserverbrauch, bei den Landnutzungsänderungen, bei der genetischen und funktionellen Diversität der Organismen und beim Einbringen neuer Substanzen. Sechs dieser Grenzen gelten zumindest zum Teil als überschritten. Die Zukunft wird unsicher. WIR machen sie unsicher.

Die Erde ist im Fieberschub. Die »Lungen der Erde«, die Regenwälder, haben Atemprobleme. Die Stickstoffwerte der Böden lassen Experten erschaudern. Invasive Arten und neue Viren destabilisieren Artengemeinschaften. Das Schreckensszenario eines multiplen Organversagens rückt näher. Beatmungsmaschinen für Ökosysteme gibt es nicht, auf einen planetaren Impfstoff multipler Wirksamkeit muss man nicht mal hoffen. Eigentlich, so das Fazit, gehört die Erde insgesamt längst auf die Intensivstation. In diesen Zustand haben wir Menschen den Blauen Planeten gebracht. Und dabei werden wir immer mehr.

Seid fruchtbar und mehret euch und füllet die Erde

Offensichtlich haben wir das göttliche Gebot aus der Schöpfungsgeschichte im 1. Buch Mose sehr ernst genommen. Seit Christi Geburt als passendem Ausgangspunkt, wuchs die Weltbevölkerung in den ersten tausend Jahren gerade mal auf die Einwohnerzahl der USA. Gut 800 Jahre später wurde die erste Milliarde erreicht. Für die nächste Milliardenstufe brauchte es nur noch 120 Jahre, dann 33, dann 14 Jahre. 1974 bewohnten also vier Milliarden Menschen die Erde. 13 Jahre später waren es fünf Milliarden, zwölf Jahre später sechs und dann im selben Abstand sieben. Das war der Oktober 2011. Mitte nächsten Jahres wird die nächste Milliardenstufe überschritten werden. Die Menschheit wächst mit der Geschwindigkeit von zweimal Frankfurt pro Woche. Oder einmal ganz Deutschland pro Jahr. Erst gegen Ende dieses Jahrhunderts wird das Wachstum bei elf oder zwölf Milliarden Menschen aufhören. Doch es kann auch anders kommen. Läge die mittlere Kinderzahl pro Frau um ein halbes Kind höher als in den UNO-Prognosen angenommen, würden 16 Milliarden Menschen die Erde bevölkern, doppelt so viele wie heute. Läge die Zahl um ein halbes Kind darunter, wären es mit gut sieben Milliarden sogar weniger als heute. Kürzere Prognosen sind sicherer, und daher ist eine Zahl besonders erschreckend: Bis 2050, wenn also ein heute geborenes Kind gerade mal 28 Jahre alt ist, wird die Bevölkerung des afrikanischen Kontinents um 1000 Millionen Menschen zugenommen haben. Ohne Zweifel werden sie nicht im ländlichen Raum überleben können. Schon jetzt gelten Teile Afrikas als Hungergebiete. Die Flüchtlingsströme werden Hunderte Millionen umfassen. Schuldzuweisungen sind jedoch völlig unangebracht. Denn auch bei uns gab es einst ein starkes Bevölkerungswachstum, bevor Bildung, Stärkung der Frauen, bessere Gesundheitsversorgung und Wohlstand sowie Aufklärung und Zugang zu empfängnisverhütenden Mitteln die Geburtenrate allmählich absinken ließen. Und niedrige Zuwachsraten oder sogar absinkende Bevölkerungszahlen sind kein Garant für Nachhaltigkeit. Heute liegt zum Beispiel der ökologische Fußabdruck in Europa beim Doppelten von Afrika, obwohl das Bevölkerungswachstum nur noch bei 0,1 Prozent liegt. Der Ressourcenverbrauch Europas übersteigt die dafür zur Verfügung stehende Fläche um das Doppelte. Und das funktioniert natürlich nur, wenn man sich woanders bedient.

Krisen als Chancen

Doch genug der Hiobsbotschaften. Der Juni-Tag ist weit fortgeschritten. Die tief stehende Sonne legt einen versöhnlich warmgelben Schleier über die Landschaft. Es wird nicht mehr lange dauern, bis sie hinter den westlichen Hügeln verschwindet. Zeit, sich ein paar Lösungen anzuschauen. Wir können nicht mehr gegen, sondern nur mit der Natur arbeiten. Ein wichtiges Element auf diesem neuen Weg werden Schutzgebiete sein. Die Biodiversitätskonvention CBD mit ihren 196 Mitgliedstaaten hätte bereits 2020 das Dekadenprogramm bis 2030 verabschieden sollen. Damit hätten alle Staaten der Vereinten Nationen, bis auf die USA, die kein Mitglied der CBD sind, sich Verpflichtungen zum Schutz der Biodiversität auferlegt, für einen Zeitraum, den Experten von grundlegender Bedeutung für zukünftige Entwicklungen halten. Es beunruhigt der Konjunktiv. Aufgrund der COVID-19-Schutzmaßnahmen entfielen bereits zahlreiche Vorbereitungskonferenzen, und auch die Abschlusstagung im chinesischen Kunming steht noch in den Sternen. Über zwei Jahre zieht sich diese Hängepartie bereits. Für die vielleicht weltwichtigste Konferenz gibt es bisher weder einen Zeitpunkt noch einen gesicherten Ort. Gemäß der Vorlagen, die unter anderem in nicht endenden Video-Konferenzen in den letzten Jahren mehr schlecht als recht erstellt wurden, gibt es aber immerhin ein gewaltiges Ziel, das aufhorchen lässt. Bis 2030 sollen 30 Prozent der Land- und Meeresflächen unter Schutz stehen. Der Begriff »Herkulesaufgabe« ist für dieses Vorhaben noch geschmeichelt. Nimmt man den 1872 als ersten Nationalpark der Welt gegründeten Yellowstone Park als Ausgangspunkt, dann ist es in 150 Jahren gelungen, etwa 15 Prozent der Landfläche und sieben Prozent der Meeresflächen unter Schutz zu stellen. Jetzt will die Staatengemeinschaft in nur acht verbleibenden Jahren die Fläche verdoppeln. Was heißt will? Muss. Denn zahlreiche Studien zeigen: Wir brauchen die Schutzflächen, um die taumelnden Systeme der Erde zu stabilisieren. Sie speichern Kohlenstoff und stabilisieren das Klima, sie reduzieren den Artenschwund, und sie mindern die Übertragungsmöglichkeiten gefährlicher Infektionskrankheiten. Damit puffern sie auch soziale Krisen ab, die sich aus der Kombination von Klimawandel, Reduktion der Biodiversität und Pandemien ergeben. Schutzgebiete sind unser globaler Rettungsanker. Dabei helfen uns aber Alibi-Schutzgebiete, wie man sie bisher gerne geschaffen hat, nicht mehr. Es wird nicht mehr reichen, Regionen auszuweisen, die für andere Nutzungsformen schlicht unattraktiv waren. Stattdessen müssen wir die Zentren der biologischen Vielfalt schützen. Wir müssen uns auf die Schatz-, nicht die Besenkammern konzentrieren. Vorteilhaft ist dabei, dass sich 80 Prozent der Arten auf 20 Prozent der Fläche finden – und zwar überwiegend in der Tropenzone. Wälder, Savannen und Feuchtgebiete sind besonders wichtig. Und es gilt: je größer, desto besser. Nur in großen Gebieten sind ökologische Prozesse intakt, gibt es Migrationssysteme großer Tierherden und können vollständige Arteninventare geschützt werden. Dann kann es gelingen, auch genetisch ausreichende Populationsgrößen von Arten mit großem Raumanspruch wie Tiger oder Elefanten zu erhalten. Große Gebiete unterliegen auch an den Rändern weniger dem menschlichen Einfluss, sie sind krisenstabiler. Und natürlich dürfen Schutzgebiete keine »Paper Parks« sein, die nur auf dem Papier, nicht aber in der Realität existieren. Bisher sind die besonders wichtigen Nationalparks gerade der so wichtigen Tropenzone in der Mehrzahl völlig unzureichend ausgestattet und chronisch unterfinanziert. Nur 4,7 Prozent der jährlichen Naturschutzaufwendungen gehen in die Schutzgebiete des Globalen Südens. Wir schenken den Mona Lisas der Welt kaum Beachtung, als würden wir sie im Abstellraum im Keller lagern.

Legacy Landscapes

In den mehr als 20 Jahren als Geschäftsführer der ZGF gab es kein Thema, das mich im Tagesgeschäft mehr beschäftigte als Schutzgebiete. Bernhard Grzimek hatte dazu in den Sechzigerjahren des vorhergehenden Jahrhunderts mit seinem Engagement für die Serengeti Tansanias den Grundstein gelegt. Auch wenn es damals den Begriff der Biodiversität noch gar nicht gab, war ihm doch bewusst, dass Tiere und Pflanzen nur in ausreichend großen Schutzgebieten überleben können. Jahrzehnte später nannte Michael Succow dies »Natur ohne uns für uns«.

Weit mehr als 100 Schutzgebiete in Europa, Afrika, Asien und Südamerika konnte ich in den Jahren bereisen. Manche waren mit Spaziergängen erreichbar, viele andere nur im Expeditionsstil. Oft begann die Reise vor Ort mit Propellermaschinen oder Allradfahrzeugen, mitunter auch auf Motorrädern oder Pferden. Nicht selten gefolgt von tagelangen Fußmärschen oder Hunderten von Kilometern in offenen Booten auf den Tropenflüssen. Zwei konträre Eindrücke gab es immer wieder: einerseits das Erleben riesiger Wildnisgebiete von unbeschreiblicher Schönheit und Vielfalt, Welten, in denen das Anthropozän, das Zeitalter des Menschen, noch nicht angekommen war. Und andererseits die massive Zerstörung. Regenwälder, die in Goldwaschgebieten zu quecksilberverseuchten Mondlandschaften wurden, Ölpalmen-Monokulturen, zu deren Durchquerung man selbst im Jeep Tage brauchte. Oder völlig degradierte Weideflächen mit mannstiefen Erosionsrinnen. Selbst Pufferzonen um die Schutzgebiete schmolzen dahin wie Eis in der Sommersonne.

Die ZGF hat sich über Jahrzehnte dem Schutz der Schutzgebiete verschrieben. Zu den Kernaufgaben gehören der Bau von Rangerposten, die Ausbildung und Ausrüstung der Ranger, Aufbau und Unterhalt der Infrastruktur, von Fahrzeugen und Booten bis hin zu Flugzeugen. Dazu kommt die Überwachung der Tierbestände oder die Auswertung von Satellitendaten zur Vegetation. Wilderer, Goldwäscher, Holzfäller müssen ferngehalten und die Anrainer mit Umweltbildung und Konzepten zur nachhaltigen Landnutzung unterstützt werden. Mal gilt es, den Tourismus als Einkommensquelle zu entwickeln, woanders ihn wegen Übernutzung in die Schranken zu weisen. Allgegenwärtig ist die Herausforderung, ausreichende Mittel zu generieren für all diese Arbeit in den Nationalparks. Die Behörden der Länder des Globalen Südens sind chronisch unterfinanziert, und von den global verfügbaren Naturschutzmitteln fließen derzeit weniger als fünf Prozent in die besonders artenreichen Schutzgebiete der Tropenzone. Nationalparks sind für immer angelegt. Ihre Finanzierung ist es nicht. Gerade in der Tropenzone sind die Budgets weder in der Höhe noch in der Dauer angemessen. Immer wieder mussten wir mitansehen, wie Fahrzeuge oder Gebäude verrotteten oder Ranger nicht mehr auf Patrouille gingen, weil die Mittel ausblieben. Wenn damit die Schleusentore für die Wilderei geöffnet wurden, konnten solchen Etatkürzungen in Extremfällen Zehntausende Elefanten zum Opfer fallen.

2017 formierte sich eine vierköpfige deutsch-amerikanische Gruppe zur »Pathologie« der Schutzgebietsfinanzierung. Im März des Folgejahres standen die Eckpfeiler einer neuen Heilkunde und der Name: Legacy Landscapes. Damit sollte zum Ausdruck kommen, dass es sich bei den Landschaften um ein Erbe handelt, das man von der vorangehenden Generation erhält und an die nächste weitergibt. Es geht dabei auch um Generationengerechtigkeit. Groß sollten die Gebiete sein, für die hiermit ein neues finanzielles Basisfundament geschaffen werden sollte. Groß wie Landschaften eben.

Im März 2018 fand in Washington der Lackmustest statt. 20 Teilnehmern von NGOs, staatlichen und privaten Gebern sowie Finanzexperten und Wissenschaftlern wurde das Konzept vorgestellt. Und es verfing. Das deutsche Bundesministerium für wirtschaftliche Zusammenarbeit und Entwicklung, zusammen mit der staatlichen Entwicklungsbank KfW, etablierte eine Arbeitsgruppe zur Projektentwicklung. Mit dabei waren die Weltnaturschutzorganisation IUCN, die UNESCO, die ZGF, der WWF, African Parks, die Campaign for Nature und die Wildlife Conservation Society. Einige private große Geber und Stiftungen aus den USA und Europa signalisierten Unterstützung. Dazu gehörten u. a. die Wyss Foundation, die Walton- und Moore-Foundation sowie Arcadia aus Europa. Im Dezember 2020 erfolgte die Gründung. Die selbstständige Stiftung Legacy Landscapes Fund (LLF) mit Sitz in Frankfurt wurde auf Antrag von BMZ und KfW rechtskräftig.

Wie eine Ewigkeitsfinanzierung funktionieren kann, zeigen die viele jahrhundertealten Stiftungen in Deutschland. Es gibt einen Kapital- oder Immobilienstock, der dauerhaft Erträge generiert. Studien und Budget-Vergleiche haben gezeigt, dass mit einer Million Dollar pro Jahr für die meisten Schutzgebiete eine solide Basisfinanzierung gewährleistet wäre. Dies bedeutet, dass pro Gebiet ein Kapitalstock von circa 30 Millionen Dollar Bestandteil des Legacy Landscapes Funds sein muss. Dieser generiert dann auf lange Sicht jährlich eine Million, die ein Nationalpark zur Erhaltung und Pflege eines Schutzgebiets erhält. Ein moderater Inflationsausgleich muss einberechnet werden. Dabei kann der Legacy Landscapes Fund selbst schrittweise wachsen. Mit 900 Millionen Euro, ein Betrag, wie er zum Beispiel für den Neubau von Schauspiel und Oper in Frankfurt angesetzt wird, wären bereits 30 Schutzgebiete, größer als europäische Länder, auf immer und ewig basisfinanziert.

Für die Schutzgebiete wird eine auf lange Dauer garantierte Finanzierung überlebensnotwendig sein. Die übliche, extrem aufwendige Beantragung von Mitteln bei den unterschiedlichen Gebern entfällt, und hinzu kommt eine ungekannte Planungssicherheit, die zusätzliche Effizienz schafft. Über Jahre und Jahrzehnte können Personalmittel oder Investitionen in die Infrastruktur verplant und abgesichert werden. Und in Krisenzeiten, wenn alle Mittel versiegen, führen die Mittel des Legacy Landscapes Funds dazu, dass die Lichter nicht ausgehen. So standen im März 2020 coronabedingt den tansanischen Nationalparkbehörden für ihre 22 Parks von den 100 Millionen Dollar aus Tourismuseinnahmen weniger als ein Prozent zur Verfügung. Für die größten und wichtigsten Parks, wie die Serengeti, mussten Notfallpakete geschnürt werden. Das dauerte viele Monate, und der Verwaltungsaufwand war enorm. Wie viel ruhiger hätten die Parkchefs und -chefinnen schlafen können, wenn es den Legacy Landscapes Fund schon gegeben hätte.

Der Legacy Landscapes Fund ist als Spezialinstrument für die Champions League der Nationalparks gedacht. Jedes Schutzgebiet sollte mindestens 2000 Quadratkilometer groß sein. Das ist etwa die Landfläche aller 16 bundesdeutschen Nationalparke zusammen. Natürlich müssen sie viele Arten beherbergen, also sogenannte Key Biodiversity Areas der Weltnaturorganisation IUCN sein. Außerdem sollen sie ursprüngliche, möglichst intakte und wenig vom Menschen beeinflusste Flächen umfassen. Dafür eignen sich die IUCN-Kategorien I und II, die Wildnisgebiete und Nationalparks einschließen. Nur in diesen Kategorien ist klar, wer denn das Mandat für das Gebiet hat und was es dauerhaft zu schützen gilt. Alle anderen Schutzgebietsansätze, die mehr oder weniger eine menschliche Einflussnahme und eine Nutzung vorsehen, sind ebenfalls wichtige Instrumente des Naturschutzes, eignen sich aber aufgrund der sich verändernden Rahmenbedingungen und zahlreichen Stakeholder nicht für einen Ewigkeitsansatz. Legt man diese strengen Kriterien zugrunde, finden sich immerhin noch rund 300 bestehende Schutzgebiete in den Ländern der Entwicklungszusammenarbeit. Und es sollen ja noch deutlich mehr dazukommen.

Die Erkenntnis reift, dass es uns in Deutschland seit Ende des Zweiten Weltkriegs immer besser gegangen ist. Der Lebensstandard und die Fülle der Angebote, aus denen wir schöpfen können – all das hat enorm zugenommen. Gleichzeitig haben sich aber alle wichtigen Parameter des Systems Erde, wie Klimastabilität oder Artenvielfalt, massiv verschlechtert. Mit der Ressourcenübernutzung wurden zwei große Schuldenberge angehäuft, die es jetzt abzutragen gilt: erstens die Schuld der großen Industrienationen gegenüber dem Globalen Süden und zweitens die Schuld unserer Generation gegenüber der kommenden Generation.

Als die Kathedrale Notre-Dame in Paris 2019 in Flammen stand, erlebten wir, wie es uns berührt, wenn Bauten, die wir über 700 Jahre lang erhalten konnten, beschädigt werden. In wenigen Tagen gab es fast eine Milliarde Euro Spendenzusagen. Auch wenn später vielleicht nur ein Teil überwiesen wurde, sind das doch riesige Summen. Heute stehen die Kathedralen der Natur in Flammen. Wilderei, Goldwäscher, Abholzung bedrohen die Schatzkammern der Natur wie nie zuvor. Nun braucht es zweierlei: einen Schutzschirm für Schutzgebiete, quasi den Feuerwehreinsatz, und dann die langfristige Absicherung.

Stellschrauben

Das alles wird jedoch keineswegs ausreichen, wenn wir nicht von der globalen Übernutzung und Zerstörung abkehren. Erstaunlich ist, dass wir eigentlich alles dazu wissen. Uns ist durchaus bewusst, wie dringend notwendig wir umsteuern müssen. Und doch ist der Weg zum Handeln unendlich schwer. Ganz offensichtlich sind wir im Kopf noch ganz der Neandertaler, der nur auf den herannahenden Säbelzahntiger reagiert. Umso wichtiger ist es, dass es innovative Ideen gibt, die eine Koalition der Willigen vereinigt, so wie das Legacy Landscapes vielleicht gerade vormacht. Und Politiker, die ihren Regierungsauftrag im Auftrag des Volkes auch über die Legislaturperiode hinaus verstehen. Wir brauchen Maßnahmen, die unsere Art der Produkterzeugung und Bezahlung grundlegend verändern. Richtige Stellschrauben, nicht nur Kosmetik. Dazu gehört sicher die Internalisierung der externen Kosten unseres Wirtschaftens. Hört sich kompliziert an, ist aber vor allem eins: logisch. Lasten auf einem Produkt Allgemeinkosten, die z.B. durch die Freisetzung von Abgasen, Phosphat, Stickstoff oder Methan, die Erosion von Böden, die Verschmutzung oder Aufheizung von Fließgewässern entstehen – dann müssen diese in den Produktpreis integriert werden. Für die Welt schlechte Produkte werden somit sehr teuer, gute Produkte verhältnismäßig günstiger. Hinzu kommt eine andere, ehrlichere Bewertung der Unternehmen. Bilanzen müssen um zwei Komponenten erweitert werden: um das soziale Wirken und den Einfluss auf die Umwelt. Das wertet gute Unternehmen auf und andere ab. Geradezu auf der Hand liegt ein weiteres wichtiges Instrument der Weltverbesserung: der Abbau umweltschädlicher Subventionen. Dazu gehören Steuervergünstigungen für Diesel und Kerosin oder die Mehrwertsteuerbefreiung für internationale Flüge. In Deutschland sind das unvorstellbare 65 Milliarden Euro pro Jahr. Statt Anreiz zum Schlechtsein wären dies gigantische Mittel zum Beispiel für Nature Based Solutions. Zukunftsinvestitionen also. An Mitteln mangelt es also gar nicht. Am Handlungswillen schon. Zu viel Übel regiert die Welt. Und wo kommt das her? Darüber gibt uns die griechische Mythologie Auskunft. Als die Büchse der Pandora geöffnet wurde, so die Sage, entwich das Übel und machte sich breit. Die Hoffnung, die sich ebenfalls darin befand, konnte nicht entweichen, längst war die Büchse wieder geschlossen. Jetzt, inmitten größter Herausforderungen, ist es Zeit, sie herauszulassen. Die Vereinten Nationen wählten als Motto des Weltbiodiversitätstages am 22. Mai 2020: »Unsere Lösungen liegen in der Natur« – in ihrer Erhaltung, nicht in ihrer Vernichtung. Das ist unsere Hoffnung und unsere Handlungsvorgabe.

Längst ist die Sonne hinter den Buchen- und Eichenwäldern verschwunden. Das Nachglühen hält lange an, so nah der Sommersonnenwende Mitte Juni. Das Himmelsblau ist blass geworden, rosarote Pinselstriche eines imaginären Aquarellmalers verzaubern den Blick. Es ist spät geworden.

Bärbel Höhn:

Wenn viele kleine Leute an vielen kleinen Orten viele kleine Dinge tun, können sie das Gesicht der Welt verändern (afrikanisches Sprichwort)

Am Anfang war das Buch

Da liegt dieses Buch vor mir. Ich bin einfach nur neugierig, gespannt und ahne noch nicht, welche Wirkung es auf mein Leben haben wird.

Komplizierte Grafiken, mathematische Modelle, dramatische Schlussfolgerungen, das alles schreckt mich nicht. Denn ich bin Studentin der Mathematik und Volkswirtschaft, neugierig und offen für Neues. Ich diskutiere gerade mit Freund:innen, was der Sinn des Lebens sein könnte. Wenn ich alt bin, will ich nicht der Jugend, den verlorenen Lebensjahren nachtrauern, sondern jetzt die Grundlagen für ein sinnvolles Leben legen. Ich bin eine von Zehntausenden jungen Menschen der damaligen Zeit, die ähnlich denken und engagiert diskutieren.

Das Buch ist nichts weniger als der Bericht des Club of Rome zur Lage der Menschheit, *Die Grenzen des Wachstums*, für uns 1972 so etwas wie die Umweltbibel.

Zwei einfache, aber extrem wichtige Erkenntnisse nehme ich nach der Lektüre mit, auch für mein späteres Leben: Auf einer begrenzten Erde kann es kein unbegrenztes Wachstum geben, und es gibt erste Erkenntnisse, dass diese Grenzen in absehbarer Zeit erreicht sein könnten.

Begrenzt sind die Rohstoffe, die sich über Jahrmillionen gebildet haben, und begrenzt ist die Fähigkeit der Erde, die immer größer werdende Menge an Schadstoffen aufnehmen zu können.

Die 1960er- und 1970er-Jahre waren für uns Schüler:innen und Student:innen die Zeit, Bestehendes infrage zu stellen, die Vergangenheit aufzuarbeiten, unseren Lehrer:innen und Eltern unangenehme Fragen zu stellen.

Der Aufstand der Jugend damals erinnert mich immer wieder an die Fridays-for-Future-Bewegung heute. Wir kämpften für die Themen, die damals anstanden: das Recht auf Bildung, das nicht vom Portemonnaie der Eltern abhängen sollte, wir wollten weg vom Obrigkeitsstaat hin zu mehr Demokratie und Mitbestimmung. Professoren, die sich als Halbgötter aufführten, wollten wir nicht länger akzeptieren (unter den Talaren der Muff von 1000 Jahren), und wir kritisierten ein Wirtschaftssystem, das auf den kurzfristigen Profit setzt und die Umweltschäden der Allgemeinheit überlässt.

Bildung, Demokratie, Frauengleichstellung, Umweltschutz, Solidarität und Frieden waren unsere Themen. Wir demonstrierten mit unseren kleinen Kindern gegen den NATO-Doppelbeschluss, die Aufstellung von neuen Atomraketen, waren mit dabei, als Anfang der 1980er-Jahre Hunderttausende im Bonner Hofgarten und Millionen europaweit gegen Pershing II und SS-20 demonstrierten, und wir kämpften für internationale Solidarität statt individuellen Profit.

Wir waren Teil einer Bewegung von unten, die die notwendigen Reformen und Änderungen anstoßen musste.

Der Kalte Krieg, die permanente Bedrohung Deutschlands durch Atomwaffen, der Zusammenhang zwischen militärischer und ziviler Nutzung der Atomkraft, das alles beschäftigte uns. Wir verschlangen Bücher über die Gefahren der Atomkraft, erst recht, als es 1979 in den USA bei einem Unfall des Atomkraftwerks Three Mile Island zur Beinahekatastrophe kam.

Der Kampf für eine bessere Umweltpolitik wurde damals wie

heute um konkrete Projekte geführt. So war der erfolgreiche Kampf gegen die Wiederaufbereitungsanlage Wackersdorf, gegen den Schnellen Brüter in Kalkar, gegen die Atomtransporte nach Gorleben notwendig, um den Atomausstieg durchsetzen zu können. Aber wenn man gegen etwas ist, muss man auch für etwas sein. Womit können wir Strom erzeugen, wenn wir die Atomkraftwerke nicht wollen? Die logische Folge war die Forderung, auf erneuerbare Energien zu setzen.

Das gilt auch heute noch: Der Kampf gegen die Braunkohle ist ein Kampf für den Erhalt des »Hambi« (Hambacher Wald), für die erneuerbaren Energien.

Zwar gibt es auch Misserfolge, wie die gescheiterten Proteste gegen den Bahnhof Stuttgart 21, das AKW Brockdorf, den Braunkohletagebau Garzweiler II, aber die gesellschaftliche Diskussion darum ist die notwendige Voraussetzung, damit ein neuer politischer Weg eingeschlagen wird.

Auch das Private ist politisch. Mein Mann und ich, beide hatten das Diplom in Mathematik, entschieden uns, unseren Job wie auch die Kindererziehung zu teilen, was in den 1970er-Jahren extrem ungewöhnlich war.

Ein sehr privates einschneidendes Erlebnis sollte mein Leben grundsätzlich verändern: Es machte mich von einer passiven Mitmacherin, die diskutierte und als eine von vielen demonstrierte, zur aktiven Gestalterin.

Schwarze Wäsche und Bronchitis

Nach Beendigung des Studiums zogen mein Mann und ich mit unseren beiden Söhnen (zweieinhalb und ein Jahr alt) 1978 von Schleswig-Holstein nach Oberhausen zu meinen Schwiegereltern, auch um dort Arbeit zu finden in einer Zeit hoher Arbeitslosigkeit für Berufsanfänger:innen.

Wir landeten im Ruhrpott. Willy Brandt machte in den 1960er-Jahren mit dem Slogan »Der Himmel über dem Ruhrgebiet muss wieder blau werden« Wahlkampf. Er hatte damit Erfolg, und so wurde die nasse Wäsche, wenn man sie raushängte, beim Trocknen nicht mehr schwarz vom Kohlestaub. Aber die Belastungen durch die Industrieabgase waren enorm.

Unser kleiner Sohn feierte einige Tage nach dem Umzug seinen ersten Geburtstag. Er war gesund, kräftig, konnte schon gut laufen; das sprühende Leben!

Wir wohnten wenige Hundert Meter entfernt von einer Kokerei, in einer Bergarbeitersiedlung. Mein Schwiegervater war selbst jahrzehntelang Bergmann gewesen.

Es dauerte nur einige Monate, da wurde unser kleiner Sohn krank und immer schwächer: Erkältung, Atemnot, Antibiotika, er lag mehr auf dem Sofa, als dass er spielte, er litt offensichtlich. Der Kinderarzt meinte, wir sollen uns keine Sorgen machen, das sei hier halt so. Unser Sohn habe Bronchitis. Er verschrieb weiter Antibiotika.

Wir teilten unseren Urlaub, fuhren so oft wir konnten an die Nordseeküste, wo es unserem kleinen Sohn sichtbar und schnell besser ging und er wieder der lebenslustige, kleine Junge von früher wurde. Wir zogen in einen anderen Stadtteil, weg von den Emissionen der Kokerei.

Durch mein Engagement im Stadtelternrat Oberhausener Kindergärten bekam ich schnell mit, dass wir mit unserem kranken Sohn nicht alleine waren. Viele Kinder hatten gleiche oder ähnliche gesundheitliche Probleme. Es war klar, dass die Industrieanlagen mit ihrer Luftbelastung unsere Kinder krank machten. Für den Gesundheitsschutz brauchen wir mehr Umweltschutz! Ich entschied, dass ich für meinen kleinen Sohn und für die Kinder, die keine Lobby haben, kämpfen muss!

Inzwischen war ich durch mein soziales Engagement als Unabhängige über die Bunte Liste, einen Zusammenschluss von

Grünen, engagierten Einzelpersonen und kleinen Parteien, Stadtverordnete in Oberhausen geworden.

Als dann neben der bestehenden Hausmüllverbrennungsanlage auch noch eine Sondermüllverbrennungsanlage in Oberhausen geplant wurde, war klar: Dagegen muss Widerstand organisiert werden. Wenn schon aus den Hausmüllverbrennungsanlagen hochgiftige Dioxine emittiert werden, wie viel mehr würden es aus Giftmüllverbrennungsanlagen sein.

Wir schafften es, Protest zu organisieren und den Bau der Anlage zu verhindern. Viele Frauen, Mütter aus der Kindergarteninitiative, engagierten sich gemeinsam mit mir.

Bisher hatte ich in Bürgerinitiativen gearbeitet, die sich temporär zusammengeschlossen hatten. Jetzt entschied ich, mich der Partei anzuschließen, die meinem Lebensgefühl entsprach, bei der ich schon über Jahre auch als Nichtmitglied mitgearbeitet hatte. Ich wurde Mitglied der Grünen.

Politik als Grüne zu machen, war damals eine harte Aufgabe. Wir wurden mit unseren Positionen lächerlich gemacht, wir hätten keine Ahnung, seien naive Spinner. Unsere Argumente wurden einfach weggewischt. Mitglied der Grünen zu sein, bedeutete Idealistin zu sein und lauter Nachteile in Kauf zu nehmen.

Inzwischen sind wir Grüne den langen Weg durch die Institutionen gegangen. Wir haben uns der Mühe von Kompromissen gestellt, unsere weiße Weste ist nicht mehr unbefleckt, aber ohne uns wäre die Gesellschaft nicht so weit, wie sie heute ist.

Es braucht beides: Verantwortliche Politiker:innen, die versuchen, unter den gegebenen Voraussetzungen möglichst viel für die Nachhaltigkeit zu tun, aber auch eine gewaltfreie, außerparlamentarische Bewegung, die die Politik treibt.

Ich war später als Ministerin im Kabinett immer nur so stark, wie ich Rückhalt in der Gesellschaft hatte und die Stimmung mich und meine Argumente trug.

1989, vier Jahre später, beschloss ich, für den Landtag in Nordrhein-Westfalen zu kandidieren, mit dem konkreten Ziel, für ein besseres Müllkonzept zu kämpfen, das auf Müllvermeidung und Verwerten statt Verbrennen setzt.

Der Kampf für bessere Luft

Es gab eine landesweite Protestbewegung gegen die Müllverbrennung, der ich mich angeschlossen hatte. Wir waren mit zwei besonders großen Hausmüllverbrennungsanlagen in nur gut zehn Kilometern Luftlinie Entfernung in Oberhausen und Essen besonders betroffen.

Vor der Landtagswahl 1990 übernahm die SPD-Landesregierung die Forderungen der Umweltbewegung noch schnell und legte ein Programm für Filter in Müllverbrennungsanlagen auf, um das Problem der hohen Dioxinemissionen zu lösen. Dennoch gelang es uns Grünen, mit genau 5,0 Prozent in den Landtag einzuziehen. Als Spitzenkandidatin wurde ich Fraktionssprecherin und blieb der Umweltpolitik weiterhin verbunden.

Dass wir im Ruhrgebiet nicht nur gravierende Probleme mit den Müllverbrennungsanlagen hatten, begann ich zu verstehen, als die hohen Dioxin- und Furanwerte in Dortmund bekannt wurden und ich mich im Parlamentarischen Untersuchungsausschuss näher mit der Stahlproduktion beschäftigte.

Inzwischen hatte ich Kontakte zu engagierten Umwelt- und Kinderärzt:innen aufgebaut, die mich über die hohe Schwermetallbelastung im Blut der Kinder informierten. So erfuhr ich, dass auch die Menschen in Duisburg extremen Luft- und Bodenbelastungen und ihren krank machenden Auswirkungen ausgesetzt waren.

Von der Aktivistin zur Ministerin: Wer bestimmt die Politik?

Bei der Landtagswahl 1995 verdoppelten wir Grüne unser Ergebnis auf zehn Prozent, die SPD verlor ihre absolute Mehrheit, und ich wurde Umwelt- und Landwirtschaftsministerin.

Der schwierigste Punkt der Koalitionsverhandlungen war der geplante Braunkohletagebau Garzweiler II. Die SPD wie auch die CDU wollten den Tagebau Garzweiler II, wir als Grüne wollten ihn nicht.

Der Hintergrund: In den 1990er-Jahren war die Klimapolitik stärker in den Fokus gerückt. Die Nachhaltigkeitskonferenz hatte 1992 fast alle Staatschefs in Rio zusammengeführt, der IPCC-Prozess einschließlich der internationalen Klimakonferenzen etablierte sich. Doch weder im Steinkohle- und Braunkohleland Nordrhein-Westfalen noch auf Bundesebene war die Problematik angekommen. Die Grünen hatten die Bundestagswahl 1990 mit dem Slogan »Alle reden von Deutschland (Wiedervereinigung), wir reden vom Wetter (Klima)« krachend verloren.

Unter diesen Bedingungen versuchten wir Grüne, in Nordrhein-Westfalen ein Bewusstsein für die Braunkohleproblematik zu schaffen. Wenige Tage vor der Landtagswahl 1995 erteilte die SPD noch schnell die landesplanerische Genehmigung für Garzweiler II. In den Koalitionsvertrag schrieben wir Formelkompromisse, die wir jeweils unterschiedlich interpretierten: wir Grüne gegen Garzweiler II, die SPD dafür. Die noch ausstehende energiepolitische Genehmigung lag allerdings im Wirtschafts- und Energieministerium, das ein SPD-Minister führte.

Als Umweltministerin sollte ich versuchen, unter diesen Bedingungen unsere Position »Nein zu Garzweiler II« durchzusetzen. Eine nahezu unmögliche Aufgabe.

Aber nach dem Motto »Aufgeben gibt es nicht!« fand ich mit meinem Team heraus, dass zur Genehmigung von Garzweiler II noch eine wasserrechtliche Erlaubnis notwendig war. Bei früheren

Genehmigungen hatte diese Erlaubnis nie eine Rolle gespielt, und sie war leider auch nur ein schwacher Hebel, aber wir machten diverse wohlbegründete, hohe Auflagen.

Das Grundwasser muss nämlich in einem großen Kegel abgepumpt werden, um die Braunkohle überhaupt abbauen zu können. Das wiederum führt dazu, dass den umliegenden Städten das Grundwasser für die Trinkwasserversorgung entzogen wird. Letztendlich wird die Genehmigung allerdings vom Bergamt erteilt, das dem Wirtschaftsministerium unterstellt war.

In welchen Zeiten wir damals lebten, macht folgender Vorgang deutlich: Das Wirtschaftsministerium hatte mit dem Bergamt zusammen heimlich und parallel an einer wasserrechtlichen Erlaubnis gearbeitet, die all unsere Auflagen nicht enthielt. Sie hatten vor, diese Genehmigung einfach der Öffentlichkeit zu präsentieren und damit mich und das Umweltministerium zu umgehen. Wir bekamen Wind davon und veröffentlichten unsere wasserrechtlichen Auflagen schneller. Daraufhin erklärte der Antragsteller des Projekts, Rheinbraun/RWE, die wasserrechtliche Erlaubnis des Umweltministeriums zum »vergifteten Apfel« und weigerte sich, sie zu akzeptieren.

Wenig später saß ich wie so oft gegen 21:00 Uhr noch mit einigen Mitarbeiter:innen im Ministerium, als ich einen Anruf von Ministerpräsident Clement bekam. Er säße bei Rheinbraun/RWE, es ginge um die wasserrechtliche Erlaubnis, die RWE nicht akzeptieren wolle. Ich solle kommen. Also fuhr ich mit meinen Mitarbeiter:innen zusammen hin.

Auf den Tischen lagen DIN-A3-Blätter, auf der linken DIN-A4-Seite die wasserrechtliche Erlaubnis des Umweltministeriums mit den Auflagen, auf der rechten DIN-A4-Seite die heimlich erarbeitete Genehmigung ohne Auflagen.

Ich musste in dieser Nacht der Verhandlung immer wieder mit dem Ende der Koalition drohen, um Verwässerungen zu verhindern. Letztendlich wurden nur wenige Kleinigkeiten geändert, aber der gesamte ungeheuerliche Vorgang machte deutlich, dass man es bei RWE gewohnt war, zu sagen, was die Landesregierung in Nordrhein-Westfalen zu tun hat. Am Ende wurde die Genehmigung von Garzweiler II vom Bergamt mit meinen wasserrechtlichen Auflagen erteilt und von RWE akzeptiert. Ich war mit dem Hebel des Wasserrechts nicht in der Lage gewesen, die Genehmigung zu verhindern.

2022, über 20 Jahre später, wird in Nordrhein-Westfalen in den Koalitionsverhandlungen zwischen CDU und Grünen wieder über Garzweiler II gestritten.

Klimaaktivist:innen kämpfen um den Erhalt des Dorfes Lützerath. Wieder geht es um ein Symbol, das für die Einhaltung des Pariser Klimaabkommens steht. Und wieder sitzt RWE am Verhandlungstisch. Die CDU schickte mit ihrem Mitglied des Landtags Romina Plonsker eine Aufsichtsrätin von RWE Power mit in die Koalitionsverhandlungen.

Auch wenn mit den Grünen jetzt endlich auf Bundes- wie auf Landesebene Klimaschutz ernsthaft umgesetzt wird, wird es jeden Tag unwahrscheinlicher, dass die globale Erwärmung bei 1,5 Grad gestoppt werden kann, weil die dafür notwendigen Maßnahmen inzwischen so radikal sein müssten, dass es weder in Deutschland noch in anderen Industrieländern die notwendigen politischen Mehrheiten dafür gibt. Der Einfluss der fossilen Lobby ist weiterhin zu stark.

Wenn RWE und damit die CDU unbedingt auf der Zerstörung von Lützerath bestehen, wenn sich die FDP auf Bundesebene beharrlich einem Tempolimit widersetzt, dann bedeutet das nichts anderes, als dass wir selbst im Jahr 2022 nicht den notwendigen politischen Willen für ausreichend konsequenten Klimaschutz haben.

Auch wenn wir Grüne und ich in Person damals in Nordrhein-Westfalen alles taten, was uns möglich war: Die Zeit war damals noch nicht reif, wir konnten letztendlich die Genehmigung des

Tagebaus nicht verhindern. Was uns blieb, war, die gesellschaftliche Debatte über den Unsinn dieses Projektes voranzubringen.

Immerhin konnte erreicht werden, dass der schon genehmigte Tagebau Garzweiler II von der zweiten SPD/Grünen-Landesregierung 15 Jahre später verkleinert wurde und fast 1500 Menschen nicht umgesiedelt werden müssen.

Der verlorene Kampf um Garzweiler II war für mich eine sehr bittere Niederlage. Mein Team und insbesondere ich hatten all unsere Kraft mobilisiert, die Genehmigung zu verhindern. Ich hatte den Menschen vor Ort, die von der Umsiedlung betroffen waren, Mut und Hoffnung gemacht bei ihrem Widerstand. Diese Hoffnungen konnte für einige, aber nicht für alle Anwohner erfüllt werden. Es ist sehr schwer zu akzeptieren, dass unsere vielen guten Argumente letztendlich nicht ausreichten gegen die Machtinteressen von RWE und die Verquickung des Konzerns mit der Politik.

Wir produzieren unseren eigenen Strom – von den Bürgern für die Bürger

In dieser Zeit änderte sich auch auf Bundesebene so einiges. Der so lange erkämpfte Atomausstieg wurde endlich umgesetzt und gleichzeitig die erneuerbaren Energien gefördert. Dieser Schritt sollte sich weltweit als wichtigstes Instrument für den Klimaschutz herausstellen!

Die Grundlage für den Erfolg der Energiewende in Deutschland war, dass der Aufbau der erneuerbaren Energien von Abgeordneten unterschiedlicher Parteien im Bundestag vorangetrieben wurde. Dieser parteiübergreifenden Zusammenarbeit gehörten auch fortschrittliche Landräte und Bürgermeister an.

Strukturell entscheidend beim Ausbau der erneuerbaren Energie war aber, dass der Umstieg auf neue Energiequellen mit einer Demokratisierung der Stromproduktion einherging. Die Stromproduktion wurde in die Hand der Bevölkerung gelegt. Mittlerweile sind über zwei Millionen Haushalte Prosumenten, Produzenten und Konsumenten von erneuerbarem Strom. Damit konnte die Vorherrschaft der großen Energiekonzerne gebrochen werden.

Es macht einfach Spaß, zu sehen, wie die eigene Photovoltaikanlage mehr Strom produziert, als unser Haushalt verbraucht; dass auch das Elektroauto ohne Probleme durch eigenen Strom geladen und zusätzlich viel Strom in das öffentliche Netz abgegeben werden kann. Bei den jetzigen Strompreisen ist das sogar fühlbar wirtschaftlich. Wer hätte das damals gedacht?

Das Pariser Klimaschutzabkommen: Euphorie und Enttäuschung

Der grüne Hammer saust auf den Tisch! In diesem Moment besiegelt der Präsident der Klimakonferenz, Außenminister Laurent Fabius, den Beschluss der fast 200 Länder auf der COP 21. Das Klimaabkommen von Paris steht. Die Erderwärmung soll auf deutlich unter zwei Grad, idealerweise auf 1,5 Grad begrenzt werden.

Eine historische Konferenz: Dabei gewesen zu sein, das Ringen um jede Formulierung miterlebt zu haben, werde ich nie vergessen.

Diesem Beschluss sind über 20 Jahre vorausgegangen, in denen Tausende von Wissenschaftler:innen gemeinsam Berichte verfasst und die Länder auf 20 Klimakonferenzen um Ziele gerungen haben.

Trotz dieses Beschlusses geht der weltweite CO_2-Ausstoß auch in den folgenden Jahren ungebremst weiter. Obwohl alle wissen, dass nur noch ein sehr begrenztes CO_2-Budget zur Verfügung steht, wird weiterhin nahezu sorglos klimaschädliches Gas in die Luft geblasen. Jedes Jahr, jeden Monat, jeden Tag wird es damit unwahrscheinlicher, dass wir das Ziel der Pariser Klimakonferenz erreichen, obwohl die Auswirkungen immer schlimmer und sichtbarer werden: Überflutungen, Hitzewellen mit gigantischen Bränden, Wasserknappheit und damit verbundene Hungersnöte.

Als Nächstes drohen Kipppunkte wie das Abschmelzen der Gletscher an den beiden Polen, das Auftauen der Permafrostböden, bei dem riesige Mengen klimaschädliches Methan frei werden, und eine Versauerung der Meere, die bisher 90 Prozent der Erwärmung aufgenommen haben und nun an ihre Grenzen kommen.

In einer solchen Zeit voller pessimistischer Prognosen, in der wir als alte Generation keine neuen Impulse mehr geben konnten, gibt es aber auch immer wieder Hoffnung: Es ist unglaublich, dass ein junges Mädchen aus Schweden, Greta Thunberg, dem Klimaschutz mit der Fridays-for-Future-Bewegung neuen Schwung verliehen hat.

Weltweit engagieren sich junge Menschen für ihre Zukunft. Sie sind nicht mehr bereit hinzunehmen, dass die Elterngeneration ihnen nicht zu tragende Belastungen auflädt und ihre Freiheit massiv einschränkt. Selbst das Bundesverfassungsgericht hat den jungen Kläger:innen im Frühjahr 2021 bescheinigt, dass die Bundesregierung mehr für den Klimaschutz tun muss.

Auch wenn die neue Bewegung sich viel schneller weltweit ausbreitet, eine kraftvolle Stimme bekommt, mittlerweile Wissenschaftler:innen, Eltern, Großeltern, Wirtschaftsvertreter:innen mitmachen und auch die Mehrheit der Bevölkerung die Gefahr erkannt hat und die Politik zum Handeln auffordert, muss die neue Jugendbewegung – wie wir damals – erfahren, wie frustrierend langsam notwendige Veränderungen vorangehen, wie stark die Lobby der fossilen Wirtschaft weiterhin mithilfe der Politik und wichtiger Medien ihre Interessen durchsetzt.

Für die notwendige Umstrukturierung bleibt allerdings immer

weniger Zeit. Je radikaler gehandelt werden muss, desto weniger Akzeptanz gibt es bei der von diesen Maßnahmen betroffenen Bevölkerung, desto mehr haben Populisten die Chance, die Angst vor Veränderung zu nutzen, an die Macht zu kommen, Lösungen zu verschleppen und die Situation weiter zu verschlimmern.

Deshalb ist es enorm wichtig, dass die Politik die Ängste der Menschen vor Veränderung ernst nimmt. Insbesondere den Menschen, die in prekären Verhältnissen leben, müssen wir eine soziale Sicherung gewährleisten, ansonsten werden wir scheitern.

Hinzu kommt, dass wir neben der Klimakatastrophe auch bei einem zweiten wichtigen Thema an dem Ast sägen, auf dem wir sitzen. Der Verlust der Artenvielfalt ist dramatisch, er ist weit fortgeschritten. Und anders als bei der Klimakatastrophe ist das Bewusstsein, dass wir mit der Natur unsere Lebensgrundlage zerstören und deshalb gegensteuern müssen, zwar gegeben, aber die Unterstützung für die Natur fällt noch geringer aus als für den Klimaschutz.

Umweltschutz mit Bienen

Nach meiner Tätigkeit als Ministerin wechselte ich im Jahr 2005 in den Bundestag und arbeitete dort zwölf Jahre in der Opposition.

Was kann ich in der Opposition für den Umweltschutz tun? Wenig.

Einige wichtige und gute Aktionen für den Klimaschutz gelangen über Parteigrenzen hinweg, aber sonst? Ich erarbeitete mit meinem Team das erste Klimaschutzgesetz, das in den Bundestag eingebracht, aber abgelehnt wurde. Das ist das Schicksal von Abgeordneten in der Opposition.

Dann fiel uns eine Aktion ein, die bis heute nachwirkt. Als Vorsitzende des Umweltausschusses beantragte ich beim Präsidenten des Bundestags, im Paul-Löbe-Haus vor meinem Bürofenster, neben dem Reichstagsgebäude, einen Bienenstock aufzustellen. Das war kompliziert und langwierig, aber letztendlich erfolgreich.

Die Bundestagsbienen gibt es heute noch, und über verschiedene Pressetermine konnte ich immer wieder öffentlich auf die Gefährdung der Insekten aufmerksam machen. Den Erlös aus dem Honig nutzten wir, um eine Meta-Studie in Auftrag zu geben, die darlegt, dass Bienen in der Stadt fast doppelt so viel Honig sammeln wie im ländlichen Raum, weil die Bedingungen mittlerweile in der Stadt bienenfreundlicher sind: Es wird weniger gespritzt, und angesichts ausgeräumter Landschaften, fehlender Hecken, Monokulturen und des großen Einsatzes von Pestiziden im ländlichen Raum hält die Stadt eine größere Artenvielfalt bereit. Inzwischen ist diese Erkenntnis weitverbreitet. Für die entstandene Bewegung für mehr insektenfreundliches Gärtnern konnte ich damit einen öffentlichkeitswirksamen Beitrag leisten. Unsere Bundestags-Honiggläser gingen weg wie warme Semmeln und wurden von Kanzlerin Merkel sogar als Staatsgeschenke genutzt.

Aus dem einen Bienenstock sind mittlerweile viele geworden. Leider stehen sie inzwischen fast alle auf dem Dach der Bundestagsgebäude und sind damit für Besucher:innen nicht mehr so sichtbar. Das ist deshalb schade, weil eine gute Öffentlichkeitsarbeit der Schlüssel zum Erfolg ist.

Mit Energie in Afrika

Wenn wir gemeinsame Ziele hatten, arbeitete ich viel mit Politiker:innen anderer Parteien zusammen. So kam es, dass ich am Ende meiner Bundestagszeit von zwei CSU-Politikern, dem damaligen Minister Gerd Müller und meinem MdB-Kollegen, dem im April 2022 verstorbenen Josef Göppel angesprochen wurde, ehrenamtlich für das Bundesministerium für wirtschaftliche Zusammenarbeit und Entwicklung als Energiebeauftragte für

Afrika zu arbeiten. Das Programm, das wir dort umsetzen, heißt »Grüne Bürgerenergie« und greift den Gedanken der Energiewende in Deutschland auf: eine dezentrale Energieproduktion, eine Energieproduktion in Bürgerhand.

Es geht darum, mit erneuerbaren Energien die Ernteerträge zu verbessern, Wertschöpfung und Arbeitsplätze im ländlichen Raum zu schaffen und die Länder unabhängiger von teuren fossilen Energieimporten zu machen. Sonne und Wind stehen ausreichend zur Verfügung.

Durch die Energiewende in Deutschland haben wir der Welt ein großes Geschenk gemacht. Wir haben die technische Entwicklung der erneuerbaren Energien bezahlt, ihre Kosten um über 90 Prozent gesenkt. Damit wurden sie weltweit zur preiswertesten Art, Strom zu produzieren. Strom, den sich auch Menschen in Ländern des Südens leisten können.

Ungefähr die Hälfte der Bevölkerung in Afrika hat keinen Zugang zu Strom, das ist jeder zweite Mensch! Von dieser Hälfte leben 90 Prozent im ländlichen Raum. Wo würden wir in Deutschland stehen, wenn 50 Prozent der Bevölkerung keinen Zugang zu Strom hätten? Durch den Ukraine-Krieg ist nicht nur deutlich geworden, wie abhängig wir von fossilen Energieimporten sind, sondern auch wie notwendig Energie als Grundlage für unsere Lebensweise ist, unsere Wirtschaft und unseren Wohlstand. Wenn wir in Afrika Hunger und Armut überwinden wollen, brauchen wir also Strom und Energie für die Menschen. Strom von der Sonne: preiswert und klimafreundlich.

Außerdem ist der dezentrale Ansatz der erneuerbaren Energien Gold wert. Denn es macht wenig Sinn und ist viel zu teuer, in Ländern, die z. B. eine doppelt so große Fläche wie Deutschland haben, aber nur 2,5 Millionen Einwohner, das nationale Stromnetz bis ins letzte Dorf zu legen.

Photovoltaikanlagen mit Batteriespeicher und einem lokalen Stromnetz können ein Dorf eigenständig mit Strom versorgen.

Dieser Strom soll Licht in die Häuser und Schulen bringen. Aber der Strom soll auch genutzt werden, um Einkommen und Arbeit zu schaffen.

Wenn die Früchte und das Gemüse getrocknet werden, wenn Fische und Medikamente gekühlt werden, wenn Getreide gemahlen wird, wenn kleines Handwerk entsteht, können von diesem Mehrwert Menschen leben und arbeiten. Auch die Situation auf Krankenstationen wird mit Licht und Kühltruhen für die Medikamente verbessert.

Das wollen wir allen Menschen zukommen lassen, so schnell wie möglich.

Das Morgen im Heute

Die zentrale Frage lautet: Kann die Menschheit eigentlich nur auf aktuelle Krisen und Katastrophen wie Kriege, Überschwemmungen, Verwüstungen durch Stürme oder Vergiftung von Luft und Wasser reagieren, oder finden wir auch Lösungen für langfristige, schleichende Prozesse wie die Klimakatastrophe?

Behält die Gier nach kurzfristigem Gewinn zulasten der Umwelt und unserer gemeinsamen Lebensgrundlage die Oberhand, oder schaffen wir es, mehrheitlich solidarisch und nachhaltig zu handeln, langfristig Vorsorge zu betreiben, um auch unseren Kindern und Enkeln eine Welt zu überlassen, die lebenswert ist?

Wie ziehen wir das Morgen ins Heute?

So viele Menschen unterstützen ihre Kinder und Enkel, helfen ihnen in konkreten Situationen – warum aber haben viele dieser älteren Menschen das Wohl ihrer Familie beim Klimaschutz nicht im Blick?

Es ist zum Verzweifeln: Die Zeit läuft uns davon.

Ist nun also alles vorbei? Sollen wir resigniert einfach weitermachen mit unserer zerstörerischen Lebensweise, weil das Artensterben und die Klimakatastrophe doch nicht mehr aufzuhalten sind?

NEIN!

Wenn wir einfach weitermachen, werden sich die Klimakatastrophe und das Artensterben noch mehr beschleunigen, und damit wird das Überleben vieler Menschen auf diesem Planeten noch viel schwieriger, für viele unmöglich. Die Zahl der Flüchtlinge und Krisen wird dramatisch ansteigen. Wir haben gar keine andere Wahl, als diesen Katastrophen so weit wie möglich entgegenzutreten, sie abzubremsen.

Dazu können wir alle beitragen. Das Engagement der vielen Jugendlichen in der Fridays-for-Future-Bewegung macht mir dabei Mut und gibt mir Hoffnung! Wenn sich auch die Großeltern für die Zukunft, für ihre Enkelkinder einsetzen und mit ihren Entscheidungen nicht deren Lebensgrundlage zerstören, werden wir es schaffen. Wir haben die Erde von unseren Kindern nur geborgt!

Jösef Göppel †:

»Den Garten zu pflegen und zu schützen« (Genesis 2,15)

Eine Erinnerung von Sophia Kraft, Barbara Metz, Maria Wenk & Teresa Göppel-Ramsurn

Dieses Bibelzitat rahmt das Andenken an unseren Vater Josef Göppel, der am 13. April 2022 verstorben ist. Wir haben uns gemeinsam in der Familie für dieses Zitat entschieden, da unser Vater – als gläubiger Christ – sein Leben und sein Wirken an diesem Schöpfungsauftrag an den Menschen ausgerichtet hat. Mit der Sonderstellung des Menschen als Ebenbild Gottes kommt dem Menschen die von Gott übertragene Verantwortung zu, einen gärtnerischen Umgang mit der Natur zu finden und die Schöpfung zu bewahren.

Wir und viele seiner Lebensbegleiterinnen und Lebensbegleiter finden, dass sich diese Ausrichtung sowohl in seinem Privatleben als auch in seinem Arbeitsleben ganz deutlich gezeigt hat.

Die abgestorbene Fichte als Wegmarke

Josef Göppel, 1950 in Franken geboren, stammte aus einem bäuerlich geprägten, kleinen Landwirtschaftsbetrieb. Der Vater war Bauarbeiter bei einer Pflasterfirma und bewirtschaftete nebenbei den sieben Hektar großen Hof zusammen mit seiner Frau. Tief verbunden mit der Natur schon seit Kindheitstagen, pirschte der junge Josef manchmal tagelang durch die Wälder. Zu Hause machte sich keiner Sorgen um ihn, dem Ältesten von vier Geschwistern; morgens war er stets rechtzeitig zum Füttern der drei Kühe, vier jungen Rinder und vier Schweine zurück, wie er später in einem Interview erzählte.[10] Unseren Vater zeichnete schon früh sein ausgeprägter Orientierungssinn aus. Die Tage und Nächte in den Altmühlwiesen und den mittelfränkischen Wäldern ließen ihm den klaren Rhythmus der Natur in Fleisch und Blut übergehen. Auf diesen Rhythmus und den Kreislauf der Natur bezog er sich zeit seines Lebens immer wieder.

Seine Liebe zu Tieren, zum Wald, zur Natur beschrieb unser Vater selbst als »angeborene Neigung«.[11] »Es war für mich einfach selbstverständlich.« Genauso selbstverständlich, wie den Beruf des Försters zu ergreifen: Mit 16 Jahren begann er die Ausbildung zum Waldfacharbeiter, lernte Bäume zu pflanzen und zu fällen. Anschließend absolvierte er ein forstwirtschaftliches Fachhochschulstudium, das er 1972 mit Diplom und einer Prüfung zum Revierförster beendete. 20 Jahre, von 1973 bis 1994, arbeitete unser Vater daraufhin in seiner Heimatstadt Herrieden als Förster.

Als junger Förster und Kommunalpolitiker beobachtete er in besonderer Weise die sich in den 1980er-Jahren abzeichnenden Veränderungen: den sauren Regen, das Waldsterben, die Entdeckung des Ozonlochs. Das führte unseren Vater als Jungpolitiker bei einer Landesversammlung der Jungen Union dazu, die Rednertribüne mit einer abgestorbenen kleinen Fichte zu betreten. Dort erklärte er – wie sich Joachim Herrmann[12] heute erinnert – mit ruhigen wie sachlichen und dennoch emotionalen Worten, wie schlimm es um den Wald stand. Schon damals war er unbeirrbar und auf die Sache orientiert.

Darauf folgten 40 Jahre unermüdliches Engagement als Kommunal-, Landes- und Bundespolitiker für die behutsame Entwicklung des ländlichen Raums, die Bürgerenergie als Stabilitätsanker der Demokratie und ein weltweites Wirtschaften nach dem Kreislauf der Natur.

Behutsame Entwicklung des ländlichen Raums

Als unser Vater sich am 1. Juni 2017 von seinen Kolleginnen und Kollegen des 18. Deutschen Bundestages verabschiedete, mahnte er in seiner Abschlussrede als Bundestagsabgeordneter: »Erhaltet die fruchtbare Erdoberfläche!«[13]

Das Anliegen seiner Rede war es, ein letztes Mal im Reichstagsgebäude für die Achtung vor dem Land, dem offenen, atmenden Boden, der fruchtbaren Erde zu werben.

Zeit seines Lebens trieb Josef Göppel bei seinem Handeln die Überzeugung an, dass der Mensch trotz aller Technik angewiesen ist auf die produktive Oberfläche der Erde, auf ackerfähige Böden, auf Weideflächen, auf Fischgründe und auf Wälder. Einmal führte er gegenüber einem Parteikollegen folgendes Beispiel an: »Ein kleiner Junge sitzt auf dem Arm seines Großvaters. Er streckt die Hände hoch und ruft: ›Ich bin größer als du!‹ So wie ihm ist uns oft nicht bewusst, was uns trägt.«[14]

Die behutsame Entwicklung des ländlichen Raums war für unseren Vater das erste seiner drei großen Wirkungsfelder. Mit dem Ziel, Landwirt:innen, Naturschützer:innen und kommunale Vertreter:innen an einen Tisch zu bringen, um naturnahe Lebensräume zu erhalten oder zu schaffen, gründete er deshalb 1986 in seiner Heimat Mittelfranken den ersten Landschaftspflegeverband Deutschlands.

Zuerst in Mittelfranken, dann in Bayern mit heute fast flächendeckenden Landschaftspflegeverbänden, folgte 1993 die Gründung des Deutschen Verbandes für Landschaftspflege als bundesweiter Zusammenschluss, der heute 188 Landschaftspflegeorganisationen als Mitglieder umfasst.

Die Etablierung eines europäischen Dachverbandes Landcare Europe im Jahr 2023 wäre das nächste Ziel unseres Vaters gewesen.

Auf der Bundesebene hat Josef Göppel gemeinsam mit seinen

Mitstreiter:innen drei wichtige Organisationen für die gesamte Landschaftspflegebewegung aufgebaut: Neben dem Deutschen Verband für Landschaftspflege wirken nun die Stiftung Deutsche Landschaften und die Deutsche Landschaften GmbH als stimmiger Dreiklang zusammen und können so dauerhaft die Arbeit der Verbände vor Ort absichern.

Sehr bezeichnend fasst Sibylle Tschunko – langjährige Wegbegleiterin unseres Vaters in der Landschaftspflegebewegung – seine Herangehensweise bei ihrer Würdigung[15] bei der Trauerfeier zusammen:

»Wenn Josef von einer Idee überzeugt war, kamen zwei wichtige seiner Eigenschaften zum Tragen: Er konnte ganz unterschiedliche Menschen zusammenbringen und für seine Ideen begeistern, und er kämpfte hartnäckig und beharrlich gegen alle Widerstände. Zudem wusste er meisterhaft, wie man Begeisterung für die Natur in erfolgreiches politisches Wirken verwandelt. Dabei hat er die Umsetzung seiner Ideen nicht nur angeschoben, sondern auch immer weiterentwickelt und sie als Vorsitzender bis zu seinem Tod verantwortet.«

Bis zu seinem letzten Tag setzte sich unser Vater für den Erhalt der Landschaft und gegen unverhältnismäßige Flächenversiegelung ein. Im konkreten Fall ging es in seiner Heimatgemeinde Herrieden um eine Umgehungsstraße mitten durch die Niederauen, die nicht nur problematisch für viele in diesen Wiesen lebende Vögel und andere Tierarten wäre, sondern auch eine Kulturlandschaft und ein Naherholungsgebiet gänzlich zerstören würde. Es ging dem Umweltschützer Göppel nie darum, Unternehmen aus der Region zu vertreiben. Sein Ziel war es nur, nicht leichtfertig mit unserer Landschaft umzugehen. Es ging ihm nicht darum zu verhindern, sondern Arbeiten und Wirtschaften im Einklang mit der Natur zu ermöglichen. Der Kompromiss kann in solchen

Fällen darin liegen, Flächen zu nutzen, die weniger reich an biologischer Vielfalt sind. Logistikhallen und Industriegebäude, »die Tempel unserer Zeit«,[16] wie unser Vater sie nannte, oder große Parkplatzflächen können in die Höhe gebaut werden, sodass weniger Flächen versiegelt werden müssen.

In den letzten Jahren machte sich unser Vater deshalb für klare Handlungsanleitungen hinsichtlich eines verbindlichen Flächenverbrauchsziels auf fünf Hektar pro Tag für alle bayerischen Gemeinden und Fachbehörden stark. Momentan gelten diese fünf Hektar pro Tag in Bayern nur als unverbindliche Richtgröße für den Flächenverbrauch, obwohl er 2020 noch bei 11,6 Hektar pro Tag lag.[17] Für unseren Vater war klar, dass die bayerische Staatsregierung nur mit einem verbindlichen Fünf-Hektar-Ziel beweisen konnte, ob sie »atmende Böden, die ein grünes Pflanzenkleid tragen und CO_2 speichern, wirklich ernsthaft bewahren will, oder ob das Fünf-Hektar-Ziel nur zur Beruhigung einer politischen Stimmungslage gedacht ist«.[18]

Leider stand Josef Göppel mit dieser Haltung in seiner eigenen Partei – der CSU –, für die er bis Ende 2017 den Arbeitskreis Umwelt und Landesentwicklung leitete, oft alleine da. Als Einzelgänger in der CSU äußerte er sich nach seiner Zeit in der direkten Politik im Jahr 2018 pointiert: »Die neue Heimattümelei der Parteispitze lässt den wichtigsten Aspekt bei der Heimatfrage außer Acht – die Landschaft.«[19]

Nicht nur in der CSU dominiert nach wie vor die Wirtschaftlichkeitsperspektive. Was nötig ist für die Bewahrung der Schöpfung, ist aber eine Perspektive, die über den rein ökonomischen Gedanken der immerwährenden Gewinnmaximierung hinausgeht. Es muss die Frage gestellt werden, inwiefern das heutige Wirtschaften künftigen Generationen schaden könnte. Es muss sichergestellt werden, dass Landschaften, Umwelt und Klima nicht unwiederbringlich zerstört werden.

Das war der Grund, warum unser Vater als einer der Ersten

vor das Bundesverfassungsgericht zog, um gegen unzureichenden Klimaschutz zu klagen. Viele weitere haben sich angeschlossen. Und diese Menschen haben recht bekommen. Der wegweisende Beschluss des Bundesverfassungsgerichts lautet: Die Menschen haben ein (Grund-)Recht auf Zukunft.[20]

Bürgerenergie als Stabilitätsanker der Demokratie

Josef Göppel war es zeit seines Lebens zuwider, wenn Geld in die Taschen weniger floss und das noch dazu auf Kosten der Umwelt. Die Energie, die jeder Mensch zum Leben und Arbeiten benötigt, sollte seiner Meinung nach nicht in zentralisierten Strukturen erzeugt werden, sondern vielmehr sollten die Bürger:innen selbst ihre Energie produzieren und somit zu Prosumenten werden. Bürgerenergie bedeutete für unseren Vater das unmittelbare Engagement natürlicher Personen, die entweder selbst in eigene Anlagen investieren und damit wirtschaften oder in Mietergemeinschaften wie Energieerzeuger agieren können.[21]

Bereits im Jahr 1986 initiierte unser Vater daher als damaliges Mitglied des Bezirkstags Mittelfranken ein Solarenergie-Projekt in einem landwirtschaftlichen Ausbildungszentrum. Ein visionäres Vorhaben zu dieser Zeit, wie er sich später in einem Interview[22] erinnerte: »Da gab es Leute, die ganz vorsichtig ihren Finger auf die Solarzelle gelegt haben und nicht wussten, ob sie gleich einen elektrischen Schlag bekommen. Die Technik war eben noch völlig neu.«

Gegen das Monopolsystem der Energieriesen kämpfte unser Vater auch im Bundestag, wo er als einziger CSU-Abgeordneter 2010 gegen die von der christlich-liberalen Regierung angestrebte Verlängerung der Kraftwerkslaufzeiten stimmte. Dass das Parlament nach der Katastrophe von Fukushima im Juni

2011 dann doch mit großer Mehrheit beschloss, alle deutschen Meiler bis 2022 abzuschalten, erleichterte den damals 61-Jährigen. Es habe kein Erweckungserlebnis gebraucht, um ein Gegner zu werden, sagte er später einmal: »Meine Ablehnung hat sich vor allem auf die unsichere Endlagerung gerichtet. Mich versetzte die Vorstellung in Angst, dass der Müll jahrtausendelang strahlen würde. An Unfälle habe ich eigentlich nicht in erster Linie gedacht. Das Bewusstsein für das Risiko kam erst richtig nach Tschernobyl.«[23]

Auch nach seiner Zeit als Parlamentarier im Bundestag beobachtete unser Vater die politischen Prozesse und Entscheidungen genau und brachte sich mit fachlichen Argumenten ein. Erst Anfang dieses Jahres wandte er sich als Aufsichtsratsvorsitzender der Energiegenossenschaft Regionalstrom Franken in einem offenen Brief an die Mitglieder des Ausschusses für Klimaschutz und Energie des Deutschen Bundestages. Wie er in seinen Eingangsworten deutlich machte, setzte er große Hoffnungen in die neue Bundesregierung: »Mit dem Start der neuen Bundesregierung ergibt sich die Chance zur entschlossenen Erneuerung unserer Wirtschafts- und Lebensweise, auf die viele junge Menschen schon so lange warten.«[24]

Dennoch sah unser Vater die Gefahr, dass es wieder zu zentralen Großstrukturen mit anonymen Eigentümer:innen käme, nur dieses Mal auf der Basis der erneuerbaren Energien. Aus diesem Grund forderte er die Parlamentarier:innen auf, im Erneuerbaren-Energien-Gesetz nicht nur den raschen Aufbau großer Kapazitäten zu forcieren, sondern die Beteiligung möglichst vieler Bürgerinnen und Bürger als Akteure der regionalen Energiewirtschaft bei der Erzeugung und beim nachbarschaftlichen Verkauf zu ermöglichen. Josef Göppel war davon überzeugt, dass eine breite Streuung der Wertschöpfung aus erneuerbaren Energien der entscheidende Punkt für die dringend nötige Erhöhung ihrer Akzeptanz sei.

Unser Vater selbst erlebte hautnah mit, wie seit 2009 die schwungvoll begonnene Energiewende kontinuierlich abwärtsging; wie sie durch verpflichtende Ausschreibungen und die bürokratische Einschnürung der Kleinakteure stecken blieb. Flächenakquise und Projektplanung gerieten schnell in die Hand professioneller Großprojektanten; Handwerker:innen und örtliche Mittelständler:innen wurden aus dem Markt gedrängt. Auch die Bürgerenergie-Genossenschaften stagnieren. Seit fünf Jahren gehe dort nichts mehr voran. Das wurde gerade erst Ende Januar auf dem Bundeskongress genossenschaftliche Energiewende von vielen Seiten bestätigt. Die alte schwarz-rote Koalition habe das zu verantworten, erklärte Josef Göppel im Frühjahr 2022 in einem Interview mit dem Fachmagazin *neue energie*.[25]

Obwohl unser Vater kein Jurist war – wie viele andere im Bundestag –, arbeitete er stets haarklein alle neuen EU-Richtlinien zum Thema Energie, Klima und Umwelt durch. Ihn freute es, dass der Wert der regionalen Wertschöpfung durch die erneuerbaren Energien auf EU-Ebene erkannt wurde. Umso mehr ärgerte es ihn, dass sich die Bundesebene oftmals so schwer mit der Umsetzung der EU-Richtlinien tat. Die europarechtlichen Voraussetzungen für eine breite Bürgerbeteiligung bestehen beispielsweise seit 2018 mit der Richtlinie zur Förderung der Nutzung von Energie aus erneuerbaren Quellen. Am 21. Dezember 2021 legte die EU-Kommission mit den neuen Leitlinien für staatliche Energiebeihilfen sogar noch einmal nach, indem sie Bürgerenergiegemeinschaften weitgehend von der Pflicht zur Teilnahme an Ausschreibungen freistellte. Umgesetzt wurde davon bisher wenig. Und genau das konnte unser Vater nicht nachvollziehen, da er in den dezentralen erneuerbaren Energien einen über die Energieversorgung hinausgehenden Wert sah. Wenn er in die Kommunen in seiner bayerischen Heimat blickte, konnte er vor allem dort Akzeptanz für regenerative Energie erkennen, wo die Projekte aus der Region heraus entwickelt und finanziert wurden.

»Dann stimmt die Kommunikation, die Beteiligten haben Verständnis füreinander, das schafft Vertrauen«[26], erklärte Josef Göppel. Die dezentralen erneuerbaren Energien ermöglichen eine breit gestreute Wertschöpfung für viele Leute mit normalem Einkommen. So kann der Energiesektor ein Stabilitätsanker der Demokratie werden, davon war unser Vater überzeugt.

Weltweites Wirtschaften nach dem Kreislauf der Natur

Bis zu seinem Tod war Josef Göppel seit 2017 ehrenamtlich als Energiebeauftragter des Bundesministeriums für wirtschaftliche Zusammenarbeit und Entwicklung für Afrika tätig. Was hat den gebürtigen Franken, der zeit seines Lebens vor allem aus regionaler Perspektive auf den Erhalt der Umwelt blickte, dazu bewogen, sein Wirkungsfeld auch global auszurichten?

Es waren die Menschen, die er bei seinen zahlreichen Afrika-Reisen kennengelernt hatte. Sie hatten ihn immer wieder beeindruckt mit ihrem Tatendrang, ihre eigene Lebenssituation selbstmächtig zu verbessern. Sie dabei zu unterstützen, war Josef Göppel ein Herzensanliegen. Dabei war ihm wichtig, dass es nicht darauf ankam, möglichst große Energiekapazitäten zu installieren, sondern die Akteure in diesen Leuchtturmprojekten in den Mittelpunkt zu stellen: »WER das macht, ist entscheidend. WER hat den direkten Nutzen davon? WER schöpft das Einkommen aus der Energiewirtschaft ab?«[27]

Über die Jahre kam unser Vater zu der Überzeugung, dass sich das Rad des Kapitalismus zu weit gedreht hatte. Was anfangs vernünftig war, wird durch Übertreibung zur Gefahr. Ungesteuerter Kapitalismus führt zwangsläufig zu immer mehr Zusammenballungen, Zentralisierungen und Monopolen. Das wurde in den letzten Jahrzehnten von der Politik noch befördert. 2008 mussten zahlreiche Banken mit Steuergeldern gerettet werden.

Erst da entstand wieder die Einsicht, dass der Markt eine Werteordnung und Regeln braucht. Wo wären die zu finden?, fragte unser Vater. Die Antwort fand er im natürlichen Kreislauf der Natur: »Die Evolution gibt uns seit der Entstehung des Lebens auf der Erde vor 3,5 Milliarden Jahren eine überzeugende Antwort.«[28]

Die Zellen aller Lebewesen stellen eigenständige und selbsterhaltende Systeme dar. Sie können Nährstoffe aufnehmen, die darin gebundene Energie durch Stoffwechsel nutzbar machen, sich bewegen, teilen und vermehren. Zahlreiche Lebensvorgänge laufen also selbstständig in der Zelle ab. Nach außen hat jede eine Membran, die sie von ihrer Umgebung abgrenzt. Diese Zellwände sind nur für bestimmte Stoffe und Informationen durchlässig (semipermeabel), aber doch mit dem Gesamtorganismus verbunden.

Das gleiche Prinzip finden wir im Geflecht des Lebens von Pflanzen und Tieren in naturnahen Ökosystemen wie Wäldern und Seeufern. Netzwerke in der Natur sind durch das Zusammenspiel selbstständiger Untereinheiten in einem Gesamtgefüge gekennzeichnet. Ein großer Teil der Lebensvorgänge läuft in den kleinen Knoten mit dichteren Beziehungen eigenständig ab.

Im Wirtschaftsleben der Menschen wirken die gleichen Systemkräfte. Auch das globale Wirtschaftssystem wird umso stabiler, je mehr regionale Wirtschaftskreisläufe in ihm zirkulieren. Das können regionale Firmen sein, Dörfer, Stadtteile oder gewachsene Wirtschaftsregionen, in denen sich die Akteure noch persönlich kennen.

Das Netz des Welthandels sieht jedoch ganz anders aus. Es gibt unzählige Direktverbindungen zu den entferntesten Punkten der Erde, aber keine stabilisierenden Knoten, kaum Nahbeziehungen. Das macht dieses System äußerst anfällig für Störungen.

Unser Vater sprach sich immer für den Handel aus: »Er führt zu Begegnungen, bringt neue Ideen und schafft so Wohlstand. Er muss aber in eine Werteordnung eingebunden sein. Die soziale Marktwirtschaft nach dem Zweiten Weltkrieg in Deutschland war eine solche Werteordnung. Sie wurde jedoch von der Globalisierung der 90er-Jahre weggespült. Wir brauchen eine neue Ordnung der Weltwirtschaft.«[29] Seine Vorstellung dieser Ordnung der Weltwirtschaft sollte

- sich innerhalb der naturverträglichen Grenzen bewegen,
- auf vielen eigenständigen Zellen mit regionalen Wirtschaftskreisläufen aufbauen,
- Freiheit und Gerechtigkeit sorgsam ausbalancieren,
- eine sichere Versorgung mit Gütern gewährleisten.

Beim zentralen Festakt zum Reformationstag in der Sebalduskirche in Nürnberg zog unser Vater 2019 in seiner Festrede als überzeugter Christ den Bogen zu den Überlieferungen von Jesus: »Kommt ein Reicher ins Himmelreich? Jesus gab die Antwort mit einer Beobachtung aus seinem täglichen Leben. Nadelöhr nannte man in der Stadtmauer von Jerusalem ein Törlein, durch das ein Fußgänger gehen konnte, aber kein Lastkamel. Dieses musste sein Gepäck erst abwerfen, in die Knie gehen und durchrutschen.«[30] So lautet die Geschichte zu dem berühmten Bibelzitat: »Eher geht ein Kamel durch ein Nadelöhr, als dass ein Reicher in das Reich Gottes gelangt.« Für uns Globalisierungsgewinner und alle auf der Sonnenseite des Lebens geht es um das rechte Maß, eine Lebensweise der Verantwortung.

Einzigartige Stimme für die Bewahrung der Schöpfung

Als Umweltpionier war Josef Göppel eine einzigartige Stimme. Immer an der Sache orientiert, immer festen Fußes auf seinem Pfad unterwegs. Er selbst setzte sich als 40-Jähriger in einem verschriftlichten Lebensbild das Ziel, immer die »Frische und Ursprünglichkeit des naturverbundenen Landmenschen«[31] zu bewahren und »erdverbunden« zu bleiben. Nie solle ein Amt ihn halten, sondern umgekehrt wollte er immer ein Stück über das Amt hinausragen.

Und so hat er seinen Weg unbeugsam und geradlinig fortgesetzt und im Bundestag 28-mal gegen die eigene Fraktion gestimmt, wenn es ihm bei entscheidenden Umweltfragen wichtig war. Dabei galt er auch als Anker für die anderen Fraktionen, deren Mitglieder sich oftmals vertrauensvoll an ihn wandten, um fraktionsübergreifend Allianzen für die Energiewende zu schmieden. Auch der von unserem Vater initiierte fraktionsübergreifende Zukunftssalon Umwelt im Bundestag gab oftmals Raum für einen geschützten Austausch entlang der Sachfragen.

Der Druck, der von der Fraktionsspitze auf ihn ausgeübt wurde, ließ unseren Vater nicht kalt. Doch er ließ sich nicht beirren und fühlte sich immer seinem Gewissen verpflichtet. Bis zuletzt bewahrte er sich als Direktkandidat seines Wahlkreises, wo er stets im Wahlergebnis besser als seine Partei abschnitt, immer seine parteipolitische Unabhängigkeit. »Zu Recht«, so Gerd Müller in seiner Würdigung,[32] »wirst du als bedeutendster Umweltpolitiker der CSU charakterisiert.«

Der Journalist Bernhard Pötter hat es bei seiner Würdigung[33] von Josef Göppel auf den Punkt gebracht:

»Wir verlieren Josef Göppel zu einer Zeit, wo wir ihn umso dringender bräuchten. Die Klimakrise und das Artensterben eskalieren, und beim furchtbaren Krieg in der Ukraine holt uns eine jahrzehntelange falsche Energiepolitik ein. […]

Es heißt jetzt, Josef Göppel sei seiner Zeit weit voraus gewesen. Ich glaube das nicht. Göppel war immer auf der Höhe der Zeit. Die anderen, wir anderen, waren einfach immer weit zurück hinter dem, was nötig war.«

Unser Vater hat Spuren hinterlassen, in die nun viele seiner Wegbegleiter:innen beherzt treten. Sein Wirken wird in uns fortbestehen!

Helga Kromp-Kolb:

Wie Bläschen, die an die Oberfläche dringen – ein Erfahrungsbericht aus vielen Jahren im Kampf um nachhaltige Transformation

Blick zurück: nachhaltige Entwicklung als Lebensaufgabe

An mein Studium stellte ich, mangels anderer, überzeugender Kriterien, zwei Forderungen: Es sollte mit Menschen und/oder Natur zu tun haben, und es durfte kein Massenstudium sein. Hinsichtlich des Berufsbilds war nur eines wichtig: Ich wollte keine Lehrerin werden – mich mit Schüler:innen abzuplagen, die sich für meine Themen nicht interessierten, erschien mir keinesfalls erstrebenswert.

Ein Massenstudium war die Meteorologie tatsächlich nicht, wir waren weniger als ein Dutzend in meinem Jahrgang an der Universität Wien. Mit der Natur hatte es auch zu tun, wenn auch mehr theoretisch – ich erinnere mich an keine einzige Lehreinheit in der Natur; selbst die Gerätekunde fand ohne Geräte im Hörsaal statt, Synoptik, die Lehrveranstaltung zur Wettervorhersage, ohne Blick auf den Himmel.

Der Zufall wollte es, dass die Assistentenstelle bei meinem Doktorvater, Universitätsprofessor Dr. Heinz Reuter, gerade in der Endphase meines Studiums frei und mir angeboten wurde. Reuter interessierte sich damals, Anfang der 1970er-Jahre, für Modelle zur Simulation der Ausbreitung von Luftschadstoffen in der Atmosphäre, und er brauchte jemanden, der bereit war, sich mit den Möglichkeiten der seit Kurzem verfügbaren Rechenanlagen vertraut zu machen. Sie sollten seiner wissenschaftlichen Forschung, vor allem aber seiner Gutachtertätigkeit nutzbar gemacht werden.

Die Gutachtertätigkeit war in den späten 1960er- und 1970er-Jahren ein wichtiger Teil der professoralen Tätigkeit von Reuter, denn neuartige Bedenken der Zivilgesellschaft gegen Abgase trafen auf eine rasch expandierende Wirtschaft. Es gab zahlreiche Anfragen, welche technischen Konfigurationen (Brennstoffe, Produktionsverfahren, Abgastemperaturen, Schornsteinhöhen etc.) es ermöglichen würden, schädliche Immissionen zu vermeiden. In Österreich gültige Immissionsgrenzwerte gab es kaum – einige konnten aus Deutschland, andere von den USA oder von Empfehlungen der WHO abgeleitet werden. Neben der Gutachtertätigkeit wurde daher auch die Mitwirkung an der Erstellung von Vorschlägen für Immissionsgrenzwerte durch die Österreichische Akademie der Wissenschaften eine wichtige Betätigung für Reuter und damit auch für mich.

Wandern und Bergsteigen, Skifahren im Winter, später Orientierungslauf hatten früh die Liebe zur Natur in mir geweckt. Gleichzeitig haben sie mir vor Augen geführt, welchen Schaden sorgloser Umgang mit der Natur anrichtet. Durch die berufliche Tätigkeit, vor allem durch den mit der gutachterlichen Tätigkeit verbundenen Kontakt mit den Bürgerinitiativen, die ein viel breiteres Wissen aufweisen, als mir im Studium begegnet war, wurde mir rasch klar, dass die Schäden durch Luftschadstoffe problematischer sein können als die unmittelbaren, offenkundigen und sichtbaren Eingriffe in die Natur. Natürliche Luftbestandteile im Übermaß eingebracht, toxische, radioaktive, ozonzerstörende oder klimawirksame Spurenstoffe können Natur und Mensch bedrohen, eine Gefahr, die nur in Ausnahmefällen mit unseren Sinnen direkt wahrnehmbar ist. Das Thema begleitet mich seither in verschiedenen Facetten. Die Bemühungen um den Schutz der

Atmosphäre zum Nutzen von Mensch und Natur nahmen Schritt für Schritt mehr Zeit in Anspruch und prägten mein Berufsleben zunehmend, sodass letztlich der Versuch, einen Beitrag zur nachhaltigen Entwicklung in all ihren Dimensionen zu leisten, für mich zu einer Lebensaufgabe geworden ist.

Mit der Natur hatte meine Tätigkeit als Assistentin zwar zu tun, aber ganz anders, als ich mir das bei meiner Berufswahl vorgestellt hatte. Bei den Fahrten quer durch Österreich, von einer Auftragsbesprechung, einer Genehmigungsverhandlung zur anderen, sah ich bald nur mehr Schornsteine, wo andere Kirchtürme, Schlösser und Berge sahen. Und auch in anderer Hinsicht hatte ich mich verrechnet: Zwar musste ich mich nicht mit desinteressierten Schüler:innen plagen, dafür aber mit Unternehmern, Technikern und Juristen, die fast alle nur eines wollten – möglichst billig und mit wenig Aufwand eine Anlage errichten und möglichst lukrativ betreiben. Umweltschutz? Bestenfalls ein notwendiges Übel.

Der Deutsche Bundestag publizierte 1988 ein hilfreiches Bild, das die großen atmosphärischen Probleme und ihre Zusammenhänge darstellte. In der damaligen Diktion ging es um die drei Bereiche: Modifikation der troposphärischen Luftchemie, stratosphärischer Ozonabbau und Treibhauseffekt. Diese waren teils auf dieselben Schadstoffemissionen zurückzuführen, und sie interagierten auch untereinander, sich gegenseitig verstärkend. Dieser Struktur folgt dieser Beitrag, in den ersten Abschnitten, geht aber dann über diese Bereiche hinaus.

Frühe Erfolge in der Luftreinhaltung

Anfangs ging es um Wissen und Bewusstseinsbildung. Das Thema Luftreinhaltung war Unternehmern und teils auch Behörden so neu, dass vieles erst erklärt werden musste. Man stand den neuen, oft noch nicht ausreichend rechtlich verankerten Anforderungen skeptisch gegenüber, etwa so wie derzeit die lokalen Banken den Anforderungen der EU-Taxonomie. Die Angst der Politiker vor lokalen Bürgerinitiativen machte wett, was an Gesetzen und Richtlinien fehlte. In einer heute kaum mehr vorstellbaren Weise wurden wir wissenschaftlichen Gutachter:innen im Vorfeld zu Verhandlungen zwischen Behörden und Unternehmer:innen beigezogen, um gemeinsam eine akzeptable Lösung zu finden, die einer Einreichung dann zugrunde gelegt, von uns begutachtet und im Genehmigungsverfahren öffentlich verhandelt und gegebenenfalls nachgebessert wurde. Bei gutem Willen und ehrlichen Wissenschaftler:innen ein rasches und effizientes Verfahren, das gute Lösungen hervorbrachte. Dennoch würde ich es heute nicht mehr empfehlen – zu sehr hat sich das Selbstverständnis der beteiligten Akteure verändert, und Gutachtertätigkeit ist von einer interessanten Nebentätigkeit zu einem lukrativen Beruf geworden. Auch würde ich heute viele Projekte, in die ich damals involviert war, viel grundlegender hinterfragen.

Jedenfalls verbesserte sich die Luftqualität in den 1970er- und 1980er-Jahren in Österreich trotz enorm steigender Produktion und vermehrten Einsatzes fossiler Energien deutlich und das nicht nur, weil die Schornsteine höher gebaut wurden. Die Österreichische Akademie der Wissenschaften erarbeitete sogenannte wirkungsbezogene Grenzkonzentrationen für SO_2 und andere Schadstoffe als Grundlage für rechtlich verbindliche Immissionsgrenzwerte. Mein Mentor, und daher anfangs auch ich, befürchtete, dass die Grenzwerte, die deutlich unter den in großen Teilen des Landes gemessenen Konzentrationswerten lagen, so überzogen und unerreichbar erscheinen mussten, dass sie wirkungslos bleiben würden. Tatsächlich erwiesen sie sich als Ansporn zu dramatischen Emissionsreduktionen. Die SO_2-Emissionen etwa sanken um rund 80 Prozent, und die Immissionsgrenzwerte werden nur mehr gelegentlich überschritten. Das Land wurde mit

Luftqualitätsmessstellen überzogen, und die Bundesländer ließen Emissionskataster erstellen, um Emissionen und Immissionen zueinander in Bezug setzen zu können; in jeder Landesbehörde wurden kundige Sachbearbeiter eingestellt. Das Österreichische Normeninstitut erarbeitete Normen für Ausbreitungsrechnungen, die sich günstig auf die Qualität der Genehmigungsverfahren auswirkten. Es war insgesamt eine Zeit, in der Umweltschutz in Österreich im Zusammenwirken von Wissenschaft, Wirtschaft, Politik und Zivilgesellschaft große Fortschritte machte und für unmöglich Erachtetes sogar übertroffen wurde.

Einen Spezialfall stellte das bodennahe Ozon dar. Für den sekundären Schadstoff konnte man keinen direkten Verursacher verantwortlich machen, und so behalf man sich mit Akutmaßnahmen bei erwarteten signifikanten Grenzwertüberschreitungen. Diese trafen vor allem den Verkehr. Allerdings blieben Verkehrseinschränkungen zeitlich eng befristete Ausnahmefälle.

Zur Befassung mit konventionellen Schadstoffen trat die Beschäftigung mit radioaktiven hinzu. Die Fertigstellung des ersten österreichischen Kernkraftwerkes in Zwentendorf stand bevor, und Bürgerinitiativen im ganzen Land wehrten sich lautstark und vehement gegen die Inbetriebnahme. Offizielle Ausbreitungsrechnungen für potenzielle Unfälle gab es nicht, hieß es doch, dass Unfälle nahezu unmöglich seien – ein Restrisiko könne bedenkenlos eingegangen werden. Dass das Kernkraftwerk als Ergebnis einer politisch hoch aufgeladenen Volksabstimmung nicht in Betrieb ging, war letztlich ein politischer Unfall, mit dem keine der beiden damals bestimmenden Großparteien gerechnet hatte, und ein Ergebnis, das keine der beiden wollte. Erst die Katastrophen von Three Mile Island und in Tschernobyl brachte deutlich zu Bewusstsein, dass »das Volk« in seinem Abstimmungsverhalten weitsichtiger gewesen war als seine Vertreter:innen. Es gibt seither in Österreich kaum eine andere Materie, in der sich alle politischen Parteien so einig sind wie in der Ablehnung der Kernenergie. Das fertig gebaute, nie in Betrieb gegangene Kraftwerk dient jetzt u. a. als unverstrahltes Übungsmodell zur Erprobung des Rückbaus der typengleichen Schwesternreaktoren in Deutschland.

Den frühen Erfolgen folgte eine schwierige Phase, in der es primär um die Verteidigung des Erreichten ging. Neoliberale, wirtschaftsorientierte Politik setzte andere Prioritäten. Die gesetzlichen Bestimmungen waren zwar deutlich verbessert worden und in mancher Hinsicht auch ausreichend, doch wurde zunehmend von Ausnahmebestimmungen im – angeblich – öffentlichen Interesse zur Umgehung der Umweltschutzbestimmungen Gebrauch gemacht. Die ärgsten Luftverschmutzer waren beseitigt, Grenzwertüberschreitungen bei den meisten Schadstoffen die Ausnahme, und der Wald, der unter saurem Regen und wohl auch Trockenheit gelitten hatte, erholte sich langsam. Es wurde schwieriger, Bürger zum Widerstand zu mobilisieren. Teillösungen stehen oft vollständigen im Weg. Die Notwendigkeit eines umfassenderen Schutzes war noch nicht offensichtlich.

Schutz der Ozonschicht

Der Zerstörung der Ozonschicht – das nächste große atmosphärische Umweltthema – war nach langem diplomatischem Ringen auf internationaler Ebene Einhalt geboten worden. Österreich hatte an dem Zustandekommen der internationalen Abkommen zum Schutz der Ozonschicht einen maßgebenden Anteil – das sei für all jene angeführt, die sich bequem hinter der Meinung verstecken, dass Österreich zu klein sei, um international wirksam sein zu können. Ausschlaggebend für die Zustimmung der USA zu den Abkommen war allerdings, dass der größte US-Produzent von Treib- und Kühlgasen eine Alternative gefunden und die Produktion aufgebaut hatte, während sich die Konkurrenz noch auf politische Blockaden verlassen hatte.

Die gemeinsam beschlossenen Maßnahmen zum Schutz der Ozonschicht sind ein positives Beispiel für den Umgang mit einem globalen Problem und dessen Lösung. Um den Erfolg abzusichern, wären jetzt allerdings wieder gemeinsame Beschlüsse nötig: Ein unregulierter, sich rasch entwickelnder Weltraumtourismus der Superreichen kann aufgrund der Emissionen das labile Gleichgewicht, das eine hinreichend mächtige Ozonschicht gewährleistet, erneut bedrohen.

Klimawandel

Zwei der drei großen atmosphärischen Problemkreise sind einigermaßen gelöst worden – warum zieht sich die Lösung des dritten derart in die Länge? Dass der Luftverunreinigung ein Ende gesetzt werden musste, war jedem einsichtig: Man sah die rauchenden Schlote, litt unter Umständen sogar unter erschwertem Atmen, Hustenreiz oder tränenden Augen – jedenfalls konnte glaubwürdig vermittelt werden, dass die persönliche Gesundheit betroffen sein könnte. Auch waren die positiven Auswirkungen politischer Maßnahmen unmittelbar spürbar und daher von den handelnden Politikern noch in ihrer Amtszeit als Erfolg buchbar. All das traf bei den Bemühungen um den Schutz der Ozonschicht nur bedingt zu: Hautkrebs entwickelt sich nur langsam und bei vergleichsweise wenig Personen, und eine unmittelbare Wirkung des Verbotes ozonzerstörender Substanzen ließ sich nur messtechnisch, nicht durch Erfahrung belegen. Dass politisches Eingreifen dennoch möglich wurde, hängt in erster Linie damit zusammen, dass ein Produktionsverbot ozonzerstörender Substanzen nur vergleichsweise wenige Produzenten traf; Änderungen in den Gewohnheiten der Allgemeinheit waren nicht nötig.

Anders beim Klimawandel: Es fehlte lange – teils immer noch – die persönliche Betroffenheit der Bevölkerung. Gesundheitseffekte sind nicht das dominante Problem, die Folgen von Extremereignissen treffen wenige und werden von der Öffentlichkeit rasch vergessen. Die notwendigen Maßnahmen sind jedoch einschneidend, betreffen jeden, und der Erfolg der Maßnahmen hängt von globaler Zusammenarbeit ab und wird keinesfalls sofort sichtbar – möglicherweise gar nicht, denn verhinderte Katastrophen werden nicht wahrgenommen. Wenn das Bewusstsein in der Bevölkerung fehlt, kann ein Politiker, der sich für Klimaschutz einsetzt, nur verlieren. Noch dazu gibt es starke Interessen – nicht nur der fossilen Lobby –, den Status quo nicht zu verändern. Das macht das zögerliche Aufgreifen des Themas durch die Politik verständlich, wenn auch nicht vertretbar. Denn im ungünstigsten, aber aus wissenschaftlicher Sicht nicht auszuschließenden Fall könnte sich das Klima ab einem Temperaturanstieg von über etwa 1,5 °C aufgrund von selbstverstärkenden Prozessen immer weiter aufheizen, ohne dass die Menschen diesen Prozess noch aufhalten könnten. Wenn diese Analyse stimmt, fällt die Entscheidung zwischen der Stabilisierung des Klimas oder einem solchen »hot house earth« in diesem Jahrzehnt. Aus wissenschaftlicher Sicht gibt es keinen Spielraum mehr für Verzögerung. »Es ist jetzt oder nie, wenn wir den globalen Temperaturanstieg unter 1,5 °C halten wollen. Ohne sofortige und tiefe Emissionsminderungen über alle Sektoren hinweg wird es unmöglich«, formuliert Jim Skea, ein Vorsitzender der Arbeitsgruppe III des IPCC: Es gibt keinen naturwissenschaftlichen Grund, warum die 1,5 °C nicht eingehalten werden könnten.

Mit der Fridays-for-Future-Bewegung der Jugend und den heftig diskutierten Schüler:innenstreiks an Freitagen hat sich das Bewusstsein für den Klimawandel in Bevölkerung und Politik schlagartig geändert. Im Vorfeld der österreichischen Nationalratswahl 2017 sagten mir Spitzenpolitiker im Vieraugengespräch, dass ich ja mit meinen Forderungen nach ambitionierter Klimapolitik recht habe, aber »mit Klima gewinnt man keine Wahlen«.

Sie schienen recht zu haben, denn die Grüne Partei schaffte bei dieser Wahl die Fünf-Prozent-Hürde nicht. Zufällig fanden in Österreich infolge von politischen Turbulenzen keine zwei Jahre später schon wieder Nationalratswahlen statt. Eines der Leitthemen dieses Wahlkampfes war der Klimawandel, und die Grüne Partei schaffte es nicht nur zurück ins Parlament, sondern sogar in die Regierung. Das Regierungsprogramm enthält das ambitionierte Ziel, 2040 CO_2-neutral zu sein, und eine ganze Reihe längst überfälliger Maßnahmen. Den Umschwung hat kein Extremereignis gebracht, sondern – davon bin ich überzeugt – die Fridays-for-Future-Bewegung. Leider haben die Coronaschutzmaßnahmen dieser Bewegung sehr viel Schwung genommen und andere Probleme in den Vordergrund gespielt. Fast zwei Jahre haben Medien und Politik sich nahezu ausschließlich der Coronakrise gewidmet. Ein Ende fand die Themendominanz nur durch den Krieg in der Ukraine, bis dieses Thema durch die Energiekrise abgelöst wurde.

Die Dramatik dieser Energiekrise verdanken Österreich und Europa fehlendem Klimaschutz während der letzten Jahrzehnte. Wäre Klimaschutz in den letzten Jahrzehnten ernst genommen worden, wie von der Klimawissenschaft gefordert, wäre der Energiebedarf deutlich niedriger und der Großteil mit Erneuerbaren abgedeckt. Die Häuser wären gut gedämmt, im Winter mit erneuerbaren Energien beheizt und im Sommer kühl, steigende Heizkosten wären kein Problem. Gaslieferungen aus Ländern, die Menschrechte missachten und denen Umweltschutz kein Anliegen ist, wären überflüssig. Der öffentliche Verkehr wäre gut ausgebaut, und statt Einkaufszentren am Stadtrand gäbe es zahlreiche kleine Geschäfte im Ort, fußläufig oder mit dem Rad erreichbar, und Arbeit für viele in geringer Distanz. Steigende Spritpreise würden nur wenige berühren. Die Ernährung wäre fleischärmer und käme aus biologischer Landwirtschaft, die von den steigenden Preisen für Düngemittel kaum betroffen wäre.

Viel weniger Fläche wäre verbaut worden, und mehr Nahrungsmittel könnten im eigenen Land erzeugt werden; das Land wäre weniger auf teure Getreideimporte angewiesen. Keine der im Sinne des Klimaschutzes geforderten Maßnahmen – wären sie bereits umgesetzt worden – würden wir heute, angesichts der Energie- und Wirtschaftskrisen, bereuen. Im Gegenteil, Europa wäre resistenter. Es sollte uns auch keine Krise davon abhalten, jetzt endlich aktiv zu werden und zukunftsfähige, klimafreundliche Dauerlösungen umzusetzen, statt interessengetriebener Hilfskonstrukte, die das längst Überfällige wieder hinauszögern und lediglich neue Abhängigkeiten schaffen.

Zum Klimawandel ist schon so viel geschrieben worden, habe auch ich schon so viel geschrieben und gesagt, dass weitere Worte fast sinnlos erscheinen. Der US-Ökonom Paul Krugman formuliert: »Die Wissenschaft ist solide, die Technologie verfügbar, die Wirtschaftlichkeit viel besser, als irgendwer erwartet hat. Was der Rettung des Planeten entgegensteht, ist eine Kombination aus Ignoranz, Vorurteilen und Partikularinteressen.« Die verbleibende Frage ist: Wie kommt man dieser Blockade bei?

Nachhaltigkeit und Krieg

Verlässt man den engeren Blick auf die Atmosphäre, so drängt sich der Biodiversitätsverlust als vergleichbar bedrohliche Entwicklung mit dem Potenzial, die Zivilisation zu zerstören, auf. Nach Noam Chomsky kommt als weitere Bedrohung, die geordnetes Leben auf großen Teilen des Planeten unmöglich machen könnte, ein nuklearer Schlagabtausch der Nuklearmächte hinzu. Nicht ohne Grund haben die Elders, ein Zusammenschluss herausragender Persönlichkeiten des öffentlichen Lebens, die Doomsday Clock auf 100 Sekunden vor zwölf gestellt. Die sogenannte Doomsday Clock ist eine Uhr, die angibt, wie weit die

Welt von einer Katastrophe entfernt ist. Anders als bei konventionellen Uhren gibt es nur einen Zeiger bei dieser Uhr, und er kann sich vor und zurück bewegen. 1947 stand er auf zwei Minuten vor zwölf, in den frühen 1990er-Jahren, nach dem Ende des Kalten Krieges, ging er auf 17 Minuten vor zwölf zurück, seither bewegt er sich wieder auf 12 Uhr zu. Heute steht er näher an der Katastrophe als je zuvor. Die Begründung: Die beiden existenziellen Bedrohungen – Nuklearkrieg und Klimawandel – würden verstärkt durch ein korruptes und manipuliertes, internetbasiertes Informationssystem, gegen das von der Politik nicht entschlossen genug vorgegangen werde, obwohl dies die Demokratie untergrabe. Zusätzlich würden internationale Abkommen, welche die Situation entspannen könnten, aufgekündigt oder deren Umsetzung weitgehend ignoriert.

Seit die Elders den Zeiger auf 100 Sekunden vor zwölf stellten, ist in Europa ein Krieg ausgebrochen, der in einem Land geführt wird, das Kernkraftwerke betreibt. Wer den Einsatz von Kernenergie als Teil eines Friedensprojektes gesehen hat, weil niemand so selbstzerstörerisch sein würde, kriegsbedingt einen schweren Unfall in einem Kernkraftwerk zu riskieren, wird nun eines Besseren belehrt. Im Gegenteil – die Vulnerabilität der Kernkraftwerke wird zur Waffe.

Innerhalb weniger Monate hat sich die politische Rhetorik in Europa völlig gedreht, und die meisten europäischen Staaten sehen als adäquate Reaktion auf eine inakzeptable Aggression die eigene Aufrüstung. Wie Willi Guggenberger in einer UniNEtZ-Reflexion feststellt, gehört es zu einem der fatalsten Aspekte kriegerischer Konflikte, dass sich die Angegriffenen und ihre Sympathisant:innen in ihrem berechtigten Bemühen um Verteidigung der Logik des Angreifers anzugleichen beginnen. Mit größter Selbstverständlichkeit setzt man wieder auf das Recht des Stärkeren.

Nochmals Guggenberger: »Aufrüstung kann nicht das Mittel

der Wahl sein, um dem internationalen Faustrecht eine Absage zu erteilen. Folgten wir kollektiv der Logik, dass brachiale Gewalt stets siegt, hätte Putin bereits jetzt einen Triumph errungen, der weit über das Feld des geostrategischen Imperialismus hinausreichte. Er hätte dann einen Kulturwandel zerstört, an dem seit dem Ende des Zweiten Weltkriegs global gearbeitet wird und für den sowohl das Projekt der Vereinten Nationen als auch jenes der Europäischen Union steht.«

Krieg ist Zerstörung pur und das Gegenteil von nachhaltiger Entwicklung. Menschen werden sinnlos umgebracht, Natur bewusst vernichtet, von der »verbrannten Erde« bis zur großflächigen Entlaubung von Wäldern mit Agent Orange im Vietnamkrieg. Während die früheren Kriege sich eher lokal auswirkten, ziehen sie heutzutage weitere Kreise. Radioaktive Verstrahlung bei bewusster oder versehentlicher Zerstörung eines Kernkraftwerks kann sich großräumig verheerend auswirken. Eskalieren die Auseinandersetzungen zum nuklearen Schlagabtausch, droht globale Abkühlung, mit Ernteausfällen und globalen Hungersnöten als Folge und vieles mehr. Eine Konsequenz des Wirtschaftskrieges, der den Ukraine-Krieg begleitet, ist bekanntlich, dass Menschen in Afrika verhungern, die nichts mit den Auseinandersetzungen zu tun haben, die zu diesem Krieg geführt haben. Auch wenn die Waffen wieder schweigen, hält der Schaden an: Die Lücken, welche die Toten hinterlassen, die Schäden an der Umwelt, die Mittel, die wegen der hohen Kosten des Krieges für andere Zwecke fehlen, die Ressourcen, die für den Wiederaufbau eines zerstörten Landes der Natur entnommen werden müssen, und vieles mehr.

Am verheerendsten ist aber das zerstörte Vertrauen zwischen Menschen und zwischen Staaten. Ohne ein Mindestmaß an Vertrauen können die großen globalen Herausforderungen, die zu lösen nur mehr wenige Jahre Zeit bleiben, nicht bewältigt werden. Jeder Krieg schmälert die Hoffnung auf die notwendige, global abgestimmte Klima-, Biodiversitäts- und Nachhaltigkeitspolitik. Was kann einen Krieg rechtfertigen, der die Zivilisation aufs Spiel setzt? In der Agenda 2030 zur nachhaltigen Entwicklung haben 2015 alle Staaten das Bekenntnis abgelegt: »Wir sind entschlossen, friedliche, gerechte und inklusive Gesellschaften zu fördern, die frei von Furcht und Gewalt sind. Ohne Frieden kann es keine nachhaltige Entwicklung geben und ohne nachhaltige Entwicklung keinen Frieden.«

Window of Opportunity

Wenn eine Krise die andere ablöst und die zugrunde liegenden Probleme nie gelöst werden, dann gewinnt kurzfristiges Denken immer mehr Bedeutung – so Dennis Meadows. Damit kann man aber typischerweise die Probleme nicht lösen, schon gar nicht solche wie die Klima- und die Biodiversitätskrise. Das bedeutet, dass sich das Chaos ungelöster Probleme erhöht, das Denken noch kurzfristiger und die Lösung immer unwahrscheinlicher wird. Zugleich neigen die Menschen dazu, Freiheit für Sicherheit zu opfern, und sei die Sicherheit auch nur Schein. Das leistet autoritären Regimen Vorschub, zu deren frühen Opfern typischerweise wissenschaftliche Evidenz und Diversität zählen. Beide sind aber wichtige Problemlösungskomponenten. Damit verstärkt ein zweiter selbstverstärkender Prozess den ersten. Für beide Entwicklungen gibt es auf der Hand liegende Beispiele in Europa und auch in Österreich.

Möglichkeiten, die selbstverstärkenden Schleifen zu durchbrechen, sind langfristiges Denken, wissenschaftliche Evidenz zu propagieren und Diversität zu fördern – neben dem Bemühen, Probleme tatsächlich an der Wurzel anzupacken und zu lösen. Ortwin Renn weist allerdings darauf hin, dass systemische Risiken typischerweise unterschätzt werden und zugleich die erforderlichen Governance-Strukturen zu ihrer Bewältigung fehlen. In dem Maß, in dem die Bedrohungen der Öffentlichkeit und der Politik bewusst werden, wächst die Zahl der Vorschläge zur Vermeidung oder Minderung der Katastrophen, und auch die Bemühungen werden konkreter. Es ist allerdings ein Wettlauf mit der Zeit, dessen Ausgang ungewiss bleibt.

Krisen und Zeiten des Umbruchs sind immer auch Chancen zur Veränderung. Nicht zu Unrecht sprechen Politiker derzeit von einer Zeitenwende. Aber Wende wohin? Was kommt nachher? Bei komplexen Problemen können kleine Änderungen große Wirkung haben. Symbol dafür ist der berühmte Flügelschlag eines Schmetterlings in Brasilien geworden, der einen Tornado in Texas auslösen könne.[34] Das kann auch im positiven Sinn wirken. Josef Riegler, ehemaliger Vizekanzler und Proponent der ökosozialen Marktwirtschaft, hat sein Bild der Situation in einem Gespräch einmal so beschrieben: Unter der Wasseroberfläche bilden sich zahlreiche kleine Bläschen der Veränderung – kleine, mittlere, größere, die der Oberfläche zustreben. Irgendwann wird eine große platzen und zuerst einige, dann alle anderen mit sich reißen. Es kommt dadurch zur völligen Durchmischung und Transformation des Wasserkörpers. Das ist ein ermutigendes Bild, denn es bedeutet, dass jede einzelne Blase, d. h. jedes einzelne Experiment, jede Verbesserung als Teil der Veränderung wichtig ist und dass es jederzeit zum Umbruch und damit zur Transformation kommen kann.

Es scheint, dass gerade jetzt für kurze Zeit ein Fenster zur nachhaltigen Entwicklung, zu einem guten Leben für alle bei Einhaltung der ökologischen Grenzen des Planeten, weit offen steht. So weit, wie in den vergangenen Jahrzehnten nie. Klimaziele sind auf allen Ebenen politisch gesetzt und international akkordiert. Die Finanzwirtschaft beginnt, die Risiken zu verstehen, und setzt die Wirtschaft unter Druck. Selbst in international tätigen Ölkonzernen verlangen Shareholder Veränderung. Die Vorreiter in der Wirtschaft haben die mittel- und langfristigen Vorteile einer Transformation erkannt und beginnen zu reagieren. Auch das Rechtssystem steht unter Druck und entwickelt sich weiter: Wegweisende Urteile wurden in den Niederlanden und in Deutschland gefällt. Zunehmende Umweltkatastrophen führen allen vor Augen, dass es ernst ist.

Jetzt müssen die vielen Konzepte für eine nachhaltige Wirtschaft, eine nachhaltige Weltordnung auf den Tisch, damit nicht rückwärtsorientierte Entscheidungen getroffen werden, nicht längst überwunden geglaubte Rezepte wieder hervorgekramt werden, sondern mutige Schritte in eine Zukunft mit erhöhter Lebensqualität gemacht werden. Es gilt, die Überzeugung zu wecken, dass die Dinge auch anders sein können, als sie jetzt sind. Es werden Bilder und Visionen einer besseren, friedlichen und nachhaltigen Welt gebraucht, die eine konkrete Vorstellung des Lebens in einer transformierten Gesellschaft vermitteln. Denn nichts ist wirksamer, die Angst vor Veränderung zu überwinden, als das glaubhafte Versprechen einer Verbesserung, und nichts stärkt das Durchhaltevermögen und die Toleranz für Unbequemlichkeiten in der Umstellungszeit mehr als die Hoffnung auf ebendiese Verbesserung.

Thilo Bode:

Unsere Erfolge reichen nicht

Protokoll eines Gesprächs

Als ich 1989 bei Greenpeace angefangen habe, lag am ersten Tag ein Brief von Hildegard Hamm-Brücher auf meinem Schreibtisch, der großen FDP-Politikerin. Sie gratulierte Greenpeace für eine Broschüre, die wir zur Klimaerwärmung gemacht hatten. Die fand sie gut. Es war ein kleines Informationsblättchen in Schwarz-Weiß. Da stand schon alles drin. All die Probleme, über die wir heute reden. Seit mehr als 30 Jahren gibt es nunmehr die Kampagne gegen die Klimaerwärmung.

Seit der ersten Weltklimakonferenz der Vereinten Nationen, die schon 1979 in Genf stattfand, folgte ein Umweltgipfel dem nächsten. 1997 entstand in Kyoto das berühmte Zusatzprotokoll: Erstmals wurden rechtlich verbindliche Ziele festgelegt, die die erlaubten Emissionen begrenzen sollten. *Sollten.* Tatsächlich sind die Emissionen jedes Jahr gestiegen, und die internationalen Abkommen sind immer schwächer geworden.

Der auf dem Klimagipfel 2015 in Paris beschlossene Weltklimavertrag wurde von großen Teilen der Umweltbewegung gefeiert. Was ich nicht verstehe. Es handelt sich um ein freiwilliges Abkommen. Wer sich davon irgendeine Wirkung auf das Klima erhofft, macht sich etwas vor.

Schon die Hoffnungen nach dem Kyoto-Protokoll haben sich nicht erfüllt. Die Russen haben das Protokoll ratifiziert, wir Deutschen auch. Das war leicht, weil die Russen sich ihre pleitegegangene Industrie als CO_2-Ersparnisse in Form von Gutschriften anrechnen lassen konnten; auch wir hatten mit dem Niedergang der Industrie im Osten ein Polster an Gutschriften, die uns noch lange als Einsparungen angerechnet wurden.

Aber die Amerikaner haben das Protokoll nicht ratifiziert, und jetzt, da auch unsere Gutschriften aufgebraucht sind, zeigt sich, dass wir an einer Mauer stehen.

Seit Jahren hören wir immer dieselben Meldungen: Es bleiben uns nur noch so und so viel Jahre, bis unser CO_2-Restpolster aufgebraucht ist. Gleichzeitig steigen die Emissionen.

Auch das Verbot von umweltschädlichen FCKW- und FKW-Stoffen in den 1990er-Jahren, das vielen als Erfolg der internationalen Umweltpolitik gilt, ist bei genauem Hinsehen nicht das Ergebnis einer globalen Kooperation. Es gab hier ein technisches Problem, für das eine technische Lösung gefunden wurde. Dazu hat unter anderem beigetragen, dass die Amerikaner gesehen haben, wie die Kosten der Behandlung von Hautkrebs aus dem Ruder laufen. Es gab also Druck, etwas gegen das größer werdende Ozonloch zu unternehmen. Vor allem aber war es relativ einfach, Ersatzstoffe zu finden, zum Beispiel Propangas als Kühlmittel für Eisschränke.

Die Geschichte des FCKW/FKW-Verbots macht deshalb keine Hoffnung in Bezug auf die Klimaerwärmung. Denn um die zu bewältigen, bedarf es eines Systemwandels. Wir sind eine auf fossilen Brennstoffen aufgebaute Gesellschaft. Wenn wir die Emissionen, die beim Verbrennen von fossiler Energie entstehen, wirklich reduzieren wollen, müssen wir die gesamte Wirtschaft umstellen.

Wobei die Geschichte der FCKW- und FKW-Stoffe zeigt, dass selbst technische Innovationen, die der Umwelt dienen sollen und nicht teurer als die ursprünglichen Technologien sind, nur gegen Widerstände durchzusetzen sind.

Damals war ich Geschäftsführer von Greenpeace Deutschland. Wir waren die Ersten, die nicht nur einen FCKW-, sondern auch einen FKW-freien Kühlschrank als Alternative vorgestellt haben. Wir nannten ihn »Greenfreeze«. Es hat Greenpeace einen Umweltpreis der Vereinten Nationen eingebracht. Die Geschichte von Greenfreeze[35] ist ein Paradebeispiel dafür, wie Veränderung funktioniert.

Als wir den ersten FCKW- und FKW-freien Kühlschrank präsentierten, standen die großen Kühlschrankhersteller – Siemens, Bauknecht, AEG, Bosch, Liebherr, Miele – mit einem Schlag da wie dumme Buben. Diese Firmen haben sich zunächst gewehrt und einiges an Propaganda gegen uns aufgefahren: Die Erfindung von Greenpeace sei nicht sicher, die Kühlschränke würden explodieren. Aber natürlich ist auf der ganzen Welt kein einziger Kühlschrank explodiert. Ein deutscher Chemie-Konzern warf uns vor, wir agierten unverantwortlich, denn jetzt könnten die Menschen in Afrika ihre Kinder nicht mehr ernähren, weil sie ihre Nahrungsmittel nicht mehr kühlen könnten. Mit solchen Argumenten mussten wir uns auseinandersetzen.

Die Geschichte sagt viel über Campaigning.

Wir hatten damals jemanden von einem wissenschaftlichen Institut in Dortmund kennengelernt, der uns überzeugte: Leute, es gibt eine Möglichkeit, FCKW und FKW zu ersetzen. Also haben wir eine Kampagne gegen FCKW/FKW und deren Hersteller gestartet.

Alle waren gegen uns. Jeder hat gesagt: Ihr habt eine Schraube locker. Dann kamen wir in Kontakt mit einer ostdeutschen Firma, die Kühlschränke produzierte. Das war kurz nach dem Mauerfall, 1991. Sie konnte als Firma nicht mehr überleben. »Wir wollen eure Technologie übernehmen, das ist unsere letzte Chance.«

Dann sind wir zum Versandhaus Neckermann gegangen und haben gefragt, ob sie nicht unsere Kühlschränke vertreiben wollen. Neckermann hat die Kühlschränke schon im Katalog angeboten, bevor sie produziert waren. Und auf einmal wurden auf einen

Schlag 65 000 Kühlschränke verkauft. Nebenbei bemerkt: Die Dinger hatten einen exorbitanten Stromverbrauch; sie waren also nicht wirklich umweltfreundlich.

Wir haben unsere Technologie den großen Firmen in Japan vorgestellt, die Kühlschränke produzierten. Wir wurden wie Staatsgäste empfangen. Auch in Japan hat man uns gesagt: Sie haben völlig recht mit Ihrer neuen Technik, aber die Umstellung dauert viel zu lang und ist zu gefährlich.

Dann hat schließlich der größte chinesische Hersteller die Technologie übernommen. Dort hatten sie weniger Hemmungen, und schon ging das ruckzuck.

Wir haben uns gedacht: Ha, wir müssen den Konzernen zeigen, wo es langgeht. Und nach zehn Jahren war es so weit. Unsere Aktion hat die ostdeutsche Firma nicht gerettet. Aber die Kühlschränke haben sich durchgesetzt. Heute finden Sie keinen Kühlschrank mehr mit einer anderen Technologie.

Was ich damit sagen will: Die Aktion war großartig. Wir haben sie gegen viele Widerstände auch in der Organisation durchgedrückt. Aber es war letzten Endes einfach. Wir haben damit nicht das Wirtschaftssystem verändert.

Wie ich zum Umweltschutz gekommen bin

Zum Umweltschutz kam ich wie die Jungfrau zum Kind.

Ich war frustriert in meinem Beruf, weil ich Metallrohre verkauft habe. Dann habe ich in der *FAZ* eine interessante Anzeige gefunden: Greenpeace Deutschland sucht einen Geschäftsführer.

Daraufhin habe ich mich mit einem pampigen Brief beworben. Ich würde kommen, aber nur dann, wenn ich auch Leute rausschmeißen kann. Der Laden war völlig zerstritten. Zu schnell gewachsen. Was heißt zu schnell? Toll gewachsen! Aber dann passen die Strukturen nicht mehr.

Ich hatte zwölf Jahre in der Entwicklungspolitik gearbeitet, kannte mich ein bisschen mit Wasser und Strom aus. Und ich hatte Industrieerfahrung. Aber ansonsten hatte ich keine Ahnung.

Ich kam in eine Welt, die mir völlig fremd war. Damals war ich schon politisch tätig, bei der SPD, den Jungsozialisten. Aber da bestand Umweltpolitik darin, dass wir am Samstag am Strand des Ammersees den Abfall aufgesammelt haben.

Natürlich, Abfall ist wichtig. Er ist ja ein Zeichen für nachhaltige Produktion. Der ehemalige CDU-Umweltminister Klaus Töpfer hat mal gesagt, wir haben erst dann eine nachhaltige Produktion, wenn es keinen Abfall mehr gibt. Ein kluger Satz.

Die älteren Mitarbeiter von Greenpeace haben mich sehr durch ihre strategische Kompetenz beeindruckt. Das waren alles keine Berufspolitiker. Die hatten aber ein Gefühl dafür, wie man Probleme darstellt und die Menschen dafür begeistert, diese Probleme zu lösen. Das war ein ganz neuer Ansatz.

Oft klangen ihre Aktionen ganz einfach. Man denkt: »Greenpeace steigt auf einen Schornstein von Boehringer in Hamburg.« Aber wie das durchgeplant wurde, das hat mich fasziniert. Unter dem Namen einer fiktiven Firma, »Friedemann Grün«, gelangten die Greenpeace-Aktivisten auf das Gelände von Boehringer. Die Greenpeace-Aktivisten verschafften sich, getarnt als Spediteure der erfundenen Firma Friedemann Grün, Zutritt zum Gelände der Chemiefabrik in Hamburg, erklommen einen Schornstein und zeigten ein Banner mit einer Weissagung der Cree-Indianer:

»Erst wenn der letzte Baum gerodet, der letzte Fluss vergiftet, der letzte Fisch gefangen ist, werdet ihr merken, dass man Geld nicht essen kann.«

Der Protest richtete sich gegen hohe Dioxin-Werte der Produktionsanlagen von Boehringer an diesem Standort.

Oder sie konfrontierten Bayer mit dem Vorwurf, giftige Chlorabwässer in den Rhein einzuleiten. Das war auch eine geniale Aktion. Man hätte in den Medien noch so oft schreiben können: »Bayer leitet Chlor in den Rhein.« Das wäre eine von vielen Nachrichten gewesen, die jeden Tag zu lesen sind. Aber Greenpeace ist hingegangen und hat Bayer einfach das Abflussrohr abgesperrt. Und einen Hahn daran montiert und geschrieben: »Öffentliche Probenentnahmestelle«.

Greenpeace wurde natürlich dafür angezeigt. Aber wir waren strategisch klug vorbereitet. Unsere Anwälte haben zu Bayer gesagt: »Wenn ihr behauptet, ihr hättet einen Schaden in Millionenhöhe durch unsere Aktion, dann legt doch eure Produktionspläne auf den Tisch, um das zu beweisen.« Das wollten die natürlich nicht. Letztlich kam es zu einem Vergleich mit Bayer. Wenige Tage nach meinem Arbeitsbeginn bei Greenpeace kam es am Flughafen in Fuhlsbüttel zu einem Treffen mit dem Bayer-Vorstand, um einen Vergleich auszuhandeln.

Nach meiner Erinnerung mussten wir ein geringes Bußgeld zahlen. Der Richter hat entschieden, dass das an eine gemeinnützige Organisation geht.

Mich hat damals das völlig unabhängige Denken der Aktivisten fasziniert. Es gab keine politischen Korsettstangen. Das ist der Unterschied von solchen Aktionen damals zu dem, was viele NGOs heute machen. Nicht von vornherein zu sagen: Wir stehen politisch in einer bestimmten Ecke, da müssen wir aufpassen, sondern zu sagen: Wir haben ein Ziel. Alles andere – mit wem man zusammenarbeitet, welche Partnerschaften man eingeht, welche nicht, wie man das strukturiert, opportunistisch, strategisch geplant –, da ist man frei. Das ist für mich wichtig, dass eine NGO sich heute nicht an eine Partei binden darf.

Die Leute von Greenpeace haben damals gesagt: Wir fahren jetzt mit dem Schiff raus und halten die Fischer davon ab, mit Methoden zu fischen, die schädlich und nicht nachhaltig sind.

Wir brauchen nicht unbedingt Verbündete, wenn es die nicht gibt. Wir machen einfach.

So was konnte man nur mit Partnern machen, die keine Schere im Kopf hatten. Die nicht gesagt haben: Ich rede doch nicht mit einer ostdeutschen Firma. Oder mit Neckermann.

Bei Greenpeace und später bei Foodwatch waren die Medien unser Transmissionsriemen.

Als ich bei Greenpeace angefangen habe, liefen im Hamburger Hafen amerikanische U-Boote ein, mit Atomwaffen bestückt. Die Greenpeace-Aktivisten sind auf die Schiffe geklettert mit der Forderung: »Nuclear Free Seas«! Keine Atomwaffen im Hamburger Hafen. Die Wasserschutzpolizei wurde vorab in Kenntnis gesetzt. Am Abend war dann Greenpeace in der Tagesschau, es kam zu Gesprächen zwischen Greenpeace-Vertretern und Umweltpolitikern. Und am anderen Tag berichteten alle Medien über die Aktion. Damit hatte die Kampagne »Nuclear Free Seas« die Frage auf die Tagesordnung gebracht: Dürfen Schiffe, U-Boote, die Atomsprengköpfe an Bord haben, eigentlich in Häfen einlaufen? Dürfen sie heute nicht mehr.

In den 1990er-Jahren, zur Zeit des Kyoto-Protokolls von 1997, gab es wenige öffentliche Debatten. Erst Fridays for Future hat es geschafft, so viel Aufmerksamkeit zu erzeugen, dass heute wirklich jeder über das Klima redet.

Durch die Demonstrationen von Fridays for Future sah sich die Bundesregierung plötzlich genötigt, ein Klimaschutzgesetz auf den Weg zu bringen. Und dann wurde der Druck durch das Urteil des Bundesverfassungsgerichts noch einmal verschärft.

Und jetzt? Es reicht nicht, bei Weitem nicht.

Hier stoßen wir an Grenzen.

Ich finde Fridays for Future wirklich interessant. Demonstrationen in diesem gigantischen Ausmaß zu organisieren – das gab es noch nie. Greta ist vom Papst empfangen worden. Wegen der genialen Aktion, sich einfach vor den schwedischen Reichstag zu setzen und zu sagen: Ich geh nicht in die Schule, ich streike für das Klima.

Auch Ende Gelände finde ich super. Am 30. August 2021 gab es ein großes Interview im *Stern* mit Annemarie Botzki, der Sprecherin von Extinction Rebellion.[36] Da hat der *Stern* die Idee gehabt, zwei oder drei Generationen zusammenzuführen. Annemarie Botzki hatte Angst, dass ich sie in die Pfanne haue. Aber warum sollte ich das tun?

Und dennoch: Welche Wirkung hat das? Wir haben jetzt eine große Diskussion; auch Angela Merkel redet mit Fridays for Future. Aber wir sollten uns darauf bitte nichts einbilden. Das gilt vor allem für die junge Generation: Bildet euch nicht ein, dass ihr jetzt mit am großen Steuerrad sitzt.

Ich meine, durch Fridays for Future dringt das Thema zum ersten Mal in die Gesellschaft durch. Das ist auch gut. Da sagen dann sogar die Kinder auf einmal am Esstisch: »Papa, iss bitte kein Fleisch.« Oder sie fordern uns auf, ein Papier auf der Rückseite noch einmal zu verwenden.

Wenn man heute eine Umfrage macht und vergleichsweise damals, etwa zur Zeit des Kyoto-Protokolls, eine gemacht hätte, würden heute natürlich viel mehr Menschen sagen, sie wissen, was mit dem Klima los ist. Aber: Der Wandel findet in der Umsetzung nicht statt.

Auch der Krieg in der Ukraine führt ja keineswegs dazu, dass jetzt alle sagen: Wir müssen ganz weg von den fossilen Energien. Stattdessen muss man die Braunkohlekraftwerke wieder anwerfen – das muss man wahrscheinlich auch. Markus Söder lässt jetzt das Fracking prüfen, und Robert Habeck kauft fossile Energien bei den Arabern ein.

Und damit geht dann alles wieder von vorne los.

Trotzdem bin ich nicht frustriert. Es ist eine ernüchternde Erkenntnis. Wenn ich frustriert wäre, würde ich sagen: Ihr könnt mich alle mal, ich geh jetzt wandern. Das ist ein Unterschied.

Wie findet gesellschaftlicher Wandel statt?

Die Frage ist: Wie findet gesellschaftlicher Wandel statt?

Lösungen gäbe es genug. Die Lösungen, die jetzt vorgeschlagen werden, zum Beispiel die CO_2-Steuer, die gibt es seit den 1990er-Jahren. Wir haben für jedes Problem viele Lösungen. Wir schaffen es nur nicht, diese umzusetzen.

Deshalb regen mich alle Leute auf, die heute mit immer neuen, alten Rezepten kommen.

Die Frage ist also: Wie verläuft gesellschaftlicher Wandel, und welche Rolle hat die Zivilgesellschaft dabei? Das ist das Kernthema. Wir erleben den Einfluss von unzähligen Gruppen. Gerade das politische Engagement der Jugend hat enorm zugenommen, das ist doch großartig. Dass sich trotzdem wenig rührt, das fasziniert mich – im negativen Sinne.

Dafür gibt es alle möglichen Gründe. Wir merken ja, dass dauernd jeder sagt: Umwelt ist sehr wichtig. Aber in der Politik laufen Umweltthemen immer nur begleitend mit. Im Zweifelsfall, wenn es irgendwie ernst wird, werden sie nicht mehr beachtet. Die Umweltpolitik ist nicht Teil der Gesellschaft geworden. Das Bildungssystem, das Steuersystem, all das wird nie infrage gestellt. Man weiß: Wir brauchen ein Bildungssystem, ein Sozialsystem usw. Aber die Lösung von Umweltproblemen wird bei jeder Gelegenheit erneut in die Zukunft verschoben.

Eine während der Großen Koalition von 2018 bis 2021 hohe Umweltbeamtin erzählte mir, wie man mit Umwelt-Initiativen bei der Regierung immer gegen die Wand gelaufen ist: »Sie haben völlig recht, aber gegenwärtig passt es nicht in die politische Landschaft.«

Das würde ihnen bei der Rentenpolitik oder der Steuerpolitik nicht passieren.

Aber wie ändert man das?

Offenbar reicht es nicht zu kommunizieren – was die Leute von Fridays for Future ja erfolgreich tun. Ich bin überzeugt, man muss sich mit dem Thema Macht befassen.

Ich habe mich vor einiger Zeit mal mit dem Thema Macht beschäftigt, in einem 2018 erschienenen Buch, das heißt *Diktatur der Konzerne*, da geht es nur darum. Ich wollte beschreiben, wie sich die Macht der Konzerne zusammensetzt und welche Funktionen diese Macht stärken. Und dann, was wir machen müssen, um diese Macht einzugrenzen.

Aber die entscheidende Frage ist: Wenn die Machthabenden nicht wollen, dass ihre Macht eingegrenzt wird, was passiert dann?

Lobbyismus ist heute nicht mehr nur eine Aktivität, sondern ein System. Ich befasse mich zurzeit mit der Macht von Supermärkten im Lebensmittelmarkt. Die Supermärkte als tragende Institutionen der Lebensmittelversorgung. Damit haben wir uns bisher zu wenig beschäftigt. Wir beschäftigen uns mit Nestlé und Unilever. Das sind aber Zwerge im Vergleich zu Lidl, Rewe usw.

Die Stiftung des Lidl-Eigentümers Dieter Schwarz hat in den Bereichen Wirtschaft/Management 20 Stiftungslehrstühle an den Universitäten TU München und Heilbronn finanziert. Die Verträge mit den Universitäten sind geheim.

Ich will gar nichts sagen gegen Lidl. Aber dass der Inhaber einer Stiftungsprofessur, die letztlich der Eigentümer von Lidl finanziert hat, lautstark vertreten kann, die Einzelhandelskonzerne verschlechtern die Qualität der Lebensmittel und müssen deshalb zerschlagen werden, ist eher unwahrscheinlich. Und die großen Unternehmen, die Leute im Silicon Valley – glauben Sie, die sind alle davon angetrieben, die Welt zu retten?

Das ist der neue Lobbyismus. Das ist etwas anderes als zu Zeiten von Adenauer, der sich einmal in der Woche mit Hermann

Abs, dem Chef der Deutschen Bank, getroffen hat – damals aus Welt-Perspektive ein Provinzunternehmen –, um sich beraten zu lassen. Damals war die Wirtschaft im Aufschwung, und der Lobbyismus bestand darin, dass einflussreiche Konzernchefs mit den Politikern hin und wieder Kaffee tranken. Und dann hatten wir starke Gewerkschaften.

Heute haben wir 20 Lehrstühle von Dieter Schwarz, dem vermutlich reichsten Deutschen. Das ist eine andere Macht.

Transparenz ist entscheidend

Ich habe neulich ein Interview gelesen von jemandem, der für die Wettbewerbskommission der EU gearbeitet hat. Der sagt: Wenn wir etwas regulieren wollen, werden wir juristisch auseinandergenommen, bis von der Regulierung nichts mehr übrig ist. Oder die Wall Street. Da macht die Regierung ein Gesetz, und das wird von den großen Kanzleien bis zur Unkenntlichkeit zerfleddert. Von Rechtsanwaltskanzleien, die inzwischen selbst riesigen Konzernen gleichen.

Heute bestimmen die großen Geldhäuser in Amerika, wo die Musik spielt. Deshalb haben wir heute ein anderes Problem mit der Macht.

Und da fragen Menschen mich, wie man das ändern soll. Ich glaube, vor allem Transparenz ist ein sehr wichtiger Faktor.

Transparenz ist entscheidend.

Deswegen habe ich Foodwatch gegründet. Das war eine Reaktion auf die BSE-Krise, als der Verzehr von Rindfleisch auf einmal zu einer lebensgefährlichen Krankheit führen konnte. Da dachte ich: Wie kann es sein, dass Leute sterben, und keiner ist dafür verantwortlich? Und die Verbraucher können sich nicht wehren. Warum kümmert sich da niemand drum?

Aber wie lange kämpfen wir jetzt schon für Transparenz?

Wir machen ein Informationsfreiheitsgesetz, wir machen ein Verbraucherinformationsgesetz und wir machen ein Umweltinformationsgesetz. Diese drei Gesetze haben wir. Sobald wir aber von Foodwatch eine lächerliche Anfrage gestellt haben, sind wir gegen eine Mauer gelaufen. Und dann mussten wir jahrelang Prozesse führen.

Ich habe Angela Merkel wegen der Einladung von Deutsche-Bank-Chef Josef Ackermann, seinen Geburtstag im Kanzleramt zu feiern, verklagt. Ich wollte erreichen, dass die Öffentlichkeit erfährt, was genau sich da abgespielt hat: Was haben die gegessen? Wer war eingeladen? Was hat Merkel bei ihrer Ansprache gesagt?

Der Prozess hat mehrere Jahre gedauert. Die Bundesregierung hat amerikanische Rechtsanwälte aufgefahren, die teuersten der teuersten, um die Klage abzuwehren.

Ich habe gewonnen. Aber wenn jede Anfrage nach Information, nach Transparenz auf so mühsamem Weg erreicht werden muss ...

Hinzu kommt der Overkill an Informationen, der zu Intransparenz führt. Das beste Beispiel ist wieder die Lebensmittelindustrie.

Für alle Lebensmittel gibt es die detailliertesten Etiketten, Beschreibungen, Informationssiegel, aber Sie wissen im Grunde nicht, wofür stehen sie, was das wirklich heißt. Der Kunde steht im Supermarkt doch im Nebel. Es gibt eine unglaubliche Zahl von Gesetzen und Ausführungsbestimmungen. Allein für die Herstellung von Wurst gibt es eine Anleitung von Dutzenden von Seiten. Ja, die gibt es. Aber wer weiß, dass diese existieren, und wer versteht sie?

Wenn Sie sich damit befassen, werden Sie feststellen, dass diese Anleitungen praktisch nie für Kundenwünsche bestimmt sind, sondern meistens den Interessen der Lebensmittelhersteller dienen.

Nun kann man sagen: Es liegt am mangelnden politischen Willen, dass sich nichts ändert. Aber das ist Nonsens. Es liegt am politischen Willen, nichts dagegen zu unternehmen.

Es liegt, glaube ich, auch nicht an der menschlichen Natur. Davon bin ich als Optimist überzeugt. Wenn man die kulturelle Entwicklung der Menschen anschaut: Es gibt immer Sachen, die sich geändert haben. Die allgemeine Erklärung der Menschenrechte. Die hätte es ohne den Zweiten Weltkrieg nicht gegeben. Aber es wäre jetzt natürlich zu einfach zu sagen: Wir brauchen Katastrophen, damit sich etwas ändert.

Was haben wir wirklich erreicht?

Natürlich gab es in mehr als 30 Jahren Umweltpolitik Erfolge, haben wir, wo es ging, Umwelteinflüsse verändert und verbessert.

Die Umweltbewegung hat gelernt und gelernt. Warum gab es die internationalen Konferenzen, über die Artenvielfalt, über die Frage der Rohstoffausbeutung in der Antarktis, über das Klima? Warum gab es das alles? Nicht, weil die Regierungen das wollten. Das war der Druck der Zivilgesellschaft. Das ist eine Riesenleistung. Aber wenn wir sagen: Schaut mal, was wir alles gemacht haben – das kommt bei meiner Kritik vielleicht manchmal zu kurz –, dann kann ich die Frage doch nicht ausblenden: Was haben wir damit wirklich erreicht?

Als Jennifer Morgan, die damalige Leiterin von Greenpeace International, im März 2022 Staatssekretärin für internationale Klimapolitik im Auswärtigen Amt wurde,[37] war Greenpeace darüber natürlich sehr stolz. Man hätte fast meinen können, Greenpeace sei damit zu einem Vertragsstaat der internationalen Klimapolitik geworden. Aber gerade die offizielle Klimapolitik hat doch dazu geführt, dass einzelne Staaten davon abgehalten wurden voranzugehen. Jeder hat sich bei den Verhandlungen immer darauf bezogen, dass der andere schon etwas machen wird. Und man hat gehofft, dass eine internationale Übereinkunft die Länder dazu bewegt, auch international zu handeln. Aber im

Zweifelsfall hat jeder seine eigenen Interessen verfolgt. Das heißt nicht, dass die Klimakonferenzen keine gute Idee waren. Ich glaube, es war sehr naheliegend zu sagen: Wir haben ein internationales Problem und müssen uns international einigen. Der Punkt, an dem diese positiven Entwicklungen gekippt sind, war das Kyoto-Protokoll. Bill Clinton hat es unterzeichnet, aber nicht ratifiziert. Das war einer der historischen Momente, von denen ich sagen würde: Da ist eine Chance verpasst worden. Die Umsetzung des Kyoto-Protokolls hätte etwas gebracht.

Deshalb können wir nicht sagen: Wir waren erfolgreich. Das muss man auseinanderhalten.

Ich bin überzeugt, dass wir in der Zivilgesellschaft zwar immer sagen sollten, wir müssen Probleme lösen, helft uns dabei. Aber wir können uns nicht brüsten und sagen: Wir haben es schon geschafft, wir mischen ja schon in der internationalen Klimapolitik mit und sind in der Regierung. Jetzt geht es los!

Auch die Bildung ist da kein Königsweg. Ich werde in so viele Schulen eingeladen, um über die Umwelt und Verbraucherschutz zu reden. Später setzen sich trotzdem alle in ihren Porsche.

Es gibt ja auch wissenschaftliche Studien, die das belegen. Diese Appelle, dass sich durch das Verhalten der Verbraucher die Umwelt und der Lebensmittelsektor verändern sollen, das funktioniert nicht.

Neulich wurde das Bio-Siegel gefeiert und als Erfolg verkauft. Die Zahlen sprechen eine andere Sprache: Das erfolgreichste Bio-Siegel haben wir bei Eiern. Und bei Eiern liegt der Bio-Anteil im freien Verkauf bei 13 Prozent. Nach 20 Jahren. Bei den Eiern kommt noch dazu, dass selbst »Bio« ein fragwürdiges Qualitätssiegel ist. Kann ich davon ausgehen, dass es den Legehennen von Bio-Eiern besser geht? Nein. Gerade habe ich eine Studie von Schweizer Wissenschaftlern gelesen: Die Anzahl der Knochenbrüche bei konventionellen und Bio-Legehennen ist gleich.[38] Weil das alles diese Hochleistungsrassen sind.

Der Mythos vom Einfluss der Verbraucher

Würden wir Belange des Allgemeinwohls, wie die Steuer, die Bildung, das Militär, der freien Wahl der Konsumenten überlassen? Wohl kaum.

Bei Umwelt- und Lebensmittelfragen tun wir das. Man appelliert und appelliert. Und Julia Klöckner, die Ernährungs- und Landwirtschaftsministerin der seinerzeitigen Großen Koalition, sagt sinngemäß: Letztlich sind es ja die Verbraucher, die darüber entscheiden, was und wie produziert wird.

Das ist das Schwierigste: Mythen zerstören.

Wir haben bei Foodwatch versucht, den Verbrauchern zu sagen: Ihr könnt euch was Gutes tun, wenn ihr bio kauft. Aber bildet euch nicht ein, dass ihr damit Märkte verändert. Aber das ist ein dickes Brett.

Ich hätte mir bei Foodwatch gewünscht, dass es uns gelingt, eindeutig klarzustellen: Die Gestaltung der Märkte liegt bei der Politik und nicht beim einzelnen Verbraucher. Ich hätte mir gewünscht, dass wir diesen Mythos zerstören.

In einem Newsletter, der an 300 000 Abonnenten ging, hatten wir erklärt, dass sich die Verbraucher Gutes tun, wenn sie gute Lebensmittel einkaufen, dass sie aber damit den Markt nicht verändern können.

Daraufhin hat mich ein älterer Herr aus Berlin angerufen: Wissen Sie was, Herr Bode, wir kaufen seit 30 Jahren bio, und Sie sagen uns jetzt, das hat alles nichts genutzt. Ich trete aus Foodwatch aus.

Für die These von der Machtlosigkeit der Verbraucher habe ich mir sehr viel Unwillen und Kritik zugezogen – aber auch Beifall. Wenn wir ehrlich sind, müssen wir zugeben, dass wir nicht erreicht haben, was wir erreichen wollten. Wir haben zwar Erfolge errungen, aber keine Siege. Wenn wir uns das nicht zugeben, sondern zu unseren Förderern immer nur sagen (ich rede jetzt für alle NGOs):

»Wir haben schon wieder einen Erfolg, bitte gebt uns noch einmal Geld«, dann machen wir unseren Job nicht richtig. Wir können uns nur ändern, wenn wir aus der Geschichte lernen.

Diese Idee: Wenn wir noch ein bisschen mehr Ökofläche in der Landwirtschaft ausweisen oder für die Verbraucher ein Tierschutzlabel machen und dann vielleicht noch sagen »Esst kein Fleisch mehr«, dann wird das reichen – diese Idee ist eine Illusion. Wir brauchen eine wirkliche, systemische Umstellung.

Die Geschichte des Tempolimits ist ein einfaches Beispiel. Der frühere Bundeskanzler Helmut Schmidt hat mal gesagt, als man ihn nach dem Tempolimit gefragt hat: Na ja, wenn ich 160 fahren darf, finde ich das super. Aber wenn ich 120 fahren muss, bin ich froh.

Was ich damit sagen will: Die Mitglieder eines Industrieverbands kämpfen wie die Löwen. Weil sie ihre eigenen Interessen vertreten. Aber für das Gemeinwohl zu kämpfen und sich auf eigene Kosten individuell dafür einzusetzen, das funktioniert bei Weitem nicht so gut. Deshalb dürfen wir das Gemeinwohl nicht dem Markt überlassen. Es ist hinreichend belegt, Menschen verhalten sich als Trittbrettfahrer, wenn es um die Regulierung von kollektiven Interessen geht. Das ist nicht amoralisch, sondern rational. Es ist der Staat, der hier eingreifen muss – dafür haben wir ihn – unter Wahrung der sozialen Gerechtigkeit.

Protokoll: Kerstin Lücker

Christine von Weizsäcker:
Gemeinsam und unverdrossen

Jedes Jahr im Mai veröffentlicht das Magazin TIME eine Liste mit den 100 wichtigsten Persönlichkeiten. Da gibt es Pioniere, Künstler, Führungspersönlichkeiten, Innovatoren, Titanen und Ikonen, die mit kurzen Lobeshymnen, verfasst durch andere berühmte Persönlichkeiten, geehrt werden. Würde ich gerne dazugehören? Wohl nicht. Und ungern würde ich meine eigene Lobeshymne schreiben wollen.

Das vorliegende Buch wurde unter dem Arbeitstitel *Umweltpioniere* konzipiert. Wenn es heißen soll, dass ich als Pionierin vorangehe und die anderen mir folgen sollen, dann habe ich ein Problem. Dann würde ich mich in fortschreitender Altersdepression beschweren müssen, dass die Welt nicht gerettet wird, weil ich nicht genügend Gefolgsleute habe, die meine weltrettenden Vorschläge in die Tat umsetzen.

Mit einer anderen Auslegung des Pionierbegriffs könnte ich mich allenfalls anfreunden: Ich ging – meinen Mut, meinen Fleiß, meine Ausdauer und meine Frustrationstoleranz zusammennehmend – in unbekanntes Gelände. Ich schaute mich dort – für Überraschungen jenseits vorhandener, grober Wegbeschreibungen offen – sehr genau um. Ich stellte meine Erfahrungen anderen schriftlich und mündlich zur Verfügung.

Eine wirkliche Pionierin ist Rachel Carson, mit ihrem Buch *Der stumme Frühling*, das 1962 herauskam. Immerhin wurde der Einsatz des Insektizids DDT daraufhin eingeschränkt. 30 Jahre später, 1992, gab ich mit meiner Freundin Dr. Elisabeth Bücking eine Sammlung kurzer Biografien von Frauen heraus, die Wichtiges für die Umwelt getan haben.[39] Wohlgemerkt 30 Jahre später. 30 Jahre, die trotz der Warnungen und Initiativen noch ziemlich ungenutzt verstrichen. An vielen Stellen verschärften sich sogar die Probleme, z. B. durch die Zulassung einer großen Anzahl neuer Pestizide.

1994 wurde dann die deutsche Ausgabe eines von Wolfgang Sachs herausgegebenen, 1993 auf Englisch erschienenen Buches veröffentlicht. Darin wies ich in meinem Beitrag »Vielfalt im Verständnis von ›Artenvielfalt‹« schon darauf hin, dass der Pionierbegriff auch in die Irre führen kann, nämlich zu dem, was ich damals das »Atlas-Syndrom« nannte und worüber ich Folgendes schrieb:[40]

»In der griechischen Mythologie gibt es einen Riesen namens Atlas. Er trägt das Gewicht der ganzen Welt auf seinen Schultern. Und solange er dieses tut, kann er die goldenen Äpfel nicht pflücken.
Das »Atlas-Syndrom« ist heutzutage ein häufiges Leiden. Es befällt vorzugsweise nette, gut ausgebildete und gewissenhafte Menschen. Sie eignen sich globale Kenntnisse an und fühlen globale Verantwortung. Und je einsamer sie dabei werden und je unerträglicher das Gewicht der globalen Probleme auf ihre Schultern drückt, desto selbstgerechter und bewunderungswürdiger kommen sie sich vor. Sie neigen dazu, für diejenigen zu sprechen, die das selbst nicht können: etwa die kommenden Generationen und die Umwelt.
Ist ein derartiges »Globalwissen« überhaupt möglich und wünschenswert? Ist »Globalverantwortung« möglich, angemessen und wünschenswert? Gibt es irgendeinen Menschen, der wissen kann, was global getan werden sollte? Wer kann die globalen Konsequenzen wirklich schultern, aus all den Nebenwirkungen bis ins hinterste Dorf dieser Erde lernen und globale Gegenmittel bereithalten? Globalwissen und Globalverantwortung sind heutzutage in. Wenn sie jedoch zwar modisch, aber sachlich unmöglich sind,

wäre es keine schlechte Idee, sich vor dem drohenden Befall in Acht zu nehmen. Man sollte die Träger unrealistischer und oft nur scheinbarer Lasten, mögen sie auch noch so tugendhaft erscheinen, weder bewundern noch ihnen trauen. Man stelle sich nur all die Wale und Elefanten, Zecken und Flöhe, Affenbrotbäume und Brennnesseln vor, die eine Person mit sich herumschleppen und hüten müsste, die vorhätte, ein wahrer »Atlas der Artenvielfalt« zu sein. Das ist doch eher eine Vorstellung, die zum Schmunzeln einlädt.

Im Grunde sind wir doch nicht die Träger dieser Erde, sondern die Getragenen. Warum sollte sich also eine Person auf den Boden legen, die Schultern gegen den Boden pressen, so tun, als ob sie den Erdball mit den Händen ausbalancieren müsse, und dann – um das Bild zu vervollständigen – die Füße nach oben in die Luft strecken? Ist es wirklich glaubhaft, dass man durch solche Verrenkungen zum Träger der Erde wird? Warum erstarren so viele Zuschauer in Bewunderung vor solchen Clowns-Späßen? Warum lachen sie nicht darüber, so wie es sich gehört? Warum lädt niemand den Pseudo-Atlas ein, einfach aufzustehen? Er müsste dann allerdings etwas verkraften, was man üblicherweise einen Paradigmenwechsel nennt. Doch wer die Atlas-Rolle aufgibt, gewinnt geschmeidige Leichtfüßigkeit und Bewegungsfreiheit, kann Freunde finden. Statt einsamer und fiktiver globaler Verantwortlichkeit kann man dann gemeinsam herausfinden, was die für jeden angemessene Verantwortung und damit auch wirkliche Antwortfähigkeit ist.«

Ich habe das Atlas-Thema erst kürzlich wieder aufgegriffen und zwei Karikaturen als Kurzzusammenfassung gezeichnet.

Das Atlas-Syndrom

Auch wohlmeinende und verantwortungsvolle Wissenschaftler könnten davon befallen sein.

Uns »Welthunger«, »Personalbestand«, »Humankapital«, »Naturkapital«, »Umwelt«, »CO_2-Senken«, »Biomasse« zu nennen, ist üblich. Diese Sprechweise missachtet aber leider implizit unsere lokale und historische Besonderheit, Unverwechselbarkeit, unsere Beziehungsnetze, unsere Talente, unsere Individualität, unseren Eigenwert und unsere Würde.

Und warum habe ich das aktuell wieder aufgegriffen?

Weil es neue Hoffnung gibt, dass das Atlas-Syndrom überwunden wird. Weil von vielen ausgewiesenen Wissenschaftlern, die als Pioniere in ihren Fachgebieten gelten können, in vielen neuen globalen Umwelt-Reports einhellig darauf hingewiesen wird, dass wir mit den einsamen Plänen und den zwar patentierbaren, aber fachlich engen, rein technologischen Lösungsansätzen nicht weiterkommen. Wohlgemerkt, die Gremien sind überwiegend mit Naturwissenschaftlerinnen und Naturwissenschaftlern besetzt, die erst neuerdings so über ihren Schatten springen.

Sie stellen alle fest, dass die globalen Krisen wie COVID-Pandemie, Finanzkrise, Klimakrise und nicht zuletzt Biodiversitätskrise miteinander verwoben sind. Dazu kommen die noch immer anhaltenden grausamen Krisen von Armut, Hunger, Gewalttaten, Katastrophen und Konflikten.

Sie haben erkannt, dass diese Krisen sinnvoll nur gemeinsam angegangen werden können. Und sie sind sich einig, dass das systemisch, multidimensional, multisektoral, interdisziplinär, transdisziplinär und partizipativ geschehen muss.

Sie identifizieren die Ursachenverknüpfungen im Netzwerk der Beziehungen zwischen den direkten und indirekten Treibern dieser Krisen.

- Das heißt, dass sie gangbare Wege in Richtung auf nachhaltige gemeinsame Lösungen auf den verschiedenen Handlungsebenen aufzeigen.
- Es heißt auch, dass vielfältige Fähigkeiten für die Bewertung und stetige Nachverfolgung der Lösungsvorschläge, Projekte, Programme, Politiken, Strategien und Technologien aufgebaut werden müssen.
- Es heißt auch, dass Forschungsausrichtung und Forschungs-

finanzierung verändert werden müssen. Das gilt sowohl für Industrie- als auch für Entwicklungsländer.
- Es heißt auch, dass Information und Beteiligung der Öffentlichkeit, z. B. durch Bürgerräte, dringend nötig sind.
- Es heißt auch, dass »andere Wissenssysteme«, z. B. das spezielle Erfahrungswissen von Imkern bei Berichten über Bienen, aber auch das vielfältige Wissen indigener Völker und lokaler Gemeinschaften, einbezogen werden.
- Es heißt auch, dass nicht der einsame Atlas gefragt ist. Vielfältige Talente braucht es, die in einem Ökosystem des Wissens zusammenarbeiten können und die vernünftiges und anständiges Handeln für die vielen Beteiligten verallgemeinerbar machen. Das heißt, es muss leicht verständlich und leicht durchführbar gemacht werden. Dazu braucht es zum einen kluge Gesetzgebung und kraftvolle Durchführungsstrukturen. Die kreativen Beiträge aller Bürger (»all sectors of society and all stakeholders«), nicht nur der anbietenden Wirtschaft, bleiben für den Erfolg allerdings unverzichtbar.

Was sind das für neue Berichte?

Hier einige Beispiele:

Im Global Assessment des Weltbiodiversitätsrats (IPBES), der von über 130 Staaten getragen wird, haben 150 Experten, unterstützt durch weitere 350 Beitragende, 15 000 wissenschaftliche Veröffentlichungen miteinbezogen. Die Zusammensetzung der Autoren war in Balance, was die Weltregionen und die Geschlechter betrifft. Wesentliche Beiträge stammen aus indigenem und lokalem Wissen. Es wurde im November 2021 verabschiedet.[41]

Auch der neue Assessment Report 6 des Weltklimarats (IPCC) wird von Hunderten von Wissenschaftlern unter Einbeziehung von Tausenden von Veröffentlichungen bearbeitet. Teil III wurde im April 2022 verabschiedet. Die Zusammenfassung aller drei Teile des Berichts soll im September erfolgen.[42]

Das Umweltprogramm der Vereinten Nationen (UNEP) hat den Bericht Frieden schließen mit der Natur in Auftrag gegeben, der die anstehenden Umweltthemen miteinander verknüpft. Die deutsche Übersetzung wurde im Februar 2022 veröffentlicht.[43]

Die Verknüpfungen der Gesundheit von Menschen, Tieren und der Umwelt kommen immer mehr in Sicht. Daran arbeiten international die zuständigen Organisationen. Um »One Health«, die gemeinsame Gesundheit, kümmern sich in Deutschland das Robert-Koch-Institut, Ministerium für internationale Zusammenarbeit und Umweltministerium.[44] Schon im Jahr 2015 hatten die Weltgesundheitsorganisation (WHO) und die Konvention über biologische Vielfalt (CBD) gemeinsam eine zusammenfassende Studie zu den Beziehungen von biologischer Vielfalt und menschlicher Gesundheit in Auftrag gegeben und eine gemeinsame Publikation vorgelegt. Auch hier gehen die Fachwissenschaftler weit über ihre rein disziplinären Analysen hinaus.[45]

Und im Mai 2022 hat sich noch eine andere wichtige Arbeitsgruppe auf der Ebene der Vereinten Nationen dazugesellt. Da traf sich in Bali unter dem Schirm des UN-Büros für die Reduzierung des Katastrophen-Risikos die Globale Plattform zur Reduzierung des Katastrophen-Risikos. Das Ziel war »Risikoreduzierung unter Einbeziehung aller beteiligten Akteure, um ein Frühwarnsystem für Vielfach-Gefahren und die Wiederherstellung zu einer nachhaltigen und inklusiven Zukunft zu stärken«.[46]

Viele Zeitungsberichte kommentierten erstaunt: Das sind ja Aufrufe zur Revolution, denn da werden auch unsere Produktions- und Konsumweisen und unser Wirtschaftssystem hinterfragt. Eine ausgewachsene Revolution wird hier wohl nicht losgetreten. Aber ein Umdenken in Bezug auf unsere Wissens- und Beteiligungskultur könnte es schon werden. Auch die Wissenschaftsausrichtung und -finanzierung müssen überdacht werden.

Im Jahre 1995 hatte ich in einem Buchbeitrag anlässlich des 20-jährigen Jubiläums der Schwedischen Agentur für Forschungskooperation mit Entwicklungsländern (SAREC)[47] auf die Frage hingewiesen: »Wessen Wissen zählt? Und wer entscheidet darüber?« Ich übersetze weiter aus diesem Beitrag:

»›The View from Nowhere / die Sicht aus dem Nirgendwo‹[48] der Naturwissenschaften ist vom Menschenbild her wirklichkeitsfremd, aber zugleich sehr praktisch, wenn man seine Interessen und Sichtweisen verstecken will. Forschende, die ihre Ausbildung, ihre Herkunft, ihre Geldquellen und ihre Interessenlage klar benennen, reihen sich viel besser in eine gemeinsame vielfältige Wissenskultur ein. Niels Bohr, der große Physiker und Philosoph, lud dazu ein, dies in aller Bescheidenheit und mit Erkenntnisgewinn zu tun: ›Aus dieser Lage folgt, die relative Bedeutung jedes Begriffs oder … Worts abhängig vom gewählten Blickwinkel, aber wir müssen uns ganz allgemein darauf einrichten zuzugeben, dass eine umfassende Beleuchtung eines und desselben Objekts verschiedene Blickwinkel erfordern wird, was eine eindeutige Beschreibung verhindert.‹[49]«

Und weiter im SAREC-Text:

»So scheint es, dass sogar die hochgeschätzten transnationalen und interdisziplinären Forschungsansätze mehrdeutig sind. Die Zerstörungskräfte selbst sind wahrscheinlich transnational und interdisziplinär. Die Forschung … muss vielleicht lernen, mit anderen Wissenssystemen nicht-ausbeutend und nicht-hierarchisch zusammenzuarbeiten und sich gemeinsam zu entwickeln.«

Und an anderer Stelle:

»Es kann nötig werden, zwischen exklusiven und die Welt als Rohstofflieferant betrachtenden Wissensansätzen auf der einen

Seite und inklusiven und gemeinsames Wissen aufbauenden Wissensansätzen zu unterscheiden (Extractive versus Cognostic Knowledge).«

Habe ich mich in meinem Einsatz an meine eigenen Empfehlungen gehalten?

Ich habe es versucht. Immer wieder. Im Folgenden sind einige Stationen meiner Arbeit zu finden. Sie sind mit Literaturhinweisen versehen. Damit will ich darauf hinweisen, dass es nicht genügt, kurzfristig eine Meinung zu äußern. Es geht darum, stichhaltig durch Fakten zu belegen und die Resultate verständlich zu begründen. Es geht auch darum, Handlungswege zu beschreiben und zu beschreiten. Und das bedeutet viel Arbeit. Vielleicht regt dies einige Leser an, sich ihrerseits, ihren Talenten und Lebensumständen entsprechend, wirksam einzusetzen.

Seit den 1970er-Jahren habe ich zivilgesellschaftliche Organisationen in Sachen Technikfolgenabschätzung und -bewertung beraten. Dabei war der von mir geschaffene Begriff »Fehlerfreundlichkeit«[50] als Kriterium von Technikfolgenabschätzung wesentlich. Er bedeutet zum einen, dass Fehlermachendürfen wesentlicher Teil des menschlichen Lernens ist. Zum anderen heißt es, dass Fehler nicht zu groß und nicht unumkehrbar sein dürfen und nicht zum Zusammenbruch oder Tod führen dürfen. Sie müssen klug abgepuffert und hilfreich aufgefangen werden und heilbar sein. Und bestenfalls sind hinterher alle klüger. Bei klugen Eltern dürfen Kinder am Sessel, der auf dem Teppichboden steht, üben zu klettern, sich vielleicht sogar kleine Wehwehs zuziehen. Das Balkongeländer im fünften Stock bleibt verboten. Erwachsene wissen dann die Risiken so einzuschätzen, dass man sie auf den Balkon im fünften Stock lassen darf. Der Begriff Fehlerfreundlichkeit ist als Kriterium für die Wahl von Technologiepfaden bis zum heutigen Tag aktuell.

Damals drehte sich die Debatte um Atomenergie[51] und Gentechnik.[52] Heute ist das wieder so. Ich arbeite unterstützend an der Technikfolgenabschätzung und der Forderung nach Regulierung neuer Gentechniken, insbesondere der Anwendung als Gene Drives[53], mit.

Und das unglaublich wichtige Thema »Welche Art von Landwirtschaft, Forstwirtschaft und Fischerei verträgt sich mit dem Erhalt biologischer Vielfalt und der Stabilisierung des Klimas?« flammt immer wieder auf und ist bisher nicht befriedigend beantwortet. Die Antworten, die wir schon haben, harren der Umsetzung. Auch dazu habe ich jahrzehntelang immer wieder gearbeitet.[54] Durchschlagende Erfolge zeigen sich bisher weder in Europa noch weltweit. Obwohl genügend Nahrung vorhanden ist, ist es auch nicht geglückt, Armut und Hunger aus der Welt zu schaffen. Schweine und Fahrzeuge sind in Bezug auf Landnutzung kaufkräftiger als Kleinbauernfamilien. Es sind jedoch Kleinbäuerinnen und Kleinbauern, die den Großteil der real Hungernden real ernähren. Das zeigen die Studien der UN-Organisation für Landwirtschaft und Ernährung (FAO) immer wieder. Man muss also immer wieder versuchen, falsche Anreizsysteme und perverse Subventionen zu beenden, und den Schutz der biologischen Vielfalt und des Klimas vereinbar zu machen.[55] Mit den Bauern, nicht gegen sie.

Und nun kommt mein langes Engagement für den Rio-Prozess. Das fing mit dem glücklichen Zeitfenster für den Erdgipfel in Rio, 1992, an. Fast alle Staaten der Erde waren versammelt. Die Klimarahmenkonvention (FCCC), die Konvention über biologische Vielfalt (CBD), die Konvention zur Bekämpfung der Wüstenbildung (UNCCD) wurden verabschiedet, ebenso die Rio-Deklaration mit ihren wichtigen Prinzipien und die Agenda 21. Der Kalte Krieg war beendet, und der Neoliberalismus hatte die Politik noch nicht ausgehebelt. Wir zehren immer noch von den damaligen Beschlüssen.

Ich war eingeladen, für die erstarkenden Nichtregierungsorganisationen ein Strategiepapier zur biologischen Vielfalt/Biodiversität zu schreiben. Damit fingen für mich 30 Jahre Einsatz im Rio-Prozess und für die Umweltkonventionen an.

Ich darf an einige der Rio-Prinzipien erinnern, die mir für die Umsetzung nachhaltiger Entwicklung besonders wichtig erscheinen und die auch für andere Abkommen wesentlich sind:

- **Prinzip 15: Vorsorgeprinzip**
  »Drohen schwerwiegende oder bleibende Schäden, so darf ein Mangel an vollständiger wissenschaftlicher Gewissheit kein Grund dafür sein, kostenwirksame Maßnahmen zur Vermeidung von Umweltschäden aufzuschieben.« Das Vorsorgeprinzip ist in der Europäischen Verfassung verankert. Es wird von einigen aber als Bremse im globalen Wettbewerb gesehen, und es gibt gerade auch aktuell Versuche, es zu schwächen.

- **Prinzip 10: Demokratieprinzip**
  »Das Recht jedes einzelnen Bürgers zu Umweltinformationen, Beteiligung an der Entscheidungsfindung und wirksamem Zugang zu Gerichtsverfahren, so auch zu Abhilfe und Wiedergutmachung.« Prinzip 10 ist in der UNECE-Region, also auch der Europäischen Gemeinschaft und ihren Mitgliedsstaaten, in ein rechtlich bindendes Abkommen umgesetzt worden. Es ist die Aarhus-Konvention.[56][57][58]

- **Prinzip 16: Verursacherprinzip**
  »Grundsätzlich sollte der Verursacher die Kosten der Umweltverschmutzung tragen.« Opfer tragen die Kosten für Schäden automatisch. Gesetzgebung ist erforderlich, um die Verursacher verantwortlich und haftbar zu machen. In der aktuell diskutierten EU-Lieferkettengesetzgebung besteht noch die Möglichkeit, die Verursacher von Umweltschäden zu Transparenz und Haftung zu verpflichten. Das wäre ein sehr wichtiger weltpolitischer Schritt.

Es lässt sich leicht erraten, mit welchen politischen Prozessen ich gerade beschäftigt bin. Doch zurück zu den internationalen Umwelt- und Nachhaltigkeitsverhandlungen.

Im Jahre 2012 fand, wieder in Rio, die Nachhaltigkeitskonferenz Rio+20 statt. Dafür war ich von der Gruppe der weltweit organisierten Frauen (Major Group Women) als ihre Vertreterin für die Teilnahme an den »Internal Internals«, d. h. die textprägenden Vorverhandlungen der Staaten für die Beschlusstexte nominiert worden. Auch nach 2012, bei den Verhandlungen zu den Nachhaltigkeitszielen, wurde immer wieder mein Rat eingeholt. Und erst kürzlich wieder, als die gesellschaftlichen Gruppen ein gemeinsames Statement zu »The UNEP we want« formulierten.

Und dann gibt es noch die Konvention über biologische Vielfalt (CBD). Dort habe ich Hunderte von Verhandlungstagen mitgemacht. Warum das? Muss das denn dieses hohe internationale Niveau sein? Es ist dies kein »hohes Niveau«. Man sitzt vom frühen Vormittag bis abends, teilweise nachts bis 4 Uhr morgens, in den immer gleich aussehenden Konferenzzentren. Und man leistet einen Dienst, den Dienst der Übersetzung von internationalem Umweltgesetztext in die Verständlichkeit auf den vielen lokalen Ebenen und gleichzeitig die Übersetzung der lokalen Gegebenheiten und Forderungen in die Konferenzentscheidungen hinein.[59] Gegenwärtig geht es dort um die Auflösung des andauernden Konflikts zwischen Naturschutz und Menschenrechten durch einen menschenrechtsbasierten Ansatz.[60]

Die Konvention hat zwei Protokolle und ein Zusatzprotokoll: das Cartagena-Protokoll[61] über biologische Sicherheit, d. h. das internationale Gentechnikabkommen, und das Nagoya-Protokoll[62] über den Zugang zu genetischen Ressourcen und die gerechte Verteilung der Vorteile, die aus deren Nutzung entstehen. Im Nagoya-Kuala-Lumpur-Zusatzprotokoll zum Cartagena-Protokoll[63] geht es um Haftung und Entschädigung für Schäden im Gentechnikbereich. Diese Protokolle sind alle sehr eng mit der Umsetzung der drei oben genannten Rio-Prinzipien[64] verknüpft.

Ich bin dann noch in viele Gremien eingeladen worden, wo ich trotz des Verzichts auf Sichtbarkeit und Profilierung auch bei überraschenden Partnern oft Gehör fand: im Redaktionsteam der Erdcharta[65], in der EKD-Kammer für nachhaltige Entwicklung[66], beim Redaktionsteam des Joburg Memo für den Gipfel Rio+10[67], beim Wissenschaftlichen Beirat für Verbraucher- und Ernährungspolitik des Bundesministeriums für Ernährung, Landwirtschaft und Verbraucherschutz,[68] und bei der Evaluierungsgruppe »Sozial-ökologische Forschung« des Bundesministeriums für Bildung und Forschung.[69]

Und was ist mein Beitrag? Man kann jahrzehntelangen, oft vergeblichen Einsatz ungebrochenen Mutes überleben. Freundschaften sind wichtig und wollen gepflegt sein. Viele Talente werden gebraucht. Man fängt mit irgendetwas an, wozu sich die Gelegenheit ergibt, wozu man Talent hat und was einem leichtfällt.

Und dann gibt es noch die Erfahrung der Hebammen: Niemand wird sie dauernd erwähnen müssen, wenn sie ihre Arbeit gut gemacht haben und das Kind gesund und munter ist.

Mein Dank gilt denen, die mir Auszeichnungen verliehen haben. Mein besonderer Dank gilt den Mitgliedern der europäischen zivilgesellschaftlichen Organisation Ecoropa, die sich seit 1976 für Ökologie, Demokratie und Nord-Süd-Gerechtigkeit einsetzt, mit denen ich freundschaftlich zusammenarbeiten kann und die mich zu ihrer Präsidentin gewählt haben. Und mein ganz besonderer Dank gilt meinem Mann, der mich inhaltlich und, wenn nötig, für meine Reisen finanziell unterstützt hat. Und mit dem ich nach den schwierigsten Schreibarbeiten oder Auseinandersetzungen in Umweltverhandlungen sofort entspannt und erfreut zusammen sein kann.

Claus-Peter Hutter:
Wieder wissen, was wir einmal wussten – eine Bildungsrevolution ist überfällig

»Nicht weil es schwierig ist, wagen wir es nicht, sondern weil wir es nicht wagen, ist es schwierig.«

Seneca d. J. (um 4 v. Chr.–65 n. Chr.)

Gedanken über Nachgedachtes

Immer wieder werde ich gefragt, wie ich eigentlich »zum Naturschutz« gekommen sei und weshalb ich mich für Umweltbewahrung und Nachhaltigkeit einsetze. Das ist dann gar nicht so leicht zu beantworten. Denn vieles hat sich ergeben, eines kam zum anderen, und nach meinem späteren Motto »Nicht viel schwätzen, sondern machen« bin ich Schritt für Schritt immer weiter in die Themen Natur und Umwelt hineingeraten. Themen, die mein Leben mehr und mehr bestimmen und erfüllen sollten. Ein Keim für kommende Kämpfe für die Natur war sicher die mir von Eltern und Großeltern vermittelte Liebe zur Natur oder vielmehr die Weitergabe von traditionellem Wissen über Natur, Kultur, Heimat und den verantwortungsvollen Umgang damit. Ohne dass sie wohl über die heute so oft zitierte Naturpädagogik nachgedacht, ja den Begriff gekannt haben, nahmen sie mich schon im frühen Kindesalter mit auf die Familien-Obstwiese, ließen mich kleine Bäumchen zum Pflanzen hinaustragen – denn sie besaßen um 1960 noch kein Auto –, nahmen mich im Sommer und Herbst mit zur Obst- und Beerenernte und auch wenn im Winter die Bäume geschnitten wurden und das Reisig eingesammelt werden musste. Eine von mir damals wenig geliebte Tätigkeit. Auch beim Äpfelpressen, dem Apfelsafteinkochen oder beim prüfenden Blick auf den gärenden Most im Gewölbekeller war ich dabei. In meiner schwäbischen Heimat, wo einst jede Familie eine Obstwiese pflegte und bewirtschaftete, eigentlich nichts Ungewöhnliches. Doch die Zeiten wandeln sich, und scheinbar Selbstverständliches kommt ins Wanken. Und so sind es immer weniger Leute in meinem Alter, die noch die alte Tradition fortführen. Eine Tradition, die landschaftliche Vielfalt hervorgebracht und bewahrt hat. Eine Tradition, die heute zusammen mit ihren Akteuren vom Aussterben bedroht ist. Noch etwas haben mir meine Eltern schon zu meiner Schulzeit vermittelt, das für mein Engagement im Naturschutz wichtig wurde: Mut und Motivation. Sie motivierten mich dazu, mich zu wehren, wenn es ungerecht zugeht. Ein Verhalten, das mich anfangs viel Überwindung und später viel Zeit und Ärger kosten sollte. Ärger, dem schöne Naturerlebnisse, spannende Aufgaben und Projekte, tolle Begegnungen mit Menschen und daraus erwachsene Freundschaften und gemeinsam errungene Erfolge gegenüberstehen. Zwei Ereignisse sollten meinen Kämpfergeist wecken: der geplante Bau von einem damals für schweres Heizöl vorgesehenen Stromkraftwerk gegenüber meiner Heimatgemeinde, gegen den ich protestierte. Mit dem kleinen Einachsschlepper meines Opas und selbst gemachten Plakaten fuhr ich zur Demo – damals noch etwas Ungewöhnliches – auf den Ludwigsburger Marktplatz. Ein Kampf, den ich zusammen mit anderen Akteuren verlor.

Die zweite Herausforderung waren Pläne, den letzten intakten Altarm des Neckars und die letzten Baggerseen, die noch die damals allerletzten Graureiher und Haubentaucher beherbergten, mit dem Aushub für eine Verbreiterung der Schifffahrtsrinne zuzuschütten. Nun, ich bin zu Zeiten aufgewachsen, als eineinhalb Meter hohe Schaumberge das Wasser in den Schleusenkammern des Neckar bedeckten, der in der Wirtschaftswunderzeit zur Kloake verkommen war, als ungeordnete, rauchig stinkende Müllkippen zum Orts- und Landschaftsbild jeder Gemeinde gehörten. Als nun die Verbreiterung der Schifffahrtsrinne bevorstand, gründete ich mit einigen Weggefährten, die ich über ornithologische Kartierungen und praktische Pflegeeinsätze an genau diesen Baggerseen kennengelernt hatte, kurzerhand eine Bürgerinitiative. Die Gemeinden, die Bürger, alle Parteien außer den Grünen – die wurden erst später gegründet – mit ins Boot geholt, gewannen wir Schulter an Schulter mit mutigen Menschen und noch nicht von Bürokratie und Bedenkenträgerei zugemüllten Behörden den Kampf. Das Wiesental mit dem angrenzenden Altneckar und den Baggerseen ist heute nach verschiedenen Kriterien international geschützt und ein ökologisches Highlight der im Zentrum mehr und mehr verstädterten, 5,4 Millionen Einwohner zählenden Metropolregion Stuttgart. Das Beispiel des ökologisch-ökonomischen Kompromisses, wonach die Schifffahrtsrinne nur leicht verbreitert wurde und der idyllische Altneckar erhalten blieb, machte über die Kreis- und Landesgrenzen hinaus die Runde. Es dauerte nicht mehr lange, bis Anfragen aus anderen Regionen kamen »Wie man denn so eine Aktion steuert?« und dass man sich ja zusammenschließen sollte. So begann mein damaliges Engagement, unter anderem als Kreisvorsitzender des später gegründeten Bund für Umwelt und Naturschutz, die ehrenamtliche Präsidentschaft der von mir mitbegründeten Stiftung Euronatur, zahlreiche europaweite Projekte und etliche Jahre später die Gründung der Stiftung NatureLife-International mit Projekten für Klimaschutz, Armutsbekämpfung, Katastrophenprävention in Südostasien und verschiedene nationale und internationale Umweltkampagnen. Denn eines hatte ich gelernt: Die Stimme erheben ist das eine, andere mitzunehmen das andere. Und das bedarf breiter Kommunikation und noch mehr Empathie. Beides konnte und musste ich auch hauptamtlich als

Leiter der Umweltakademie Baden-Württemberg tagtäglich leben, erleben und manchmal, wenn es nicht gut lief, erleiden. Und es bedarf vieler Menschen, die sich bewusst sind, was verloren geht, wenn wir unsere natürlichen Lebensgrundlagen – ob im Kleinen oder im Großen – nicht pfleglich behandeln. Vielleicht war es gerade Empathie und die damit verbundene Begeisterungsfähigkeit, die manche Erfolge ermöglichten. Erfolge, die aber immer wieder neue Anfragen, Arbeit und Anstrengungen nach sich ziehen. Erfolge, die nur bedingt Freude machen können, wenn ich – wie die noch immer viel zu kleine Gemeinde der Aktiven – feststellen muss, dass der Raubbau an der Natur vor der eigenen Haustür wie in ferneren Welten diese Erfolge in der Summe gesehen fast nichtig macht. Aufgeben? Das kommt nicht infrage, müssten wir uns doch selbst aufgeben. Da ist nicht nur der Altneckar und ein 500 Meter langer »neuer« Neckarseitenarm, den ich – obwohl von manchen für verrückt erklärt – 1998 baggern lassen konnte, da sind nicht nur gelungene Wiederaufforstungs- und Transferprojekte zur Armutsbekämpfung und zum Klimaschutz auf den Philippinen, in Vietnam, Laos, auf Java und in anderen südostasiatischen Regionen. Da sind vor allem Menschen, die ebenfalls nicht aufgeben, sondern oft unter viel schwierigeren Bedingungen, wie wir sie im reichen Europa haben, für ihr Dasein, ihre Zukunft kämpfen. Dazu gehören auch Erzieherinnen, die mich ansprechen und freudig erzählen, dass sie mit unseren Kinderbüchern in ihrer eigenen Kindergartenzeit aufgewachsen sind. Dazu gehören manche Wissenschaftler, Planer und aufgeschlossene Bürgermeister, die über unsere Kampagnenbücher wie *Rettet die Frösche*, *Naturschutz in der Gemeinde*, *Natur ohne Grenzen* aktiviert wurden; da sind Stipendiaten in unseren Austauschprogrammen, für die wir das Geld, wie für so viele andere Projekte auch, zusammengebettelt haben und so ein Studium, Praktikum, eine Promotion oder andere Qualifikationen ermöglichen. Vor allem aber motivieren mich auch all die anderen

Vordenker und Vorkämpfer, die in diesem Buch versammelt sind. Menschen, die Mut machen, Halt geben und denen mein größter Respekt gilt. Alle sind sie schwierige Wege gegangen, aber haben sich nie – egal welche Motivation dahintersteht – davon abbringen lassen, für Natur und Landschaft, eine intakte Umwelt und unser Klima zu kämpfen. Alle eint die Erkenntnis, dass nur aufgeklärte und mutige Menschen in der Lage sein können, unsere natürlichen Lebensgrundlagen zu erhalten. Menschen, von denen wir noch viel zu wenige haben. Denn ein Gespenst geht um in Europa und mittlerweile überall in der Welt: Es ist die Wissenserosion in Sachen Natur.

Ein Plädoyer für ökologische Demokratiefähigkeit als Antwort auf die Wissenserosion in Sachen Natur

Eigentlich sind sich alle einig: Das Klima muss geschützt, das Artensterben gestoppt werden. Wohl noch nie seit dem Ende des Zweiten Weltkriegs gab es einen derart übergreifenden, alle gesellschaftlichen Bereiche umfassenden gesellschaftspolitischen Konsens. Geht es nach gesagten Worten, bedruckten Seiten und deren digitalen Entsprechungen, so besteht unsere Gesellschaft nur noch aus Natur-, Umwelt- und Klimaschützern. Das war's aber auch schon. Während Fridays-for-Future-Anhänger und andere »Öko-Aktivisten« lautstark auf die Straße gehen und Handeln einfordern, sterben nicht nur Wiesenblumen und Wildbienen, sondern auch die im Stillen seit Jahrzehnten handelnden Öko-Pioniere unbemerkt – ja von weiten Teilen der Gesellschaft ignoriert – aus. Gemeint sind jene, die durch ihre langjährige, mühevolle Arbeit Landschaft gepflegt und damit vielfältige Natur erhalten haben. Mancher der heute über 70- und 80-Jährigen, die noch Obstwiesen, Weinberge und vielfältige Gärten bewirtschaften, an oft steilen Hängen Orchideenwiesen pflegen, mit dabei sind, wenn die in den 1980er-Jahren von damaligen »jungen Umweltschützern« gepflanzten Hecken-, Feld- und Bachgehölze gepflegt werden müssen, wären froh, die Unterstützung »junger Aktiver« zu erhalten. Viele Heimat- und Umweltverbände wie auch Kulturorganisationen beklagen, dass die Zahl der Freiwilligen und Ehrenamtlichen erodiert. Es fehlt einfach am Nachwuchs. Einem Nachwuchs, den es eigentlich, was die Sensibilität anbelangt, durchaus gibt, der aber wohl erst vom Protestieren zum progressiven Handeln gebracht werden muss. Viele, die sich oft schon in Partylaune zum Protestevent aufmachen und vielerorts anschließend eine Menge Müll hinterlassen und den Umsatz der Burgerketten steigern, wollen am Wochenende die Landschaft genießen. Dass weite Teile unserer »Natur« in idyllisch anmutenden Regionen Kulturlandschaft sind (die strukturlosen Agrarwüsten gehören für mich nicht dazu), nur durch den mühevollen körperlichen Einsatz meist älterer Menschen so sind, wie sie sind, interessiert die heutige Protestgeneration wohl nicht. Alles wird als gegeben und selbstverständlich betrachtet.

Von Friday for Future zu Saturday for Work?

Nun ist den meist jungen Leuten nicht vorzuwerfen, wenn sie ihre Stimme erheben und zu Recht ökologische Ignoranz in Politik, Wirtschaft und Gesellschaft anprangern. Doch darf dies nicht mit eigener Ignoranz einhergehen, indem die Leistungen vieler Älterer – die noch nicht mit Pampers gewickelt und mit Muttis/Vatis Autoshuttle in den Kindergarten oder in die Schule gebracht wurden – vergessen und missachtet werden. Dabei erhebt sich in Zeiten der gebetsmühlenhaften Forderungen nach Integration und Inklusion auch die Frage, wer eigentlich die Älteren in der Gesellschaft integriert und inkludiert und deren Breitbandwissen zu Natur, Landschaft, Landwirtschaft, Ernährung und

Umwelt für die Jüngeren »in Wert setzt«. Die Jüngeren wieder sind ohne eigenes Verschulden zunehmend Opfer der Wissenserosion in Sachen Natur, Kultur, Landschaft, Landwirtschaft geworden. Haben wir sie zu sehr verwöhnt, ihnen nichts abverlangt? Von Hunderten Praktikantinnen und Praktikanten sowie Studenten, für die ich im Lauf der Zeit – zumindest für Zeiträume von etlichen Tagen bis zu mehr als einem Jahr – verantwortlich war, hatten in den letzten 20 Jahren die allermeisten in ihrem Leben niemals einen Besen in der Hand, hatte noch nie jemand einen Strauch oder Baum gepflanzt, nie bei Gartenarbeiten geholfen oder sonstige von der aus Sicht vieler Senioren »verweichlichten Jugend« als »unwürdig« betrachtete Tätigkeiten verrichtet. War früher also alles besser?

Nachhaltigkeit beginnt im Kopf

Nein, früher war bestimmt nicht alles besser! Wenn wir heute über Naturbewahrung und Nachhaltigkeit reden, davon, wie ein gerechter Ausgleich ökologischer und ökonomischer sowie sozialer Verhältnisse geschaffen werden kann – und zwar weltweit –, dann werden oft bildhaft Verhältnisse aus längst vergangener Zeit beschrieben. Von Naturvölkern etwa, die im Einklang mit der Natur lebten, oder von idyllischen Bauernhöfen inmitten lieblicher Kulturlandschaften. Doch die scheinbare Idylle trügt – vielleicht von einigen wenigen Urwaldstämmen irgendwo in Papua-Neuguinea oder den letzten noch unerforschten Winkeln des Amazonasgebietes abgesehen. Auch früher, in der Zeit, die wir heute verklären (womit häufig die vorindustrielle Zeit vor dem 18./19. Jahrhundert gemeint ist), haben die Menschen die Natur rücksichtslos ausgebeutet und sich eben nicht nachhaltig verhalten. Denken wir nur an die Abholzung der Mittelmeerwälder durch die Phönizier, Griechen und Römer schon in Zeiten der Antike, die Abholzung vieler Waldgebiete Mitteleuropas im Mittelalter und stinkende, vor Fäkalien strotzende Dorf- und Stadtstraßen noch vor 200 Jahren. Aus purer Not und nacktem Überlebenswillen hat die Menschheit schon früh Raubbau an der Natur und damit letztlich auch an ihrem eigenen Dasein betrieben. Dies hat der Umwelthistoriker Joachim Radkau mit seinem Buch *Natur und Macht – eine Weltgeschichte der Umwelt* (2012) eindrücklich geschildert und mit vielen Beispielen belegt. So war die Megafauna in Australien, Neuseeland oder in Südamerika nach Ankunft des »modernen« Menschen nach kürzester Zeit ausgerottet.

Nur eines unterscheidet die Menschen von damals und ihrem Umwelt- und Sozialverhalten von uns: Sie hatten aufgrund der Lebensumstände, der fehlenden Technik und vor allem mangels des noch bis etwa 1965 doch relativ kleinen Radius eines persönlichen Erfahrungs- und Kommunikationsbereiches so gut wie keine Möglichkeiten, das eigene Handeln in größerem Zusammenhang zu betrachten und zu reflektieren. Dank der Innovationskraft kluger Köpfe und des damit einhergehenden Fortschritts ist die Menschheit unter anderem durch die Luft- und Raumfahrt heute jedoch in der Lage, die Zusammensetzung von Gesteinen auf dem Mars in einer Entfernung von durchschnittlich 70 Millionen Kilometern zu analysieren, Wetterentwicklungen vorherzusagen und fast quadratmetergenau Waldbrände in Amazonien, Australien oder auf Borneo oder Kriegsgräuel in Syrien, der Ukraine und anderen »Krisenherden« zu dokumentieren. Längst kommunizieren wir weltweit in Echtzeit. Es ist also genügend Wissen und es sind viel zu viele negative Erfahrungen angehäuft, die uns zusammengenommen zwingen müssten, unsere Lebensstile in den sogenannten entwickelten Ländern einerseits nachhaltig auszurichten und den Menschen in den armen Ländern – mit denen es das Schicksal nicht so gut gemeint hat – andererseits zu helfen, ein menschenwürdiges Leben in »intakter Umwelt« führen zu können.

Wissen, daran fehlt es also beileibe nicht mehr, ist das eine, konkretes Handeln das andere. Viele Fehlentwicklungen – gerade auch in den wohlhabenden Regionen der Erde – zeigen, dass noch immer eine große Lücke zwischen Wissen und Handeln besteht und dass der »Leidensdruck« bei vielen Menschen noch immer viel zu gering ist, um bereit und willens zu sein, die eigenen Lebensstile auf den Prüfstand zu stellen. Es bedarf also einer Überbrückung der mentalen Barriere jedes Einzelnen, die letztlich bestimmt, ob es gelingt, unsere Gesellschaft nachhaltig zu entwickeln. Das Wissen ist jederzeit abrufbar und reflektierbar. Doch nun ist es Zeit, dass wir dieses Wissen auch konsequent nutzen und anwenden sowie denjenigen, die vielleicht noch nicht oder nur den theoretischen Zugang haben, dieses Wissen in allen Facetten zur Verfügung stellen. Nachhaltige Entwicklung als Grundvoraussetzung für Klimaschutz und die Bewahrung der natürlichen Vielfalt ist im In- und Ausland daher kein Zustand, sondern ein ständiger Prozess des Suchens, des Diskutierens, des Abstimmens und schließlich des Gestaltens und des Handelns. Und dabei muss die nachwachsende Generation integriert werden, bei der von unserer Gesellschaft und den Politikern, die sie hervorgebracht hat oder vielmehr hat hochkommen lassen, versäumt wurde, Basiswissen über die Natur zu vermitteln.

Was ist Nachhaltigkeit?

Oft wird ja Nachhaltigkeit am Beispiel des Waldes und einer nachhaltigen Forstwirtschaft definiert. Danach soll dem Wald nur so viel Holz entnommen werden, wie im Nutzungszeitraum auch wieder nachwächst. Doch ist dies nachhaltig? Betrachtet man die Ressource Holz, dann sicherlich. Stellt man aber die Frage nach nachhaltigen Waldökosystemen, bei denen es darum geht, dass auch die typischen Tier- und Pflanzenarten insgesamt genügend Lebensraum haben, sicherlich nicht. So ist es im Sinne natürlicher Waldökosysteme und einer rein ökologischen Betrachtung nicht nachhaltig, wenn fast nirgendwo mehr Bäume wie etwa Buchen oder Eichen, die mehrere Hundert Jahre alt werden können, ihr natürliches Alter erreichen dürfen, weil sie schon nach einem Drittel oder Viertel ihrer eigentlichen Lebenszeit gefällt werden. Bäume, die nicht mehr als Lebensraum für eine Vielzahl von spezialisierten Tieren zur Verfügung stehen und welche die Auswirkungen des Klimawandels abfedern könnten. Ein Beispiel von vielen, das konkurrierende Ziele beherbergt. Deshalb wird es immer ein vielfaches Ringen um die richtigen Wege zur Nachhaltigkeit geben, um den Ausgleich zwischen ökonomischen Wünschen und Anforderungen, ökologischen Erfordernissen und sozial vertretbarem bzw. erforderlichem Verhalten und Handeln in Einklang zu bringen. Das sind jedenfalls die Ziele, die als Basis für nachhaltige Entwicklung von der Weltumweltkonferenz 1992 in Rio de Janeiro entwickelt und festgelegt wurden. 30 Jahre danach hat sich trotz unzähliger Forschungsprogramme und vollmundiger Ankündigungen nichts geändert. Im Gegenteil: Die Europäische Union ist nicht in der Lage, die eigenen Gesetze umzusetzen. So werden in Rumänien und anderen EU-Balkanländern munter die letzten noch intakten grünen Lungen geplündert. Die EU schaut zu.

Es genügt also nicht, Bäume zu pflanzen und entnommenes Holz zu ersetzen, um den Bestand der Wälder zu erhalten, sondern es kommt auf die Qualität der Nachhaltigkeit an. Genauso ist es bei der Bildung. Es ist keinesfalls ausreichend und für die ökologisch-ökonomische Zukunftssicherung tauglich, wenn von den Kindergärten über Grund- und Hauptschulen, Realschulen, Gymnasien, Hochschulen und Universitäten Wissen vermittelt wird und dabei für Lebens- und Überlebenskompetenz der Einzelnen wie unserer Gesellschaft wesentliche Wissensbausteine fehlen. So wie in zu Holzäckern degradierten Wäldern, die weltweit noch immer zunehmen, ökologische Vielfalt und damit Klimatauglichkeit sowie Habitateignung für die davon abhängige Fauna und Flora fehlen, ist ein Bildungshorizont, der das elementare Wissen über unsere Lebensgrundlagen nicht mehr beinhaltet, instabil. So wie instabile Wälder den an Intensität und Häufigkeit zunehmenden Orkanen, Taifunen, Hurrikans und Zyklonen nicht standhalten, führt bildungspolitische Instabilität durch Wissenserosion zu kulturellen Kompetenz-Kahlschlägen mit unabsehbaren Folgen.

Vom Wissen zum Handeln – auch eine Frage der Demokratiefähigkeit

Umwelt kann nur schützen, wer Natur kennt. Als ich diese Formel vermutlich als einer der Ersten Mitte der 1980er-Jahre so formuliert und intensiv verbreitet habe, war damals verdienten Leuten – die ihr Umwelt-Engagement im Jahrzehnt, als ich geboren wurde, schon längst begonnen hatten – anzumerken, dass sie mich innerlich fast schon mitleidig belächeln. War es für sie doch eine Selbstverständlichkeit, dass man »manches ganz einfach weiß«. Doch der Ausverkauf der Natur wie die Wissenserosion hat mittlerweile eine Dimension angenommen, die ich – eigentlich immer positiv gestimmt – auch im negativsten Szenario so nicht erwartet hätte. Von »Bedenkenträgern« habe ich mich dennoch nicht abhalten lassen. Als ich nach der Jahrtausendwende den Begriff »Wissenserosion« für den Schwund an ökologischem Wissen in der Gesellschaft prägte, hielten die einen scherzhaft dagegen, Erosion sei ein Begriff aus der Geologie und könne hier nicht zur Anwendung kommen. Andere hielten mir entgegen, dass ja »im Netz« alles abrufbar sei. Dass ich mich schon wenige Jahre später darüber freuen konnte, dass mit jedem Jahr mehr

Kolleginnen und Kollegen in den verschiedensten Disziplinen meine Warnungen und mein Wording zur Wissenserosion übernommen haben, nützt der gefährdeten Kreatur und der gesamten Natur leider wenig. Schließlich geht es im Grunde um nichts anderes als um die Bewahrung der eigenen Lebensgrundlagen als erstem und unerlässlichem Schritt zu mehr Nachhaltigkeit.

Dabei geht es auch um Demokratiefähigkeit. Wer etwa heimische Vogelarten und andere Tiere oder Pflanzen und deren Lebensräume nicht kennt, nimmt diese nicht bewusst wahr und bemerkt auch nicht, wenn sie durch veränderte Umweltbedingungen aus der eigenen Umgebung verschwinden. Die Wahrnehmung der demokratischen Rechte – etwa von Verantwortlichen in der eigenen Gemeinde oder Stadt und im Land entsprechende Maßnahmen einzufordern – ist dann nicht mehr möglich. Gerade aber eine Demokratie lebt von informierten, an ihren eigenen Lebensverhältnissen und Lebensbedingungen interessierten Bürgerinnen und Bürgern. Dabei soll und darf es nicht beim Einfordern von Maßnahmen bleiben. Eine aktive Bürgergesellschaft bedarf auch einer über Diskussionen und Forderungen hinausgehenden aktiven Teilnahme bei der Gestaltung der eigenen Lebensgrundlagen – ob im ökologischen wie im ökonomischen, sozialen und auch kulturellen Bereich. Es kann nicht sein, dass die ökologisch aufgewachte Fridays-for-Future-Generation die praktische Umsetzung von der älteren Generation einfordert und protestiert, aber kaum jemand von den jungen Leuten selbst Hand anlegt. Mehr denn je spielt nämlich für alle Bereiche und alle Altersgruppen Wissen über Natur, Umwelt und Kultur eine zentrale Rolle. Doch spezifisches Wissen allein reicht noch nicht aus: Um Intention tatsächlich in Handeln zu überführen, muss prozedurales und konzeptuelles Handlungswissen (Wissen, das zur Optimierung von Handlungsabläufen befähigt) vorhanden sein. Ferner sind für die Einzelnen und damit auch für die Gesellschaft Handlungsanreize (Vorteile) notwendig, die sich aus ökonomischen Zusammenhängen ergeben bzw. durch politische Vorgaben gesetzt werden müssen. Hier muss Bildung für eine nachhaltige Entwicklung in allen Lebensbereichen ansetzen.

Wissenserosion in Sachen Natur und ihre Folgen

Wie äußert sich die Wissenserosion in Sachen Natur? Indikatoren hierfür sind etwa, wenn Universitätsprofessoren beklagen, dass Biologiestudenten im ersten Semester auf Exkursionen (sofern es überhaupt noch welche gibt) weder Hafer noch Dinkel oder Gerste auf den Feldern erkennen noch Tabakpflanzen von Spinat unterscheiden können. Oft sind es junge Leute, die im Bioladen nach Hafermilch oder Dinkelbrötchen verlangen und vegane Gemüsepizza mit Spinat und Pseudo-Fetakäse aus fragwürdiger Massenproduktion verspeisen. Es handelt sich auch um Wissenserosion, wenn Naturschützer feststellen, dass Kinder mehr Handyklingeltöne und Smartphone-Apps, TikTok, Snapchat, Instagram und andere Portale mit Tausenden von nichtssagenden Bildchen und Nullinformationstextchen kennen und konsumieren als Vogelstimmen und mehr Computerspiele als Tierarten und Pflanzen. Viele wissen heute nicht mehr, wie Kartoffelpflanzen oberhalb der Bodenkrume aussehen. Zugleich wird beklagt, dass gerade in der Lehrerausbildung im Bereich des Heimat- und Sachkundeunterrichts die Inhalte auf ein Schmalspurfachstudium reduziert werden. Durch falsche Prioritätensetzung im Fach Biologie überwiegen heute sowohl in der Schule als auch an den Universitäten mikrobiologische und molekulargenetische Themen. Klassische Themen der Botanik und Zoologie finden – wenn überhaupt – nur am Rande Beachtung. Im Hinblick auf »Artenwissen« etwa hat sich ein Ungleichgewicht der Lehr- und Lerninhalte ergeben. Die Entfremdung von der Natur oder – wie amerikanische Forscher das Phänomen treffend auf den Punkt bringen – die »Nature Deficit Disorder« schlägt sich inzwischen auch in unserer Kommunikationskultur nieder. Rund 6000 Liedtexte und mindestens ebenso viele Romane und Drehbücher, die seit 1900 erschienen sind, haben die Psychologinnen Selin und Pelin Kesebir auf Naturbegriffe untersucht. Das Resultat der im März 2017 erschienenen Studie: Seit den 1950er-Jahren gehen im Sprachgebrauch neben Blumen-, Vogel- und Baumnamen auch zahlreiche Naturbegriffe wie etwa Weide, Mondschein oder Sonnenuntergang verloren. Unter Berufung auf neuere Umfragen stellen die Naturcamps Hunsrück fest, dass gerade einmal »sechs Prozent der Heranwachsenden zwischen Kindergarten und weiterführender Schule wissen, dass der Hirsch nicht der Mann vom Reh ist«. Selbst bei Lehrerinnen und Lehrern laute die Antwort auf die entsprechende Frage nicht zwangsläufig »Rehbock«. Der Wissensverlust über Natur ist vielschichtig und noch nicht im Einzelnen untersucht. Er vollzieht sich lokal, regional und international. Bis umfassende Ergebnisse vorliegen, wird es jedoch für wirksame Gegenmaßnahmen zu spät sein. Dann wäre nämlich das traditionelle Wissen über Natur, Landnutzung, Ernährung und Gesundheit genauso wie das Wissen über Wildtiere und Wildpflanzen, Nutztiere und Nutzpflanzen verloren. Schon bald steht die Generation der heute über 70-Jährigen nicht mehr zur Verfügung, die ihr Wissen über Natur und Landschaft, über Tiere und Pflanzen, deren Zusammenhänge zwischen Produktion und Verarbeitung oft noch über eine utilitaristische Lebensweise erworben und ganz automatisch weitergegeben haben. Und auch das Wissen über Heimat, Kultur, Traditionen und deren Zusammenhang mit unserer Landschaft geht verloren.

Anzunehmen ist ein ursächlicher Zusammenhang zwischen der Industrialisierung unserer Landwirtschaft, dem damit einhergehenden Rückgang der arbeitenden Bevölkerung in diesem

Wirtschaftssektor sowie dem zunehmenden Grad an Verstädterung und damit der Naturentfremdung in der postindustriellen Gesellschaft des westlichen Mitteleuropas. Nur rund 200 000 Personen insgesamt sind in Deutschland noch direkt in der Land- oder Forstwirtschaft tätig. Landschaft und Natur sind heute für viele Menschen allenfalls grüne Kulisse für Freizeitbeschäftigung, ohne Heimatbezug und Bodenhaftung. Die Sehnsucht nach Natur ist vorhanden, aber es fehlen der Sinn und das Verständnis für diejenigen, welche diese Naturwerte pflegen und erhalten. Immer mehr wird unsere Gesellschaft zur Freizeitsuchtgesellschaft, die Natur nur noch konsumiert. Selbst ererbtes Eigentum in der Kulturlandschaft – etwa eine Obstwiese – steigert bei der jüngeren Generation kaum die Aktivitäten für diesen Lebensraum wie etwa Baumpflege, Wiesenmahd oder Nutzung der ohne Herbizid- oder Pestizideinsatz gereiften Früchte. Die aktive Auseinandersetzung mit den heimischen Landschaften und deren Agrarökosystemen findet in unserer zunehmend verstädterten Gesellschaft also kaum mehr statt. Dies ist jedoch elementare Voraussetzung für die Bildung für eine nachhaltige Entwicklung und darauf aufbauend nachhaltige Lebensstile. Artenwissen etwa ist für den Erhalt der Biodiversität unverzichtbar. Es genügt nicht, Arten zu kennen. Es müssen wieder die Zusammenhänge zwischen Landbewirtschaftung und Kulturlandschaft, Verbraucherverhalten und Lebensstil, Ernährung und Gesundheit aufgezeigt werden. Dass selbst Biologinnen und Biologen von Planungsbüros, Natur- und Umweltschutzbehörden gezwungen sind, Fortbildungen zu besuchen, weil ihnen zoologisches und botanisches Know-how fehlt, um etwa Bauprojekte rechtssicher zu planen und Schutzgebiete zu entwickeln, ist mehr als alarmierend. Das lässt erahnen, wie eklatant der Mangel an Artenwissen erst in der Bevölkerung ausfällt. Es braucht ein breites Bündnis von Wissenschaft, Fachplanung, Bildungspolitik, Behörden und Naturschutzpraxis, um taxonomisches Wissen wieder breit in verschiedenen Gesellschaftsbereichen zu verankern. Das aktuelle Wissensdefizit darf zu keiner weiteren Verschärfung der Umweltkrise führen. Die Folgen einer Baupolitik, die in den letzten 60 Jahren bundesweit nahezu zu einer Verdoppelung der Siedlungs- und Verkehrsflächen geführt hat, und die Konsequenzen eines auf endlichen Ressourcen gebauten Wirtschaftswachstums fallen uns jetzt schon hart auf die Füße. Die aktuellen Umweltprobleme verlangen ein nachhaltiges Verhalten auf zahlreichen Ebenen, etwa in der kommunalen Baupolitik oder bei persönlichen Konsummustern und Lebensstilen. Die ganzheitliche Vermittlung ökologischer, zoologischer und botanischer Zusammenhänge ist daher wichtig, ja sogar essenziell. Die Wissenserosion steht in einem überraschenden Gegensatz zur Vielzahl von Materialien und Informationsmöglichkeiten der heutigen Medien- und Informationsgesellschaft. Vielleicht ist es aber gerade die Bandbreite des medialen Angebots, welche zur Abstumpfung führt.

Die Bildungskette wieder aufbauen

Weil Umwelt nur schützen kann, wer Natur kennt, muss die von der Bildungspolitik jahrzehntelang sträflich vernachlässigte Vermittlung von Basiswissen zur biologischen Vielfalt von Tieren und Pflanzen, deren Lebensräume und deren Vernetzungen wieder aufgebaut werden. Es war für mich erschreckend, mit sympathischen Teilnehmerinnen und Teilnehmern von Fridays-for-Future-Demonstrationen zu diskutieren, die Plakate zum Artenschutz mit Silhouetten von Zugvögeln vor sich hertrugen, aber nicht einmal wussten, um welche Vögel es sich handelte. Das trifft auch auf manch »fertige/n« Biologin und Biologen zu. Ein Biologiestudium ist heute zu überstehen, ohne Amsel, Drossel, Fink und Star voneinander unterscheiden zu können. Unfassbar, dass der Biologieunterricht als eigenständiges Lehrfach in den entscheidenden Klassenstufen an Gymnasien in vielen Bundesländern abgeschafft wurde.

Der Schlüssel liegt für mich in der frühen, spielerischen Naturvermittlung in den Kindergärten. In vielen wird von aufgeschlossenen Erzieherinnen und Erziehern schon wertvollste Arbeit geleistet, wie auch von so manchen Lehrerinnen und Lehrern, sofern diesen die entsprechenden Unterrichtsdeputate dafür überhaupt zur Verfügung gestellt werden. Es gilt, wieder elementares Naturwissen zu vermitteln. Durch ökologische Wissens-Wandergespräche etwa mit dem Ziel der Kenntnis der jeweils zehn noch häufigsten Vogel-, Säugetier-, Schmetterlings-, Wildbienen-, Amphibien- und Reptilienarten, der häufigsten Bäume, Sträucher, Blumen, Gräser, Farne und Pilze.

Aber es fehlt auch an der konsequenten Vernetzung zwischen Kindergarten und Grundschule, in der echter naturnaher Biologieunterricht – ja auch im Freien – viel zu wenig Platz hat. Dasselbe gilt für alle weiterführenden Schulen, Hochschulen und Universitäten. Die Bildungskette des Natur-Wissens muss wieder konsequent aufgebaut werden, was einer ökologischen Bildungsrevolution gleichkommt. Denn die Generation der noch Natur-Wissenden schrumpft täglich, und damit ist der kollektive Wissenskollaps nicht mehr weit, wenn nicht entschieden gehandelt wird.

Eine ökologische Bildungsreform ist unerlässlich. Wagen wir es also, sonst wird es noch schwieriger.

Hubert Weiger:

Naturschutz sichert Zukunft

Prägung in der Kindheit und Jugend

Meine Kindheit und Jugend erlebte ich in einem Allgäuer Forsthaus in Irsee, ab 1952 in einem Forsthaus in Mittelschwaben in Glöttweng im Landkreis Günzburg. Dort erfuhr ich meine entscheidende Prägung für die Natur durch meinen Vater, einen Förster, und durch meine Mutter, eine Land- und Gastwirtstochter. Mein Vater fuhr zum Beispiel, als ich sechs Jahre alt war, mit uns zu einem Campingurlaub an die Mosel, weil die damals noch nicht verbaut war, um mir und meinem Bruder Eberhard einen noch unverbauten Fluss zu zeigen. Mein Vater prägte mich auch in der grundsätzlichen Kritik an der Kernenergie. Über den von der Presse als borniert und hinterwäldlerisch bezeichneten Widerstand der Bauern gegen das im Bau befindliche erste Atomkraftwerk Deutschlands, das AKW Gundremmingen, urteilte er, die Bauern seien die einzigen Vernünftigen, weil sie das Risiko erkannten, das da auf uns zukam.

In meiner Heimat Mittelschwaben dominierten und dominieren reine Fichtenforste. Sie waren besonders durch Sturmwurf gefährdet. Deshalb sorgte sich unsere ganze Familie bei jedem stärkeren Sturm um die Zukunft der Wälder, weil danach häufig erhebliche Schäden zurückblieben. Mein Vater betonte unermüdlich, es sei dringend notwendig, die Fichtenwälder mit Weißtannen zu unterbauen, um sie in Zukunft sturmfester zu machen, und er erklärte: »Wir leiden heute unter den Folgen falscher Entscheidungen, die vor 80 bis 100 Jahren getroffen wurden.« Damit prägte der Begriff der Nachhaltigkeit mein Leben seit frühester Kindheit, und mir wurde klar, dass eine Forstwirtschaft, die nicht nachhaltig ist, erhebliche Risiken birgt. Ich hatte in meiner Jugend unmittelbaren Bezug zur Natur und beschäftigte mich hobbymäßig intensiv mit der Botanik. Daher war es für mich selbstverständlich, dass ich den gleichen Beruf ausüben würde wie mein Vater. Von 1966 bis 1971 studierte ich Forstwirtschaft in München, lernte Bodenkunde bei Professor Laatsch und dann, während zweier Semester in Zürich, Waldbau bei Professor Leibundgut, der uns den Waldbau als große Aufgabe und Herausforderung verdeutlichte und uns auch die Ehrfurcht vor den Wäldern vermittelte. Durch die kritische Haltung meiner Lehrer und später der Hochschulprofessoren wurde mir bewusst, wie unverzichtbar selbstständiges, kritisches Denken ist und wie wichtig auch der Diskurs ist, um zu Lösungen zu kommen. Ich habe mein Studium in der Zeit der Studentenbewegung 1966 begonnen und mich schon als Forststudent für Demokratisierungsprozesse an der Hochschule aktiv eingesetzt. Von Beginn an war damit für mich klar, dass es in vielen Fragen nur zu Fortschritten kommt, wenn die betroffenen Menschen bereit sind, sich auch persönlich zu engagieren.

Aus den Erfahrungen meiner Kindheit weiß ich, dass Umweltbildung durch das Heranführen der Menschen an die Natur besonders in der prägenden Kindheits- und Jugendphase wichtig ist und dass es dabei notwendig ist, auch den direkten Umgang mit der Natur zu erfahren, mit der Natur mitleiden zu können und vor ihr Respekt zu haben und so sensibilisiert zu werden.

Zum Naturschutz bin ich also durch mein Elternhaus und durch engagierte Lehrer gekommen. Eine besondere Rolle spielte dabei der Hochschulprofessor Dr. Otto Kraus, der an der Universität München das Nebenfach »Naturschutz« gelehrt hat. Seine engagierten Vorträge, auch in Verbindung mit der Gefährdung der

Alpen und der Alpenflüsse, haben mich begeistert. Professor Kraus war hauptamtlicher Leiter der Bayerischen Landesstelle für Naturschutz und damit in den 1960er-Jahren einer der ganz wenigen hauptamtlichen Naturschützer Bayerns. Er war für die Erstellung des Alpenplans verantwortlich, der bis heute ein zentrales, weltweit anerkanntes Schutzkonzept für Großlandschaften darstellt und die bayerischen Alpen vor erheblichen Naturzerstörungen bewahrt hat. Im BUND Naturschutz (BN) hat er sich im Beirat engagiert, dabei haben sich unsere Wege später noch vielfach gekreuzt.

Bürgerengagement und Bündnisarbeit

Durch eine Notiz in der *Süddeutschen Zeitung* wurde ich während meiner Forstreferendarzeit auf die Möglichkeit des Zivildienstes beim BN aufmerksam. So konnte ich im Herbst 1971 als erster Zivildienstleistender im Naturschutz bei einem Modellversuch beginnen: Der BN führte die Aktion »Saubere Landschaft« durch. Ich habe dabei als persönlicher Mitarbeiter von Hubert Weinzierl, dem damaligen Vorsitzenden des BN, begonnen. Hubert Weinzierl gab mir die Chance, ab Februar 1973 den Verbandsaufbau hauptamtlich als Beauftragter für Nordbayern fortzuführen. Es war eine Aufbruchszeit im bayerischen BUND Naturschutz, der bis dahin der einzige Naturschutzverband in Deutschland auf Landesebene war. Und es war die Zeit, in der programmatische Positionen zu allen zentralen Bereichen entwickelt wurden. Da sie auch von Fachleuten auf den Weg gebracht wurden, haben sie bis heute kaum etwas an Bedeutung verloren. Ich hatte als junger Naturschützer die Möglichkeit, bei all diesen Fachbereichen mitzuarbeiten, und habe davon sehr profitiert. 1975 habe ich dann selbst ein sogenanntes ökologisches Konzept entwickelt. Es wurde in der Verbandszeitschrift veröffentlicht und zur Grundlage für politische Diskussionen gemacht, unter anderem mit führenden

Vertretern der Politik. Neben dem Aufbau neuer Kreisgruppen in Franken und in der Oberpfalz führte ich besonders den Kampf für die Rettung des Nürnberger Reichswaldes fort, den ich schon 1971 begonnen hatte. Der Nürnberger Reichswald war damals durch gewaltige Flächenansprüche extrem gefährdet, weil jedes Jahr 300 bis 600 Hektar Wald gerodet wurden. Widerstand in der Bevölkerung gab es kaum. Das veränderte sich nicht zuletzt durch den Einsatz des BN und der Bürgerinitiativen, die sich vor allem gegen neue, im Reichswald geplante Truppenübungsplätze und Panzerübungsplätze der amerikanischen Armee gebildet hatten. Mit ihnen arbeitete ich sehr eng zusammen. So habe ich gelernt, wie wichtig Bündnisarbeit ist, wie wichtig es ist, die Menschen direkt anzusprechen, damit sie sich selbst für den Schutz der Natur einsetzen. Dazu ist es in vielen Fällen wichtig, ihnen erst einmal die Augen zu öffnen. Wir haben das durch Exkursionen in den Nürnberger Reichswald und in die gefährdeten Waldgebiete geschafft, wir haben den Menschen die Schönheiten der Natur gezeigt, die vielen gar nicht bekannt waren, obwohl sie vor der eigenen Haustür lagen. Entscheidend war aber nicht nur der Widerstand gegen naturzerstörende Projekte allein, wie zum Beispiel der Protest gegen einen geplanten Rangierbahnhof mit einer Waldflächenbeanspruchung von über 300 Hektar, der im südlichen Reichswald geplant war. Erfolgreich waren wir, weil wir Alternativen aufzeigen konnten. In diesem Fall war die Alternative die Modernisierung des vorhandenen Rangierbahnhofs in Nürnberg selbst. Dank des Bürgerwiderstandes und unserer Arbeit beim BN wurden die Planungen zur Zerstörung des südlichen Reichswaldes schließlich fallen gelassen. Am Ende hatte sogar die Eisenbahnergewerkschaft unseren Widerstand gegen einen neuen Bahnhof unterstützt.

Ich nahm die Erkenntnis mit, dass die Natur ohne Druck auf die verantwortliche Politik im Regelfall nicht gerettet werden kann. Der Verzicht auf naturzerstörende Projekte oder eine Änderung bisheriger politischer Ziele kann in einer Demokratie nur dann durchgesetzt werden, wenn viele Menschen dahinterstehen. Deshalb haben wir sehr engagiert um Mitglieder für den Verband geworben und die Zahl der Mitglieder im BN, die Anfang der 1970er-Jahre noch in ganz Bayern bei rund 10 000 lag, auf heute 265 000 erhöht. Aber wir haben auch erkannt, wie wichtig es ist, gemeinsam mit anderen zusammenzuarbeiten. Nicht nur mit anderen Naturschutzorganisationen, das war ja ohnehin fast selbstverständlich, sondern auch mit unterschiedlichsten Verbündeten, z. B. mit Gewerkschaften und Sozialverbänden, um so wesentlich mehr Menschen zu erreichen. Diese Breite der Bündnisse hat sich immer wieder ausgezahlt – angefangen bei der Gründung des BUND Deutschland 1975, bei der ich damals jüngstes Gründungsmitglied war, über internationale Aktivitäten wie der Gründung der Stiftung Europäisches Naturerbe, heute EuroNatur, wo ich seit vielen Jahren im Präsidium tätig bin, um den Natur- und Umweltschutz auch in Europa voranzubringen, bis hin zur Unterstützung japanischer Umweltbewegungen. Hier habe ich seit Ende der 1990er-Jahre den Aufbau japanischer Natur- und Umweltschutzorganisationen begleitet und dann vor allem nach 2011 die Friends of the Earth Japan im Kampf gegen Atomkraft unterstützt. Neben der Bündnisarbeit, die bis heute zentrale Bedeutung für unsere Arbeit hat, gehören die Basisorientierung des Verbandes sowie intensive Kontakte mit der Wissenschaft und der Aufbau wissenschaftlich fundierter Arbeitskreise zu den entscheidenden Kriterien für eine erfolgreiche Arbeit. Und schließlich finanzielle Unabhängigkeit, die notwendig ist, um fachliche Positionen unabhängig von entsprechenden politischen oder wirtschaftlichen Einflussnahmen vertreten zu können. Im BUND arbeiten circa 600 bis 700 Wissenschaftler ehrenamtlich in insgesamt 20 Arbeitskreisen zusammen, um Verbandspositionen zu entwickeln beziehungsweise fortzuschreiben, die dann wiederum mit anderen Arbeitskreisen abgestimmt werden. Diese Breite gibt eine besondere Qualität, denn sie führt zu einer ganzheitlichen Betrachtung und hat damit auch größere politische Wirkung.

Das Leitbild der industriellen Gesellschaft, welches unbestritten den Industrienationen viel Wohlstand gebracht hat – ein Leben im Regelfall ohne Armut –, ist weltweit nicht übertragbar, da es darauf basiert, dass ein Drittel der Weltbevölkerung zwei Drittel der Weltressourcen beansprucht. Und es resultiert aus der Ausbeutung nicht erneuerbarer Ressourcen wie auch auf der Ausbeutung von Menschen, sowohl im eigenen Land als auch erst recht auf anderen Kontinenten. Nicht zuletzt resultieren unsere Erfolge im Naturschutz häufig aus der Verlagerung von umweltbelastenden Produktionen in andere Regionen der Welt. Es muss also gerade in den Industrienationen ein anderes Verhältnis von uns Menschen zur Natur geben, um ihre Zerstörung zu beenden. Wir müssen erkennen, dass wir nicht Herrscher der Natur, sondern Teil von ihr sind und dass wir nur eine Chance haben als Spezies zu überleben, wenn wir gemeinsam mit der Natur leben. Es liegt in unserem ureigensten Interesse, die Natur nicht zu zerstören. Und wenn wir sie nutzen, wie es jedes Lebewesen dieser Welt zum Überleben tut, dann muss diese Nutzung so sein, dass dadurch die Natur nicht auf Dauer geschädigt wird. Das sind sehr hohe Ansprüche, die ähnlich auch von der Gruppe Ökologie formuliert wurden, die ebenfalls in den 1970er-Jahren auf Initiative von Hubert Weinzierl gegründet wurde und der unter anderem Horst Stern, Konrad Lorenz, Bernhard Grzimek und viele andere Wissenschaftler und auch Journalisten angehörten. Es bedarf dafür mehr als nur marginale Kurskorrekturen.

Am Anfang der Natur- und Umweltschutzbewegung in Deutschland stießen kritische Positionen, so wie wir sie vorgetragen haben, fast immer auf Ablehnung, obwohl es grundsätzlich ein Bekenntnis zu Natur- und Umweltschutz gab. Aber das wurde immer relativiert: »Nicht so, nicht jetzt, nicht hier, nicht so viel«. Um Veränderungen durchzusetzen, mussten wir deshalb die

Unterstützung durch breitere Kreise der Bevölkerung gewinnen. Dabei hat uns sehr geholfen, dass wir in Deutschland föderale Strukturen haben. Aufgrund unserer demokratischen Grundstruktur gibt es viele freie Organisationen, die zu Erfolgen in einzelnen Ländern beigetragen haben. Das war oft der erste Schritt, um Ziele schließlich auch national durchzusetzen. Das erste Atomkraftwerk in Deutschland, das verhindert werden konnte, sollte in Wyhl in Baden-Württemberg gebaut werden. Es wurde erfolgreich durch eine breite Allianz von Winzern, regionaler Bevölkerung und der Freiburger Studentenschaft verhindert, da die baden-württembergische Landesregierung selbst das Projekt aufgab. Die Proteste markierten den Beginn einer bundesweiten Diskussion um Für und Wider der Atomkraft, und sie führten am Ende zu den Ausstiegsbeschlüssen. Der Widerstand gegen Atomkraft war in Frankreich Anfang der 1970er-Jahre nicht kleiner als in Deutschland, hatte aber keine Chance auf politische Durchsetzung, weil die Entscheidungen ausschließlich in Paris getroffen worden sind und damit der regionale Widerstand politisch ins Leere gelaufen ist. Im Gegensatz zu Deutschland, wo es durch die föderale Struktur immer wieder auch zu erfolgreichem Widerstand kam, der für die weitere Arbeit Mut machte und Kraft verlieh.

Erfolge der Natur- und Umweltschutzarbeit

Wir befinden uns heute in einer wesentlich günstigeren Situation als noch vor 30 Jahren. Denn die Ziele, die wir damals im Natur- und Umweltbereich formuliert haben, sind inzwischen keine Minderheitsziele mehr. Jetzt kommt es darauf an, sie politisch, d.h. durch demokratische Mehrheitsentscheidungen, durchzusetzen. Dazu ist ein langer Atem erforderlich; und um das durchzuhalten, hilft es, immer wieder Teilerfolge aufzuzeigen, um die

Menschen zu motivieren – auch in kritischen, scheinbar ausweglosen Situationen.

Vieles, was wir Anfang der 1970er-Jahre gefordert haben, wird wenigstens teilweise heute schon umgesetzt. Beispielsweise haben wir es geschafft, dass das Leitbild der Forstwirtschaft sich erheblich verändert hat. Anstelle des sogenannten Altersklassenwaldes mit Kahlschlagnutzung setzen wir heute auf naturnahen Wald mit Einzelstammnutzung, mit der Orientierung an natürlicher Vegetation. Monokulturen, sei es Fichte oder Kiefer, werden aufgegeben und die entsprechenden Wälder umgebaut.

In den 1960er- und 1970er-Jahren setzte man noch ganz auf den Ausbau der Flüsse, auf die Begradigung nicht nur der Flüsse, sondern aller Fließgewässer sowie die Entwässerung von feuchteren Stellen in der Landschaft. Allein in Westdeutschland wurden seit dem Zweiten Weltkrieg über 30 Milliarden Euro ausgegeben, um naturnahe Fließgewässer in naturferne zu verwandeln und das Wasser aus der Landschaft herauszutreiben. Heute steht die große Mehrheit der Bevölkerung hinter einer Politik, die naturnahe, frei fließende Flüsse wiederherstellt. Das ist ein großer Erfolg für den Naturschutz, nach jahrzehntelangen verlorenen Kämpfen gegen die Flusskanalisierung, wie z. B. gegen den Rhein-Main-Donau-Kanal, ein Prestigeprojekt von Franz Josef Strauß, das in den 1980er-Jahren gegen alle Widerstände durchgesetzt wurde. 2013 entsprach die bayerische Staatsregierung dem Bewusstseinswandel, den wir durch jahrelange Arbeit bewirkt haben, und beschloss die Rettung der letzten 70 Kilometer noch frei fließender Donau und damit des längsten Freiflussabschnittes der Donau zwischen der Quelle und dem Donauknie nördlich von Budapest. Damit wurde auch die Blockade gegen den mit rot-grüner Bundestagsmehrheit 2002 gefassten Beschluss, dass die Donau nicht gestaut wird, nach elf Jahren beendet. Einer der größten Erfolge des Naturschutzes in Bayern. Da die Donau mir seit meiner Gymnasialzeit in Günzburg sehr ans Herz gewachsen war, war ihre Rettung für mich einer unserer schönsten Erfolge, auch weil ich seit Anfang der 1970er-Jahre lange Zeit fast allein auf weiter Flur gegen diese Zerstörung gekämpft habe.

Nicht zuletzt gehört auch die Anerkennung der Moore in ihrer Bedeutung für den Naturhaushalt zu unseren Erfolgen sowie die Tatsache, dass wir heute Moorrevitalisierungskonzepte haben.

Auch in der Landwirtschaft gibt es durchaus wichtige Fortschritte. So gab es in ganz Bayern noch in den 1970er-Jahren nicht mehr als 70 »alternativ« – wie es damals hieß – wirtschaftende Landwirte. Heute liegt die Zahl der Bio-Bauern in Bayern bei über 6000, und der ökologische Landbau ist in der Bevölkerung tief verankert. So ist es gelungen, mithilfe des Volksbegehrens »Rettet die Bienen« in ein Begleitgesetz das Ziel aufzunehmen, dass bis zum Jahr 2030 dreißig Prozent der Landwirtschaftsfläche Bayerns nach den Grundsätzen der ökologischen Landwirtschaft zu bewirtschaften sind. Das ist ein gewaltiger Schritt nach vorne. Der Ökolandbau ist damit nicht mehr Nische, sondern Leitbild. Er wird uns aus Sicht des Ressourcen- und Naturhaushaltsschutzes auch insgesamt krisensicherer in unserer Nahrungsmittelversorgung machen, weil er mithilfe von Sonnenenergie produziert und nicht auf Öl und Gas für die Dünger- und Pestizidproduktion angewiesen ist. Auf diese Weise wird auch unsere wichtigste Ressource, sauberes Wasser, am besten geschützt.

Auch die Tatsache, dass wir in Bayern und in Deutschland gentechnikfrei geblieben sind, ist Ergebnis jahrzehntelangen Engagements von Bürgerinitiativen und Umweltverbänden, gerade auch des BN und BUND. Der wohl größte Erfolg aber ist der Ausstieg aus der Atomenergie, der zum Jahresende 2022 mit der Stilllegung von drei noch laufenden Atomkraftwerken endgültig vollzogen werden soll. Dieser Ausstieg hat eine jahrzehntelange Vorgeschichte. Er ist erstritten worden von vielen Menschen in ganz Deutschland, die Widerstand vor Ort gegen Atomkraftwerke geleistet haben, die sich zusammengeschlossen haben und die vor allem nie aufgegeben haben. Ihr Widerstand wurde nicht zuletzt auch deshalb politisch wirkungsvoll, weil engagierte Strahlenwissenschaftler sie unterstützt haben. Durch die Reaktorkatastrophen von Tschernobyl 1986 und von Fukushima 2011 haben immer mehr Menschen verstanden, dass es keine sichere Atomenergie gibt; dass der Atomausstieg kein Luxus, sondern schlicht notwendig ist und dass es gleichzeitig umso wichtiger ist, Alternativen zu entwickeln: den Ausbau der erneuerbaren Energien und die massive Verringerung der Energieverbräuche. Wir haben als Verband viele Studien dazu erarbeitet, die belegen, dass wir allein durch Effizienz- und Suffizienzmaßnahmen die Hälfte des Energieverbrauchs in Deutschland reduzieren können. Das ist kein Wohlstandsverzicht, sondern in vielen Fällen ein Wohlstandsgewinn. Dennoch sind solche Maßnahmen in einer wachstumsorientierten, konsumorientierten Leistungs- und Individualgesellschaft am schwierigsten durchzusetzen.

Als positives Beispiel ist weiterhin der Kohleausstieg zu nennen, für den wir als BUND jahrzehntelang gekämpft haben. 2010 gab es allerdings einen Beschluss der Regierung Merkel, aus dem von Rot-Grün 2002 beschlossenen Atomausstieg auszusteigen, eine Laufzeitverlängerung der Atomkraftwerke durchzusetzen und gleichzeitig fast 20 Kohlekraftwerke vor allem an der Küste neu zu bauen. Wir haben damals gegen beides gekämpft, auch mit Menschenketten gegen die Laufzeitverlängerung. Es war mit der größte Widerstand gegen Atomkraftwerke, den es seit den 1970er-Jahren gegeben hat. In Verbindung mit der Fukushima-Katastrophe und den Wahlen in Baden-Württemberg trug dieser Widerstand auch entscheidend dazu bei, dass der Atomausstieg 2011 endgültig beschlossen wurde. Gleichzeitig haben wir damals mithilfe von Bürgerwiderstand 16 geplante neue Kohlekraftwerke verhindert, die heute, nach dem beschlossenen Kohleausstieg, vor der Stilllegung stünden. Auf diese Weise haben wir auch Fehlinvestitionen in Milliardenhöhe verhindert. Dabei standen wir damals mit unserem Widerstand gegen Kohlekraftwerke fast allein, nur Greenpeace hat gemeinsam mit uns den Kohleausstieg gefordert. Bis schließlich 2018 die Kohlekommission eingesetzt wurde, bei der ich selbst Mitglied war, die den endgültigen Beschluss erarbeitete, bis spätestens 2038, möglichst schon bis 2035 aus der Kohle auszusteigen. Wir – der Deutsche Naturschutzring, Greenpeace und der BUND – haben uns gemeinsam mit den Bürgerinitiativen als Minderheitsvotum für den Kohleausstieg 2030 eingesetzt, wie das ja auch die neue Regierung in ihrem Koalitionsvertrag jetzt vorgesehen hat.

Ein weiterer Erfolg ist der Ausbau der erneuerbaren Energien, der nicht zuletzt durch Bürgerengagement durchgesetzt worden ist. 1996 habe ich in der Stadt Fürth, in der ich seit über 40 Jahren lebe, die erste Photovoltaikanlage gebaut. Damals noch ohne entsprechende Förderung durch das Erneuerbare-Energien-Gesetz. Inzwischen sind es Tausende von Photovoltaikanlagen in Fürth. Erfreulich ist, dass viele dieser Photovoltaikanlagen durch Bürgerengagement entstanden sind, sodass gerade die dezentral erzeugte Strommenge einen Anteil von 70 Prozent an der insgesamt durch Photovoltaik erzeugten Stromproduktion hat. Das bedeutet, dezentrale Maßnahmen haben, wenn sie unterstützt werden, wie das bei der Bürgerenergie und der direkten Förderung seit dem Erneuerbaren-Energien-Gesetz der Fall war, eine nicht zu unterschätzende Wirkung. Vor diesem Hintergrund ist es tragisch, dass dieses Bürgerengagement in den letzten Jahren von der Politik auf Druck der großen Energieversorger massiv erschwert und bürokratisiert worden ist, sodass viele Energiegenossenschaften aufgegeben haben und das Bürgerengagement damit ausgebremst wurde. Eine der wichtigsten Aufgaben ist es jetzt, diese Bürgerenergie wieder zu aktivieren, Menschen zu motivieren, sich für den Ausbau der erneuerbaren Energien einzusetzen. Sei es durch Beteiligung bei Genossenschaften, sei es durch eigene Maßnahmen.

Defizite

Es gibt bei all dem Erfreulichen, was wir erreichen konnten, nach wie vor auch erhebliche Defizite. So ist es besonders schmerzlich, dass es bis heute nicht gelungen ist, bei Politik und Gesellschaft ein Bewusstsein für die Bedeutung des Bodenschutzes zu schaffen. Wir müssen den Boden als unsere wichtigste Ressource begreifen, als einen lebendigen Schatz, den es zu bewahren gilt. Doch allein in Deutschland verbrauchen wir nach wie vor täglich 60 Hektar fruchtbaren Boden für Straßen, Gewerbe, Wohnbebauung und anderes mehr. Wir gehen mit dem Boden so um, als würde er sich an anderer Stelle neu bilden können, was natürlich nicht der Fall ist. Leider gibt es bisher auch keinen politischen Prozess, der dazu führt, dass diese Zerstörung als so dramatisch erkannt wird, wie sie tatsächlich ist, denn sie erfolgt kleinflächig, schleichend, nicht spektakulär sichtbar. Die zentrale Bedeutung des Bodens für eine krisensichere, regionale Landwirtschaft als Grundlage für unsere eigene Existenzsicherung ist nicht mehr im öffentlichen Bewusstsein der Bevölkerung verankert, und wo man sie anspricht, wird sie regelmäßig in Beziehung auf die zur Verfügung stehende Gesamtfläche bagatellisiert. Wir sind es gewohnt, dass in den großen Einkaufszentren alle Lebensmittel angeboten werden, unabhängig von der Jahreszeit, dass sie aus der ganzen Welt kommen und dass es kaum mehr einen Bezug zu Regionalität gibt. Ähnlich verhält es sich beim Thema Wasser, auch hier wissen viele nicht mehr, woher das Trinkwasser kommt.

Als promovierter Bodenkundler habe ich gemeinsam mit Lutz Ribbe und anderen 1985 das erste Bodenschutzprogramm für den BUND formuliert, das dann Grundlage einer sehr intensiven öffentlichen Bodenschutzdiskussion in Deutschland geworden ist. Sie hat am Ende auch zu einem Bodenschutzgesetz geführt, das jedoch nur den Namen eines Bodenschutzgesetzes trägt. Es ist eher ein Altlastensanierungsgesetz als ein Bodenschutzgesetz.

Alles, was den Bodenschutz angeht, ist unverbindlich. Es ist der nationalen Agrarlobby auch gelungen, eine europäische Bodenschutzrichtlinie wirkungsvoll zu verhindern, sodass wir zwar für den Schutz von Luft und Wasser europäische Richtlinien haben, nicht aber für den Schutz der Böden. Das ist eines der großen Defizite des Natur- und Umweltschutzes und schmerzt mich auch persönlich sehr. Es ist deshalb vorrangig wichtig, endlich gesetzlich zu verankern, dass neuer, unbebauter Boden in Zukunft nur noch dann überbaut werden kann, wenn an anderer Stelle überbauter Boden der Natur wieder zurückgegeben wird. Wir müssen das Bodenschutzziel »null neue Flächenbeanspruchung« klar formulieren. Das bisherige 30-Hektar-Bodenschutzziel, welches der Rat für Nachhaltige Entwicklung formuliert hat, ist zwar ein wichtiger Schritt nach vorne, aber mit Sicherheit nicht ausreichend.

Neben dem fehlenden Bodenschutz ist als weiteres Defizit die Verkehrspolitik zu nennen. National wie international wurden die Individualverkehrssysteme ausgebaut und der öffentliche Personenverkehr nur stiefmütterlich behandelt, mal abgesehen von den Hauptverkehrsstrecken. So trägt der Verkehr neben den Treibhausgasemissionen ganz zentral zum weiteren Flächenverbrauch bei. Wobei neben dem Flächen fressenden Straßenbau vor allem auch indirekte Wirkungen, z. B. durch die Verlagerung von Wohnen und Gewerbe in die Peripherie von Zentren und damit in die flächige Zersiedelung des Landes, dazukommen.

Noch schlechter steht es um das Prinzip der Kreislaufwirtschaft. Hier machen wir sogar Rückschritte. Wir haben zwar den Begriff der Kreislaufwirtschaft in Gesetze implementiert, diese sind aber weitgehend wirkungslos geblieben. So verbrauchen wir inzwischen doppelt so viel Plastik wie vor 40 Jahren, und nur ein Bruchteil, insgesamt 18 Prozent, wird tatsächlich recycelt. Wir exportieren unsere Plastikabfälle weltweit und verursachen damit massive Umweltprobleme. Einwegbehältnisse dominieren mehr denn je und sind Treiber der Wegwerfwirtschaft.

Ein vierter Punkt ist, dass der hoffnungsvolle Ansatz einer ökologischen Steuerreform von 1998, die wir als BUND formuliert haben und die die Ressourcenverbräuche verteuern und menschliche Arbeit verbilligen sollte, erheblich verwässert wurde, damit weitgehend wirkungslos blieb und vor allem nicht fortgeführt wurde.

Das entscheidendste Defizit aber besteht darin, dass nach wie vor das Leitbild grenzenlosen Wachstums gilt. Dieses Leitbild hat sich so festgesetzt, dass Alternativen dazu überhaupt nicht oder nur marginal diskutiert werden. Der Begriff der Suffizienz ist bis heute eine unbekannte Größe geblieben und wird in seiner Bedeutung erheblich unterschätzt.

Bewegt sich etwas?

Dies alles ist keineswegs entmutigend, denn die Zahl der umweltbewegten und engagierten Bürgerinnen und Bürger ist größer denn je. Sie ist gewachsen, sowohl national wie auch weltweit, nicht zuletzt durch die Fridays-for-Future-Bewegung. Das heißt, wir haben ein wachsendes Umweltbewusstsein. Wir haben Akzeptanz in der Politik, zunehmend auch in der Wirtschaft, dass sich Erhebliches verändern muss. Und doch ist vieles, was unbestritten zu sein scheint, mehr als zerbrechlich. Noch immer haben wir nicht verinnerlicht, dass die Sicherung unserer biologischen Lebensgrundlagen Voraussetzung ist für unsere menschlichen Aktivitäten. Bewusstseinszuwachs alleine hilft uns nicht, wenn es nicht auch entsprechenden politischen Druck gibt. Wir wissen, dass Politik dann reagiert, wenn sie Angst um Mehrheiten haben muss. Deswegen ist der Druck auf die verantwortliche Politik legitim, ja, er ist das Grundelixier der Demokratie, denn er eröffnet die Chance, etwas politisch, im friedlichen Diskurs zu bewegen. Deshalb ist die Demokratie auch eine zentrale Voraussetzung für wirkungsvollen Natur- und Umweltschutz, sowohl national wie international, denn die Gegenkräfte sind gewaltig. Sie arbeiten im Regelfall nicht sichtbar. Es sind die Kräfte derer, die von der bisherigen Art des Produzierens und Konsumierens profitieren. Sie müssen nicht auf die Straße gehen – es reichen Anrufe bei der verantwortlichen Politik. Dabei setzen die entsprechenden Lobbyisten auf ein altbewährtes Mittel: Sie drohen, geplante Maßnahmen für den Umweltschutz würden einen Verlust von Arbeitsplätzen bei den betroffenen Unternehmen nach sich ziehen. Dabei geht es oft um Hunderttausende Arbeitsplätze, mit denen hinter den Kulissen gewaltiger politischer Druck ausgeübt wird. Der sichtbare politische Druck, den wir als Umweltbewegung auf der Straße ausüben, ist so gesehen nur das Korrektiv zu dem nicht sichtbaren politischen Druck, der hinter den Kulissen auf die Verantwortlichen ausgeübt wird. Die Zahl z. B. der Lobbyisten der Agrarchemie in Brüssel steht im Vergleich zu den Lobbyisten aufseiten der Natur- und Umweltverbände in einem Größenverhältnis von ungefähr 100:1. Da kann sich jeder ausmalen, welchem Trommelfeuer von Anrufen und Anschreiben Abgeordnete ausgesetzt sind, wenn sie sich für umweltverträgliche und naturhaushaltsschonende Positionen einsetzen. Nur durch den politischen Druck von der Straße sind trotzdem entsprechende Veränderungen möglich geworden. Erfreulich ist, dass es dabei auch zu neuen Bündnissen kommt. Denn es gibt inzwischen viele Unternehmen, die von unserer Arbeit auch ökonomisch profitieren.

Nicht nur politischer Druck, sondern auch die Nachfrage nach entsprechenden Produkten kann sich wirkungsvoll auf Natur- und Umweltschutz auswirken. Wir entscheiden auch durch unser Kaufverhalten, was, wo und wie produziert wird. Die Frage, welche Landwirtschaft Zukunft haben wird, entscheidet sich auch an der Ladentheke. Ob wir bei Lebensmitteln lieber sparen, weil wir andere Werteentscheidungen treffen – das ist leider Gottes bis heute der Fall – und deshalb weniger Qualität nachfragen, als das zum Beispiel in Frankreich Standard ist. Deshalb hat die industrialisierte Landwirtschaft in Deutschland einen außerordentlich hohen Anteil. Erst seit coronabedingt viele Menschen gezwungen waren, sich mit ihrem nächsten Umfeld zu beschäftigen und sie damit gesehen haben, wie wichtig auch stadtnahes Grün beziehungsweise innerstädtische Grünflächen oder siedlungsnahe Erholungslandschaften sind, ändert sich auch hier das Bewusstsein.

Die Gegenkräfte gegen diese positiven Wirkungen habe ich bereits kurz ausgeführt. Es kommt dazu aber unser gesamtes industrielles Paradigma, nämlich, dass wir abhängig sind vom Wachstum, dass wir abhängig sind, möglichst kostengünstig zu produzieren, und deshalb gezwungen sind, weltweit arbeitsteilig zu produzieren. Hier hat wiederum Corona uns gezeigt, dass es zwingend notwendig ist, unsere Grundproduktion unabhängiger, krisensicherer zu machen. Zentrale Bedeutung muss dabei eine krisensichere, eigene Lebensmittelversorgung sein. Zentrale Bedeutung braucht unsere Unabhängigkeit in der Versorgung mit sauberem Wasser. Auch bei der Energieversorgung müssen und können wir krisensicherer werden, denn die Sonne scheint und der Wind weht überall. Wir können diese Kräfte überall auf der Welt nutzen und sind nicht auf Importe, ob Uranerz, Öl, Kohle oder Gas angewiesen. Wir müssen allerdings auch intelligenter damit umgehen, und das bedeutet: ressourcensparend. Energieeffizienz muss genauso zentral werden wie eine Suffizienzpolitik. Es gilt also, diese Grundsatzdiskussionen über unser Wirtschaften wieder zu initiieren. Auf die Wachstumsdiskussion der 1970er-Jahre, unter anderem angestoßen durch Dr. Meadows' Buch *Die Grenzen des Wachstums*, folgten die von Angelika Zahrnt und Hubert Weinzierl auf den Weg gebrachten Studien *Zukunftsfähiges Deutschland I und II*, die der BUND gemeinsam mit Misereor bzw. Brot für die Welt veröffentlichte. In beiden Studien stand der Begriff des guten Lebens im Mittelpunkt, um neue

Leitbilder zu entwickeln. Zentral war dabei die Frage, wie wir aus dieser Wachstumsfalle herauskommen. Die Antwort ist differenziert und nimmt Maß am Vorbild der Natur. In der Natur gibt es kein unendliches Mengenwachstum, es gibt aber ein Qualitätswachstum. Das heißt, die alten, die reifen Ökosysteme haben kaum eine Veränderung mehr in der gesamten Biomasse, die Biomasse bleibt plus-minus gleich. Sie ist fast im Gleichgewicht, aber die Vielfalt an Organismen nimmt zu. Angewandt auf unser menschliches Wirtschaften heißt das, wir brauchen mehr Vielfalt, wir brauchen mehr Kooperation statt Konkurrenz. Wir brauchen mehr Zusammenarbeit. Wir brauchen mehr kleinere Strukturen, um genau aus dieser Wachstumskrise herauszukommen. Das bedeutet auch, dass wir zur Entkoppelung von Prozessen kommen müssen. So galt noch in den 1970er-Jahren, dass Wachstum eine Steigerung der jährlichen Energieproduktion heißt. Noch in den 1970er-Jahren hatte die Politik in Deutschland deswegen geplant, jedes Jahr ein neues Atomkraftwerk zu bauen, weil der Stromverbrauch damals, Mitte der 1970er-Jahre, um sieben Prozent gewachsen war und sich in einem Zeitraum von zehn Jahren verdoppeln sollte. Der einzige Weg, diesen wachsenden Energiehunger zu befriedigen, schien der massive Ausbau der Atomenergie zu sein. Doch diese Pläne stießen auf massiven Bürgerprotest, der zum heutigen Atomausstieg geführt hat – auch deshalb, weil inzwischen die erneuerbaren Energien ausgebaut wurden und das Energiewachstum von der Produktion entkoppelt wurde. Genauso müssen wir aus der heutigen Wachstumsfalle herauskommen, die suggeriert, wir brauchen ein Mindestwachstum von zwei bis drei Prozent, ansonsten können wir die Aufgaben unseres Sozialstaates nicht lösen. Wir müssen den Sozialstaat weniger abhängig machen von der Wachstumsfrage, also zu Grundsicherungen kommen im Bereich der Sozialsysteme, damit wir wachstumsunabhängiger werden. Beim Wachstum selbst müssen wir entscheiden, was wachsen soll und was schrumpfen muss. Wachsen soll alles, was ressourcenschonend ist, alles, was weniger Energieverbrauch und alles, was weniger Ressourcenverbrauch hat. Das muss zunehmen. Und schrumpfen muss das, was Umwelt belastet, schädigt und nicht erneuerbare Ressourcen verbraucht. Das heißt, wir stehen vor einem ganz gewaltigen Umbau unserer Industriegesellschaft. Positiv ist, dass es auch hier keinen grundsätzlichen Widerspruch mehr gibt. Denn in der Nachhaltigkeitsstrategie der Bundesregierung für das Jahr 2030 sind ja die internationalen Nachhaltigkeitsziele, die 17 Nachhaltigkeitsziele der Agenda 2030, integriert. Diese erfordern eine Energiewende, um die Klimakrise zu lösen, eine Verkehrswende und nachhaltiges Bauen, nachhaltige Agrar- und Ernährungssysteme, eine Kreislaufwirtschaft, eine schadstofffreie Umwelt und soziale Gerechtigkeit.

Das heißt, wir stehen vor einer gewaltigen Transformation unserer Industriegesellschaft, die ja bisher auf den Prinzipien der Verschwendung, des Raubbaus, der Entsorgung – möglichst billig –, der weltweiten Arbeitsteilung, des Prozesses der schrankenlosen Globalisierung beruht. Das Gegenteil muss jetzt realisiert werden. Und das kann man zum Beispiel an den E-Autos deutlich machen. Denn natürlich sind E-Autos eine wichtige Maßnahme für klimafreundliche Mobilität, aber auch E-Autos verbrauchen Ressourcen. Wir werden daher nicht umhinkommen, auch die Zahl der E-Autos als solche zu reduzieren. Wir brauchen neue Systeme des Teilens, des Carsharings und wir brauchen vor allem auch E-Autos, die tatsächlich auch Energiesparautos sind. Die also eben nicht statt eines Verbrennungsmotors einen E-Motor haben, um dann mit drei Tonnen Gewicht 70 oder 100 Kilogramm Mensch zu transportieren. Das muss endgültig der Vergangenheit angehören. Und deswegen ein aktuelles Plädoyer. Wir brauchen klare Vorgaben für Verbräuche der E-Autos. Die auf dem Markt vorhandenen E-Autos unterscheiden sich in ihrem Verbrauch nach den aktuellen Studien um das Dreifache. Das heißt, es gibt Strom sparende E-Autos und es gibt Strom verschwendende E-Autos, und das muss den Verbraucherinnen und Verbrauchern klar sein, und es müssen daraus durch klare politische Vorgaben Konsequenzen gezogen werden.

Wir müssen Preise bekommen, die die ökologische Wahrheit sagen, wir müssen die Subventionierung umweltschädlicher Produkte beenden und auf soziale Gerechtigkeit und Gemeinwohl setzen. Diese Transformation, eine wirklich nachhaltige Politik, wird nicht nur mittel- und langfristig unser Überleben als Menschheit sichern, sondern ist schon heute zugleich Friedenspolitik. Denn eine der Hauptursachen von Konflikten ist die Verteilung von Ressourcen – einerseits der fossilen Brennstoffe, von denen wir loskommen müssen, andererseits aber auch des Zugangs zu Wasser, Nahrung und Böden.

Fazit

Die Klimakrise ist die alles überragende Krise, weil sie die Lebensgrundlage des Menschen nicht nur gefährdet, sondern vernichtet. Der Kampf gegen die Klimakrise ist kein Luxus, sondern eine Überlebensfrage, denn bei Temperaturanstiegen von über zwei Grad Celsius wird für Milliarden Menschen ihr bisheriger Lebensraum auf diesem Globus nicht mehr als Lebensraum zur Verfügung stehen. Das bedeutet Bevölkerungswandel und Migration in einer Dimension, die wir uns nicht vorstellen können. Die Klimakrise können wir nur stoppen, indem wir sie in Verbindung mit der Biodiversitätskrise zusammen lösen. Denn mit über einer Million Tier- und Pflanzenarten weltweit, die vom Aussterben bedroht sind, droht der Kollaps ganzer Ökosysteme, die ebenfalls unsere Lebensgrundlagen sichern. Wir müssen also endlich mit der Natur arbeiten und nicht gegen sie. Dazu zählt vorrangig die Erhaltung unserer Böden und der Standorte der grünen Pflanzen. Wir müssen in ein Jahrhundert der Wiedergutmachung eintreten, versiegelte Flächen entsiegeln, Städte und Dörfer begrünen und die Böden selbst wieder durch Humuswirtschaft beleben. Naturnahe alte Wälder müssen Vorrang erhalten vor Holzplantagen, Moore müssen als Wasserspeicher wieder funktionsfähig gemacht werden.

Wir brauchen also drastische Maßnahmen, und die können wir nur dann durchsetzen, wenn wir gleichzeitig auch die Armutskrise national wie weltweit angehen, indem wir die soziale Gerechtigkeit verbessern, indem wir auch erkennen, dass gerade die sozial benachteiligten oder die ärmeren Bevölkerungskreise am stärksten bedroht sind von der Klimakrise. Ohne soziale Gerechtigkeit ist keine Lösung der ökologischen Frage möglich.

Diese gewaltige Aufgabe erfordert viel Kraft und Mut. Da wir das Glück haben, in einer Demokratie zu leben, gibt es Chancen, sich gegen partikulare Machtinteressen durchzusetzen. Gerade unabhängige Organisationen wie der BN und BUND sind aufgerufen, die Demokratie für Veränderungsprozesse zu nutzen und dafür zu werben. Die Chancen sind gut, weil immer klarer wird: Handeln gegen die Natur rächt sich am Ende auch ökonomisch bitter. Deshalb ist es ein Gebot ökologischer und ökonomischer Vernunft, die planetaren Grenzen anzuerkennen und staatliche, nationale und globale Rahmensetzung durchzuführen, bevor es zu spät ist. Die Staatengemeinschaft ist gefordert, im Interesse aller endlich zu handeln und der Marktwirtschaft nicht nur wieder einen verbindlichen sozialen, sondern auch ökologischen Rahmen zu geben.

Dirk Roßmann:

Der lange Weg zur Nachhaltigkeit

Wachgerüttelt

Ich bin ein Vielleser. Meist liegen mehrere Bücher auf meinem Nachttisch. Daher kann ich gar nicht mehr sagen, ob das Buch eine Empfehlung war oder ich etwas darüber gelesen hatte: Jonathan Safran Foers *Wir sind das Klima! Wie wir unseren Planeten schon beim Frühstück retten können*. Das Buch des amerikanischen Romanciers erschien 2019, und es sorgte buchstäblich für viel Wind. Ich weiß noch sehr genau, wie es mir beim Lesen ergangen ist, weil ich hin- und hergerissen war. Auf der einen Seite wollte ich es einfach weglegen, weil ich die drastischen Schilderungen des Klimawandels kaum mehr ertragen konnte. Als Vater und Großvater ist die Vorstellung, welche Erde wir kommenden Generationen hinterlassen, einfach unerträglich. Aber letztlich habe ich mich fürs Weiterlesen entschieden. Danach wusste ich erst einmal eins: Wie wenig ich über viele Zusammenhänge wusste. Dass 91 Prozent der Zerstörung des Amazonas-Regenwalds durch Brandrodung allein auf den Anbau von Tierfutter zurückgehen. Und dass wir eine Menge an CO_2 einsparen, die 75 Milliarden gefahrenen Autokilometern entspricht, wenn wir in ganz Deutschland einen Tag kein Fleisch essen.

Das Buch hat mich aufgerüttelt, ich wollte unbedingt etwas tun und entschloss mich zunächst, 2000 Exemplare an Bundestagsabgeordnete und Vorstände in deutschen Dax-Unternehmen zu verschenken. An diejenigen, die weitreichende Entscheidungen treffen darüber, wie wir heute und in Zukunft leben werden. Im November 2019 war ich dann bei Sandra Maischberger zu Gast. Da habe ich dann noch einmal 25 000 Stück verschenkt. Weil Foer etwas so Wichtiges auf den Punkt gebracht hat: Je mehr Menschen sich mit dem Klimawandel auseinandersetzen und sehen, was sie selbst bewirken können, desto eher haben wir eine Chance, ihn zu bremsen.

Dabei war das für mich keineswegs der Anfang meiner Auseinandersetzung mit Umweltthemen. Im Gegenteil. Aus unserem Unternehmensalltag ist Nachhaltigkeit schon lange nicht mehr wegzudenken. Auch hatte ich meinen Fleischkonsum schon vor dem Lesen von Foers Buch deutlich reduziert. Aber *Wir sind das Klima!* hat mir noch einmal die Augen geöffnet, wie wichtig es ist, dass jeder Einzelne seinen Beitrag leistet – sei es durch die deutliche Reduzierung des Fleischkonsums, weniger Fernreisen mit dem Flugzeug oder das korrekte Trennen des Mülls, damit wertvolle Rohstoffe aus unserem Hausmüll erneut genutzt werden können. Wir müssen uns bewusst machen, dass wir einen Einfluss auf das Klima haben und *jeder von uns* etwas in seinem Verhalten ändern kann.

Auch hat mir das Buch einmal mehr deutlich gemacht, dass wir, bei allem, was sich in den letzten Jahrzehnten schon in puncto Umweltschutz getan hat, zu langsam vorankommen. Die Entwicklung des Klimawandels ist heute schon so gravierend spürbar, dass die Lebensbedingungen für die Menschen in Teilen der Erde immer schwieriger werden. Dürren, Waldbrände, das Auftauen der Permafrostböden, schmelzende Gletscher – diese Bilder, die wir in den Medien sehen, sprechen eine deutliche Sprache: Wir müssen jetzt handeln. Foer hat vielen von uns die Dringlichkeit, die absolute Notwendigkeit vor Augen geführt, dass wir nicht mehr zaudern dürfen, sondern große Hebel bewegen müssen.

Ich bin ein Unternehmer, kein Unterlasser. So habe ich mich in den letzten Jahren auf ein Terrain gewagt, das mir bis dato noch ganz neu war, und meinen ersten Roman geschrieben. Der Klimawandel ist ein so gewaltiges Thema, dass wir es nicht an uns heranlassen wollen. Daher habe ich bewusst den Weg der Fantasie gewählt, um dieses Unfassbare erfahrbar zu machen. In einem Roman sind einem keine Grenzen gesetzt. Da sind Gedankenspiele erlaubt. Was wäre, habe ich mich gefragt, wenn wir wirklich global handeln, wenn aus Misstrauen Vertrauen würde und die großen Mächte zusammenarbeiteten?

Als Verbraucher habe ich früh angefangen, Fleisch seltener und nur aus artgerechter Haltung zu essen. Ich bin kein Vegetarier, sondern esse bewusst, das kann jeder tun, ohne sich komplett vom Fleischverzehr verabschieden zu müssen. Auch reise ich am liebsten mit der Bahn und das schon viele, viele Jahre. Denn das hat neben dem Umweltaspekt auch noch andere Vorteile: die Zeit, die man für sich und seine Gedanken gewinnt. Ich sehe etwas von der vorbeiziehenden Landschaft oder kann mit Menschen in Kontakt kommen. In der Bahn hatte ich schon viele gute Gespräche und habe interessante Mitreisende kennengelernt. Ich habe auch ein Auto, aber kein Interesse daran, ständig das neueste Modell zu fahren. Vielmehr nutze ich meine Möglichkeiten, Aufmerksamkeit zu schaffen, andere Menschen von der Notwendigkeit des Handelns zu überzeugen – in den letzten Jahren vor allem durch das Schreiben meiner Romane. Und ich merke, dass ich etwas bewirken kann.

Frühes Engagement

Das war nicht immer so und ist längst nicht alles. Ich glaube, dass jeder einzelne Verbraucher wichtig ist und etwas zum Umweltschutz beitragen kann. Aber das ändert nichts daran, dass wir als

Menschen Ressourcen verbrauchen. Deshalb hat vor allem die Bevölkerungsexplosion, die wir seit mehr als einem halben Jahrhundert erleben, katastrophale ökologische Folgen. Die Zahl der auf dem Globus lebenden Menschen liegt einem Bericht der UNO zufolge im Jahr 2022 bei knapp acht Milliarden; 2050 werden es aller Voraussicht nach beinahe zehn Milliarden sein. Diese Entwicklung ist eine große Bedrohung für die Arten, deren Lebensräume wir durch unseren ständig wachsenden Verbrauch von Ressourcen zerstören. Je mehr Menschen wir werden und je mehr Menschen – zu Recht – den Anspruch erheben, nicht nur irgendwie satt zu werden, sondern auch in einer lebenswerten Umwelt zu leben – mit Bildungschancen, würdiger Arbeit, medizinischer Versorgung –, desto schwieriger wird es, das weltweite Artensterben aufzuhalten. Die explosionsartige Zunahme der Bevölkerung ist daher für eine Vielzahl von Arten das Todesurteil.

Das wurde mir früh bewusst. Schon 1991 habe ich mich deshalb auf Anregung des Unternehmers Erhard Schreiber an der Gründung der Deutschen Stiftung Weltbevölkerung beteiligt, die sich zum Ziel gesetzt hat, dem rasanten Wachstum der Weltbevölkerung entgegenzutreten. Die Stiftung ist mit Projekten in Kenia, Uganda, Äthiopien und Tansania vertreten und wendet sich dort vor allem an Jugendliche und an Frauen. Diese Arbeit trägt dazu bei, dass junge Mädchen nicht mit zwölf, 13 oder 14 Jahren schwanger werden und dann im Durchschnitt mehr als vier Kinder bekommen. Aber sie bedeutet auch eine enorme Verbesserung der Lebensperspektive dieser Frauen, die erst einmal erwachsen werden können, eine Ausbildung machen und nicht in Armut leben müssen.

Als wir mit unserer Arbeit anfingen, suchten wir Unterstützer und waren glücklich, mit Ernst Ulrich von Weizsäcker einen renommierten Wissenschaftler für unsere Idee zu gewinnen. Er gehört noch heute dem Kuratorium der Stiftung Weltbevölkerung an. Später kamen mit Klaus Töpfer, Margot Käßmann und Sylvia von Metzler weitere namhafte Unterstützer dazu.

Wenn ich zurückschaue, kann ich nicht genau sagen, wann mir bewusst wurde, welche gewaltige Zerstörung der Natur unsere Lebensweise zur Folge hat. Wann ich anfing, das Bedürfnis zu verspüren, selbst etwas zu tun und dann auch auf verschiedene Weise aktiv wurde. 1972, als der berühmte Bericht *Die Grenzen des Wachstums* des Club of Rome erschien, war ich 25 Jahre alt und hatte gerade den ersten Rossmann-Drogeriemarkt in Hannover eröffnet. Und obwohl ich mich auf den Aufbau meines Unternehmens konzentrierte, ist die Debatte schon damals nicht an mir vorbeigegangen. Der Bericht des Club of Rome hatte natürlich maßgeblichen Anteil daran, dass in den 1970er-Jahren der Umweltschutz immer mehr Aufmerksamkeit bekam. Bürgerinitiativen und Organisationen entstanden, denken Sie nur an den Bund für Umwelt und Naturschutz (BUND) und die Deutsche Umwelthilfe (DUH). Und doch haben wir seitdem viel Zeit damit vertan, viel zu kleine Schritte zu gehen. Das Bewusstsein hat sich in den letzten 50 Jahren geschärft, aber wirklich ins Handeln sind wir noch nicht gekommen, um den Klimawandel aufzuhalten. Daher ist die Kernaussage von damals immer noch aktuell: Wir werden nicht weitermachen können wie bisher. Je früher wir das begreifen, desto größer ist unsere Chance, uns dem Klimawandel noch entgegenstellen zu können. Ernst Ulrich von Weizsäcker, der 2012–2018 Co-Präsident des Club of Rome war, hat den Appell des Club-of-Rome-Berichts von 1972 ja in seinem Buch *Wir sind dran,* das 2017 erschien, noch einmal erneuert. Er hat gesagt: »Die Wetterkapriolen, Waldbrände, reißende Fluten zeigen uns seit einigen Jahren, dass das Klima aus der Balance gerät. Und wir beim Club of Rome sind der Meinung, dass echter Klimaschutz möglich und bezahlbar ist.« Dem kann ich nur beipflichten: Der Preis, nichts oder zu wenig zu tun, ist so viel höher, als in nachhaltige Maßnahmen zu investieren.

Als sich verschiedene Umwelt- und Friedensbewegungen 1980 in der Partei der Grünen zusammenschlossen, trug das dazu bei, dass der Stellenwert von Umweltfragen in der Politik wuchs und sie seither an Relevanz deutlich dazugewonnen haben. Wenn ich allerdings Politikern zuhöre, die in ihren Reden den Wählern suggerieren, ihre Politik hier bei uns in Deutschland sei in der Lage, die Welt zu retten, dann muss ich entschieden widersprechen! Nein, die deutschen Grünen werden den Klimawandel nicht aufhalten können. Nicht, wenn Klimapolitik an Landesgrenzen haltmacht. China, die USA, Indien und Russland sind für über die Hälfte aller Treibhausgas-Emissionen verantwortlich. Der Anteil von Deutschland liegt etwa bei 1,9 Prozent. In der aktuellen weltpolitischen Lage fällt es noch schwerer, sich vorzustellen, dass diese Länder gemeinsam handeln – aber anders wird es schlicht nicht möglich sein. Umweltpolitik kann nur erfolgreich sein, wenn wir als Weltgemeinschaft handeln. Wie Greta Thunberg so beeindruckend zeigt, bedarf es einer großen Bewegung. Wir müssen die Menschen auf dem ganzen Globus von der Notwendigkeit überzeugen zu handeln.

Es ist gut, dass Fridays for Future dem Klimawandel weltweit so viel Aufmerksamkeit verschafft. Aber wird das reichen?

Es gab ja in der Vergangenheit immer wieder Umweltthemen, die stark in den Fokus rückten: das Waldsterben, das Ozonloch, der saure Regen. Und nach einiger Zeit ebbten diese Themen dann wieder ab, als sei das Problem gelöst. Doch das sind sie nicht. Zum Beispiel schreitet das Waldsterben, das in den 1980er-Jahren in Deutschland viel diskutiert wurde, ungehindert fort. Ich wandere gern und bin regelmäßig im Harz – die Dramatik des Waldsterbens ist hier doch jedem offensichtlich. Wir sehen hier ein unheilvolles Zusammenspiel: Unsere Monokulturen sind den Dürreperioden und Stürmen nicht gewachsen und ermöglichen so dem Borkenkäfer eine ungehemmte Verbreitung. Umso wichtiger sind nachhaltige Aufforstungen, die viele in der Vergangenheit als Monokulturen angelegte Wälder langfristig in klimastabile Mischwälder überführen. Eine große Aufgabe, die von kommenden Generationen weitergeführt werden muss, denn so ein Wald wächst nicht von heute auf morgen. Anlässlich unseres 50-jährigen Firmenjubiläums haben wir uns daher dazu entschlossen, für jeden Mitarbeiter in Deutschland einen Baum zu pflanzen. So wurden am Bückeberg im Schaumburger Land 34 000 Jungbäume gepflanzt, davon rund 30 000 Traubeneichen, 4 000 Laub- und Nadelbaumarten, darunter Bergahorn, Kirschbaum, Esskastanie, Flatterulme, Roterle, Spitzahorn, Elsbeere und Traubenkirsche. Für die Waldrandgestaltung haben wir noch 500 Sträucher und kleinwüchsigere Bäume gesetzt. An dieser Aufzählung sieht man, wie komplex und vielfältig so ein Wald sein muss, um den örtlichen Gegebenheiten gerecht zu werden und zugleich dem Klimawandel zu trotzen. Solche Projekte sind mir wichtig, und ich hoffe, dass andere Menschen das auch so sehen und ihre Möglichkeiten nutzen.

Ein langer Lernprozess: Nachhaltigkeit im eigenen Unternehmen ...

Das Interessante am Thema Nachhaltigkeit ist, dass ökologisches und ökonomisches Handeln sich nicht ausschließen. Deshalb ist nachhaltiges Wirtschaften fester Bestandteil unserer Unternehmenskultur – von Anfang an. Es ist aber auch klar, dass wir in den Jahrzehnten unseres Bestehens immer mehr dazugelernt haben, sich immer wieder neue Möglichkeiten eröffnet haben. Nachhaltigkeit ist ein Prozess, wir müssen immer offen sein, zu lernen und uns weiterzuentwickeln. Den größten Einfluss haben wir auf unsere Rossmann-Marken und mit ihnen auf das Verhalten der Verbraucher. Dabei konzentrieren wir uns in erster Linie darauf, welche Inhaltsstoffe wir verarbeiten und wie sich Verpackungen verbessern oder sogar vermeiden lassen. Den besten Einblick darüber gibt unser Nachhaltigkeitsbericht, aber folgende Punkte sind sicherlich wichtig zu erwähnen: Wir setzen in unseren Eigenmarken stark auf Rezyklate und die Recyclingfähigkeit unserer Verpackungen. Und auch die Inhaltsstoffe werden genau unter die Lupe genommen. So verzichten wir schon seit 2013 auf Peelingkörper aus festem Mikroplastik. Mittlerweile sind über tausend Artikel der Rossmann-Marken mikroplastikfrei, das umfasst nicht nur festes Mikroplastik, sondern auch lösliche oder halbfeste synthetische Polymere. Seit 2019 kennzeichnen wir diese mikroplastikfreien Produkte mit einem Siegel. Im Lebensmittelbereich achten wir darauf, neben zahlreichen vegetarischen Produkten auch unser veganes Sortiment weiter auszubauen und unseren Kunden eine Vielfalt an fleischlosen Alternativen zu bieten. Aber auch über unsere Produkte hinaus haben wir Möglichkeiten, CO_2 einzusparen, etwa indem wir die Touren bei der Auslieferung unserer Ware an die Filialen optimieren oder die Kapazitätsauslastung unserer Lkws kontinuierlich verbessern.

... und in anderen Unternehmen

Das Thema Nachhaltigkeit ist so wichtig, so sichtbar geworden, dass es mittlerweile einige Brancheninitiativen gibt, die Kolleginnen und Kollegen aus Handel und Wirtschaft zusammenbringen. Auch hier zeigt sich: Gemeinsam sind wir stärker und können eine höhere Aufmerksamkeit erzielen, wie beispielsweise beim Forum Rezyklat. Hier sind wir seit 2018 mit dabei. Gemeinsam mit Händlern, Produkt- und Verpackungsherstellern, den deutschen Dualen Systemen, Abfallwirtschaftsunternehmen, Recyclingunternehmen sowie Vertretern aus Wissenschaft und Politik erarbeiten wir Strategien und Maßnahmen, um die Kreislaufwirtschaft zu fördern. Auch bei der Initiative der Stiftung Klima-

Wirtschaft kommen Vertreter namhafter deutscher Unternehmen zusammen, um für ein langfristiges Engagement in Sachen Klimaschutz einzutreten und Forderungen an die Politik zu formulieren. Allein die zahlreichen Teilnehmer dieser beiden Initiativen zeigen: Das Thema Nachhaltigkeit ist längst in den deutschen Unternehmen angekommen.

Was für den Markt gilt, auf dem Unternehmen und Verbraucher vieles nach den Regeln von Angebot und Nachfrage bestimmen, gilt auch im Hinblick auf nachhaltigen Konsum: Beide Seiten bedingen sich gegenseitig und wirken wechselweise aufeinander ein. Der Stellenwert der Nachhaltigkeit erwächst also nicht nur aus dem Engagement der Unternehmen, sondern auch aus dem wachsenden Bewusstsein der Konsumenten. Je stärker nachhaltige Produkte nachgefragt werden, desto deutlicher passt sich das Angebot dieser Nachfrage an. Gesellschaftlich gesehen gibt es sicherlich noch viel zu tun, aufzuklären und bewusst zu machen, um weite Teile der Bevölkerung zu erreichen. Denn jeder kann seinen Beitrag leisten und sofort beginnen, bewusster zu konsumieren – sei es den eigenen Fleischverzehr drastisch zu reduzieren oder aber die Flugreisen, auch wenn das Bedürfnis nach Einschränkungen der Coronajahre sicherlich sehr hoch ist. Es zahlt sich aus, wenn wir einmal mehr die Bahn nutzen. Stellen wir unsere Ernährung auf mehr pflanzliche und weniger tierische Produkte um, so hat das einen nicht unerheblichen Effekt.

Letztlich würde ich das weniger als Verzicht als vielmehr als Investition in unsere Zukunft, die Zukunft unserer Kinder und Enkel sehen. Auch werden wir nicht umhinkommen, dem Weltbevölkerungswachstum durch Aufklärung und die Möglichkeiten der Empfängnisverhütung weiter entgegenzuwirken.

Jedes Unternehmen, jeder Bürger muss sich seiner Verantwortung bewusst sein und im Rahmen der eigenen Möglichkeiten handeln. Ich habe als Unternehmer die Chance, aber auch die Verantwortung, vieles innerhalb meines Unternehmens zu bewegen, aber auch öffentlich Stellung zu beziehen. Und das passiert meines Erachtens heute noch zu wenig, obwohl ich viele Unternehmer als sehr engagiert erlebe. Es ist wichtig, auch darüber zu sprechen und andere zu animieren, aktiv zu werden.

Das Engagement des Einzelnen ist nicht genug

Bei aller Begeisterung, mit der ich mich dafür einsetze, Menschen für nachhaltigere Produktion auf der einen und nachhaltigeren Konsum auf der anderen Seite zu gewinnen, sollte inzwischen jedem klar sein: Die meisten drängenden und weniger drängenden ökologischen Probleme unserer Zeit sind globale Probleme, denen wir nur als Weltgemeinschaft begegnen können. Die Politik muss ihr Handeln stärker auf die globale Zusammenarbeit ausrichten. Es braucht einen weltweiten Paradigmenwechsel und eruptive Veränderungen.

Denn wir sind ja nicht nur mit den Folgen des Klimawandels konfrontiert. Auch wenn die Auswirkungen der Erderwärmung allein jetzt schon fatal und vielfältig sind: Wetterextreme, die in ihrer Folge zu Hunger und Konflikten führen. Hinzu kommen gigantische Probleme wie die Gefährdung der Artenvielfalt, die Versauerung der Meere, der wachsende Plastikmüll. Und obwohl angesichts dieses Schreckens die Notwendigkeit des gemeinsamen Handelns so offensichtlich ist, haben wir seit Februar wieder Krieg in Europa! Von einem geeinten Handeln scheinen wir gerade schrecklich weit entfernt. Eine dramatische Entwicklung, die mich zutiefst besorgt.

Viele dieser Auswirkungen unserer Lebensweise auf Natur und Umwelt werden von uns, von der großen Mehrheit in der Gesellschaft, noch kaum verstanden. Bei der Bedrohung der Artenvielfalt zum Beispiel denken die meisten an das Aussterben exotischer Arten, an Nashörner in Afrika oder Tiger in Asien. Wer sich jedoch mit dem Insektensterben beschäftigt, für den wird die Dramatik deutlich, mit ihren Auswirkungen auf den Menschen: Was wird passieren, wenn das Insektensterben dazu führt, dass viele Blüten nicht mehr bestäubt werden können? Wie wird unsere Erde dann aussehen, wie wird es möglich sein, die Ernährung der Weltbevölkerung aufrechtzuerhalten? Dieses Thema ist für viele sicherlich noch schwerer zu fassen als der Klimawandel, da die Folgen der Klimaveränderungen schon so offensichtlich sichtbar und spürbar sind.

Es ist also gar nicht der Klimawandel allein, angesichts dessen wir endlich handeln müssen, und zwar als Weltgemeinschaft!

Es bedarf einer Lern- und Vertrauensexplosion über Landesgrenzen hinweg. Wir müssen anfangen, uns als Weltgemeinschaft gegenseitig zu vertrauen – auch wenn im Moment nichts weniger wahrscheinlich erscheint, im Juni 2022, da der Krieg vor unserer Haustür bereits mehr als drei Monate andauert. Uns läuft die Zeit davon, wir können keine weiteren Jahrzehnte mit Diskussionen und Lamentieren vergeuden, denn dann wird es zu spät sein.

Dabei wird es auch in Zukunft wichtig sein, die Wissenschaft zu unterstützen. Wir brauchen Chemiker, Klimaforscher, Agrarwissenschaftler, Materialentwickler, Nanotechnologen, Physiker, Mathematiker, Biologen.

Wir müssen verstehen, dass es nicht plötzlich eine sagenhafte Erfindung geben wird, die es uns ermöglicht, so weiterzumachen wie bisher und zugleich unseren Planeten zu retten. Und wir werden uns nicht darauf verlassen können, dass Regierungen Maßnahmen ergreifen. Wir müssen selbst handeln. Am besten sofort.

Es macht Hoffnung, zu sehen, dass große Teile der jungen Generation das verstanden haben. Ich möchte sie immer wieder ermutigen: Fordert euer Recht ein – auf eine lebenswerte Zukunft auf diesem Planeten. Keine leichte Aufgabe angesichts der aktuellen Krisen. Aber Aufgeben ist keine Option, und so erlebe ich die aktive, junge Generation auch nicht. Die jungen Leute mischen sich ein, erheben ihre Stimme, diskutieren an den Universitäten, aber auch direkt mit führenden Politikern. Ich habe Hoffnung, wenn ich sehe, mit wie viel Herzblut sie ihre Themen positionieren und Nachhaltigkeit aus einer vermeintlichen Trendbewegung zu einer Lebenseinstellung gemacht haben. An die Entscheidungsträger unserer Gesellschaft habe ich die Forderung: Hört zu! Löst euch von dem, was ihr schon immer wusstet, und dem verbissenen Glauben, an allem festhalten zu müssen – wir müssen unsere lieb gewonnenen Gewohnheiten verändern, um eine Chance zu haben.

Als junger Mensch ist man voller Tatendrang und von der Vorstellung erfüllt, die Welt verändern zu können. Und ich sage euch: Warum nicht? Greta Thunberg hat etwas geschafft, was ihr niemand zugetraut hätte, und eine weltweite Bewegung entfacht. Seid aktiv und laut. Fordert ein und überzeugt auch eure Eltern und Großeltern. Noch ist es nicht zu spät. Ich bin überzeugt davon, dass die Menschheit nicht so dumm sein kann, alles aufs Spiel zu setzen und ihre Zukunft zu verspielen. Dafür ist der Einsatz zu groß. Wir haben nur eine Erde. Ihr Erhalt sollte unser Handeln bestimmen.

Hannes Jaenicke, Jakob Blasel:
Wir haben ein gigantisches Handlungsdefizit

Gespräch zwischen Jakob Blasel, Hannes Jaenicke und Kerstin Lücker

Jakob Blasel

Hannes, du warst einer der ersten Umweltschützer-Oldies, denen ich auf meinem Weg begegnet bin. Bei einer der ersten *Hart-aber-Fair*-Sendungen, bei der Fridays for Future eingeladen war.

Hannes Jaenicke

Ja, ich habe auch gleich danach gespendet. Und jetzt? Studierst du?

Jakob Blasel

Genau, ich will hier in Lüneburg Rechts- und Nachhaltigkeitswissenschaften studieren.

Hannes Jaenicke

Das heißt, du klagst den Umweltschutz dann ein?

Jakob Blasel

Vielleicht auch das, ja.

Kerstin Lücker

Meine erste Frage, woher ihr euch kennt, hat Jakob schon beantwortet. Deshalb gleich die nächste: Habt ihr Vorbilder? Gibt es jemanden, der euch inspiriert hat, gerade im Hinblick auf das Engagement für die Umwelt, für Fridays for Future?

Jakob Blasel

Für unsere Aktionsformen gab es natürlich ein offensichtliches Vorbild – Gretas Streiks in Stockholm. Als ich mich dann entschieden habe, bei der Bundestagswahl 2021 für das Parlament zu kandidieren, habe ich genau geguckt: Wie haben das Leute vor mir gemacht? Gleichzeitig versuchen wir bei Fridays for Future, viele Sachen bewusst anders als bisherige Umwelt- und Klimabewegungen zu machen, weil es ja bisher nicht funktioniert hat. Wir müssen ganz anders Leute begeistern, mit unseren Themen besser durchdringen. Und wir müssen viel breitere, gesellschaftliche Bündnisse schmieden. Deswegen glaube ich, es kann gut sein, sich an Vorbildern zu orientieren, aber nicht für alles gibt es ein Vorbild.

Hannes Jaenicke

Es gab natürlich Vorbilder. 1979 erschien eine Platte mit dem Titel *No Nukes*. Das war nach dem Unfall in Harrisburg – dem ersten großen amerikanischen Atomunfall. Da haben Little Steven, Jackson Browne und Bruce Springsteen diese LP gegen Atomkraft gemacht, relativ zeitgleich zu den ersten großen Anti-AKW-Demonstrationen in Deutschland. Springsteen war ein ganz großes Vorbild für mich.

Kerstin Lücker

Kennst du die Platte, Jakob?

Jakob Blasel

Die Platte nicht, aber Bruce Springsteen.

Hannes Jaenicke

Springsteen hat sich genau für die Themen engagiert, die mich schon als Teenager interessiert haben, und gleichzeitig wollten wir Jungs wie er sein: Natürlich hatte ich lange Haare und Springsteen-T-Shirts an. Das war für mich schon ein Schlüsselerlebnis, dass sich Kulturschaffende, deren Poster bei mir an den Wänden hingen, so für ihre Ideale einsetzen.

Dann war ich im Kölner Ruderclub, gemeinsam mit Herbert Grönemeyer. 1986 geriet eine Lagerhalle der Firma Sandoz, voll mit Chemikalien, in Brand. Das Feuer wurde mit Wasser gelöscht, sodass das Löschwasser Pflanzenschutzmittel enthielt, und das gelangte in den Rhein. Es folgte das größte Fischsterben der europäischen Geschichte. Das Rudertraining fiel aus, und ich habe zum ersten Mal gesehen, wie ein Fluss aussieht, der klinisch tot ist. Alles, was in einem Fluss lebt, lag da plötzlich verwest am Ufer herum. Ich war damals schon Greenpeace-Mitglied. Aber als ich das gesehen habe, dachte ich: Das reicht jetzt nicht mehr, den Jahresbeitrag zu überweisen und ab und zu ein Greenpeace-T-Shirt anzuziehen. Zum ersten Mal hatte ich das Gefühl: Da muss was passieren.

Da gab es mit Paul Watson und anderen schon die Ersten, die sich aus nachvollziehbaren Gründen von Greenpeace verabschiedet haben. Greenpeace ist als Kampagnenorganisation bis heute sehr vorbildlich, aber am Schluss sitzen sie in Büros und machen Kampagnen. Herr Watson führt auf hoher See einen Krieg gegen illegale Fischerei. Das ist mir nicht nur der sympathischere, sondern scheint auch der wirkungsvollere Weg zu sein. Das waren so meine frühen Vorbilder.

Inzwischen habe ich durch meine Arbeit als Dokumentarfilmer all die Leute getroffen, die an vorderster Front kämpfen und oft auch ihr Leben riskieren, um zu retten, was zu retten ist. Die sind allesamt Vorbilder für mich. Da gibt es Leute, die sehr viel unkomfortabler leben als ich. Ich laufe mit der Kamera durch die Welt, im schlimmsten Fall durch ein Kriegsgebiet oder ein völlig zerstörtes Umweltgebiet. Aber es ist etwas ganz anderes, im Amazonas zu kämpfen oder auf Borneo gegen die Holz-Mafia, die Palmöl-Mafia, die Kohle-Mafia. Diese Leute bewundere ich alle. Aber ich bewundere auch Greta, Jakob und Luisa. Fantastisch, was die angeschoben haben. Seit Mitte der 1970er-Jahre habe ich durch das Auftauchen von Fridays for Future zum ersten Mal einen gewissen Optimismus verspürt und gedacht: Jetzt muss man nicht mehr zynisch sein und alles mit schwarzem Humor irgendwie ertragen. Ich dachte: Da kommt jetzt eine Generation, die alles richtig macht und wirklich was bewegen wird. Ich hoffe, Fridays for Future ist durch Corona nicht die Luft ausgegangen.

Ich hoffe auch, dass unser Wirtschaftssystem diese Bewegung nicht wieder vereinnahmt, wie das bei Occupy und anderen Bewegungen passiert ist.

Kerstin Lücker

Gibt es Differenzen, also gibt es Punkte, wo du der Fridays-for-Future-Generation sagen würdest: Macht lieber mehr davon und weniger davon?

Hannes Jaenicke

Es gibt Millionen von Wegen, Umweltschutz zu betreiben, und es gibt Millionen von Arten, nachhaltig zu leben. Der eine wird Veganer, der andere kettet sich an Bäume im Hambacher Forst, ein Dritter verklagt ständig irgendjemanden – ich bin jetzt beteiligt an den großen Klagen gegen den brasilianischen Präsidenten Bolsonaro in Den Haag wegen Menschenrechtsverletzungen. Ich war einer der Kläger gegen die Bundesregierung wegen mangelnder Klimaschutzpolitik, Luisa Neubauer klagte ebenfalls, und es gab noch eine dritte Klage. Ich werde den Teufel tun, Leute, die das Gleiche wollen wie ich, zu kritisieren. Es gibt unendlich viele Wege, aber auch unendlich viele Baustellen, da muss jeder seinen Weg finden. Wie die, die sich auf der Autobahn festgeklebt haben, auf der A 100.

Kerstin Lücker

Ende Gelände.

Hannes Jaenicke

Super!

Kerstin Lücker

Ist die Situation für die Fridays-for-Future-Leute heute eine andere als zum Beispiel für Hannes in den 1970er-, 1980er-Jahren? Ist die öffentliche Debatte eine andere? Wie schätzt ihr das ein?

Jakob Blasel

Schon in den letzten drei Jahren, seit 2018, hat sich die Debatte stark verändert. Als wir gestartet sind, war unser größtes Anliegen, ein Bewusstsein dafür zu schaffen, dass die Klimakrise eine existenzielle Bedrohung ist. Natürlich gab es einige Leute, die das wussten und thematisierten, aber es war notwendig, das erst einmal überhaupt in die Breite der Gesellschaft zu tragen.

Jetzt sagen alle: Klimaschutz ist super. Es ist fast zum politischen Nationalsport geworden, zu beteuern, wie wichtig man Klimaschutz findet. Aber es hapert, wenn es schwierig wird, wenn es um die konkrete Umsetzung geht. Das war 2018, 2019, als wir mit Fridays for Future angefangen haben, nicht so klar. Wir dachten, wenn erst mal alle kapieren, dass es um alles geht, um unsere Existenz, unsere Zukunft – dann werden wir alles tun, um die Klimakrise einzudämmen. Dem ist aber nicht so. Stattdessen erleben wir jetzt eine kognitive Dissonanz: Alle sagen, die Klimakrise ist gefährlich, unsere Zukunft ist bedroht, aber was ändern? Das wäre schon ganz schön schwierig. Das ist, glaube ich, im Moment eher der politische Konsens: dass es einfach zu schwierig ist, zeitnah wirkungsvolle Veränderungen einzuleiten.

Hannes Jaenicke

Kosmetisch hat sich sehr viel verändert, inhaltlich hat sich nichts verändert. Für uns waren die Gegner damals klarer. Früher haben wir gesagt, Nestlé ist ein Konzern von Kindermördern. Die verkaufen Milchpulver nach Afrika, an dem Säuglinge sterben, unter anderem, weil nicht alle Zugang zu sauberem Wasser haben. Es gab den Kalten Krieg, die mächtigsten Konzerne waren Rüstungskonzerne. Der Feind war relativ klar definiert.

Jetzt haben alle PR-Berater. Olaf Scholz wird eingehämmert, »Du bist Klima-Kanzler«, und auch Frau Merkel wurde empfohlen, in die Arktis zu fliegen, um Fotos zu machen als Klima-Kanzlerin im dicken Anorak. Die PR, das Greenwashing, das ist relativ neu. Das ist mittlerweile für mich eines der gefährlichsten Phänomene überhaupt: »Wir sind ja alle grün.« Alle Autokonzerne sind grün, alle Chemiekonzerne sind grün. Frau Klöckner war auch grün. Damals waren das Gegner. Helmut Schmidt hat öffentlich gesagt: »Ende der 80er wird es die Grünen nicht mehr geben.«

Klares Feindbild. Ich finde, es ist heute sehr viel schwieriger geworden, gegen das Greenwashing anzukämpfen.

Was für die Fridays-for-Future-Leute die 1,5 Grad und Klimaforschung sind, war für uns 1972 der Club-of-Rome-Report. Da steht drin: »Raus aus fossilen Energieträgern«. Da war ich elf, gelesen habe ich das erst Jahre später, mit 16 oder 17. Jetzt kommt die Generation, die meine Enkel sein könnten. Und ihr, Jakob, müsst immer noch aus dem Club-of-Rome-Report. zitieren. Ist das nicht traurig? Die Lernkurve der Menschheit ist sehr flach. Wir haben ein gewaltiges Wissen, aber ein gigantisches Handlungsdefizit. Wir wissen, dass der Regenwald erhalten werden muss, dass das Artensterben katastrophale Folgen hat und noch haben wird, dass fossile Energieträger eine Katastrophe sind. Wir wissen alles und handeln nicht. Das bringt mich in meinem Alter manchmal an den Rand der Verzweiflung.

Jakob Blasel

Also, normalerweise ist es in Diskussionsrunden nicht meine Rolle, Hoffnungen zu schüren, aber ich finde, gleichzeitig verändert sich in der Bevölkerung gerade sehr viel. Wenn der Chef der internationalen Energieagentur ankündigt, dass wir aus den Fossilen aussteigen müssen, wenn Politiker, die offen mit Kohle kokettiert haben, genau deswegen gerade abgewählt werden – wie bei den letzten Wahlen in Australien zum Beispiel –, dann merkt man schon, dass sich in der Gesellschaft etwas ändert. Der Club-of-Rome-Report. ist heute nicht mehr nur in den Mündern von Aktivist:innen, sondern auch von Leuten, die wirklich Entscheidungen tragen. Auch wenn es natürlich riesige Umsetzungsprobleme gibt, bis Australien aus der Kohle aussteigen kann. Das will ich auch erst mal sehen, bevor ich es glaube. Es geht sicher nicht schnell genug. Aber schneller als früher.

Hannes Jaenicke

Dein Wort in Gottes Ohr! Meine Gegenfragen wären: Warum kein Tempolimit? Warum keine autofreien Innenstädte? Warum regiert die Autolobby immer noch durch? Es gibt ein bisschen mehr Veganer als früher. Es gibt ein paar Vegetarier mehr. Der Bio-Verkauf wächst. Aber an den wirklich großen Schrauben sehe ich im Moment noch keinen Dreh. Schau dir die Umsätze der Ölkonzerne an.

Jakob Blasel

Ja, klar, gemessen an dem, was sich verändern muss, und gemessen an den Herausforderungen, vor denen wir stehen, ist alles, was gerade passiert, ein Tropfen auf den heißen Stein.

Hannes Jaenicke

Noch eine Lieblingszahl von mir: Deutschland besteht zu 0,6 Prozent seiner Fläche aus Nationalparks. Griechenland, Portugal, Italien haben alle so um die 6–8 Prozent, wir 0,6 Prozent. Der deutsche Flächenfraß vernichtet 70–80 fußballfeldgroße Grünflächen pro Tag. Wollen wir das wirklich machen, bis das ganze Land zubetoniert ist? Wir vernichten den Reinhardswald für Windrotoren, der Ebersberger Forst bei München soll weggesägt werden für Windrotoren. Warum? Wir bauen Staatsstraßen, die in den Neunzigern kein Mensch brauchte. Ich würde deinen Optimismus gerne teilen, Jakob, ich gebe auch nicht auf zu kämpfen, aber ich sehe den Fortschritt bestenfalls beim Endverbraucher, der seinen Fleischkonsum reduziert, mehr Fahrrad fährt. Aber in Politik und Industrie sehe ich bei uns überhaupt keine Verbesserung.

Jakob Blasel

Überhaupt nicht, wir sind noch lange nicht da, wo wir sein sollten.

Trotzdem würde ich sagen, wenn man sich die letzten 30 Jahre anguckt, dass sich gesellschaftlich ungemein viel getan hat. Also, wenn ich mir allein angucke, wie meine Großeltern noch vor drei Jahren über die Klimakrise geredet haben. Da haben wir einen Schalter umgelegt. Natürlich sind die Auswirkungen auf Strukturen und Politik viel zu gering. Aber es ärgert mich immer ein bisschen, wenn die Fortschritte kleingeredet werden, der Bewusstseinswandel, den wir in der Gesellschaft bewirkt haben. Und jetzt müssen wir das, was wir wissen, endlich auch umsetzen.

Kerstin Lücker

Jakob, du hast bei der Bundestagswahl 2021 für die Grünen kandidiert, auch Luisa Neubauer ist Mitglied. Jetzt erleben wir gerade, wie die Grünen, kaum sind sie Teil der Regierung, Entscheidungen mittragen, die sie in der Opposition heftig kritisiert hätten. Ein Umkippen in Pragmatismus.

Hannes Jaenicke

Ich empfinde, was die Grünen gerade machen, nicht als Umkippen. Ganz im Gegenteil, gerade weil ich zur ersten Generation der Grünen gehöre. Ich durfte 1980 zum ersten Mal wählen, zum ersten Mal standen die Grünen auf dem Wahlzettel. Ich bin »Fundi«-Grüner der ersten Stunde. Jetzt sehe ich mir seit über 40 Jahren an, dass wir nicht weiterkommen. Deshalb müssen wir aus der Fundi-Ecke raus und zu den »Realos« rüber. Das heißt nicht, dass ich meine fundamentalistischen grünen Gedanken aufgebe, aber wenn es um die Umsetzbarkeit geht, müssen wir realistischer sein, und das finde ich, ist gerade das Großartige bei Habeck und Baerbock und auch Özdemir, dass sie nicht sagen: »Ja, das ist aber jetzt gegen die urgrünen Prinzipien.« Sondern sie sind pragmatisch und dabei sehr ehrlich und emotional. Ich wehre mich gegen den Ausdruck »Umkippen«. Alles andere wäre im Moment unrealistisch.

Jakob Blasel

Und trotzdem würde ich sagen, dass die Grünen gerade Entscheidungen mittragen, die im Hinblick auf die Klimakrise völlig unmöglich sind, wie zum Beispiel der Tank-Rabatt, der nicht nur sozial ungerecht ist und Schieflagen eher weiter verstärkt, sondern auch die fossile Lobby mit Milliarden füttert. Und vielleicht muss ich selbstkritisch sagen: Da dringen auch wir mit Fridays for Future nicht durch. Da fehlt gerade der gesellschaftliche Aufschrei.

Hannes Jaenicke

Das sehe ich ähnlich, aber andererseits sehe ich auch, dass wir in einer Demokratie leben. Wir sehen gerade, wie schrecklich es ist, nicht in einer Demokratie zu leben. Sprich in Russland, der Türkei oder ähnlichen Ländern. Natürlich ist die FDP die größtmögliche Bremse. Wir haben kein Tempolimit wegen der FDP. Russland war gerade am 24. Februar in die Ukraine eingefallen, da brachte Herr Lindner wenige Stunden später schon den Tank-Rabatt ins Spiel. Wir haben nach demokratischen Verfahren eine Koalition an die Regierung gewählt, und da müssen wir Grüne jetzt schmerzhafte Kompromisse machen. Wir haben keine grüne Diktatur, nicht einmal eine grüne Mehrheit – insofern verzeihe ich den Grünen im Moment ganz viel, gerade weil wir diese unsäglichen Liberalen in der Regierung haben. Ich meine, wenn die Parteichefs der FDP leidenschaftlich Porsche fahren und leidenschaftliche Jäger sind, sollten wir nicht erwarten, dass wir jetzt Tierwohl, Tierschutz und Tempolimit kriegen. Insofern gebe ich dir recht: Der Tank-Rabatt ist Blödsinn. Dafür werden die anderen hoffentlich Kompromisse machen, die uns dann wieder zugutekommen.

Kerstin Lücker

Kann man also alle Kritik an grüner Politik mit der Demokratie entschuldigen? Oder anders: Ist alles okay, solange es nur »grüne« Politik ist, oder kommt es vielleicht doch auch auf das Wie an? Zum Beispiel auf die Frage, ob man Probleme durch technische Innovationen lösen kann, die mit zum Teil erheblichem Ressourcenverbrauch einhergehen – oder ob man langfristig eher auf einen Systemwechsel oder Systemwandel setzt, bei dem zumindest das güterbasierte Wachstum gestoppt wird?

Jakob Blasel

Ich finde, der Fehler in dieser Frage ist schon mal zu sagen, das ist ein Entweder-oder. Also: Wir werden entweder frieren oder innovative, klimaneutrale Heizungen einbauen. Wir brauchen große technische Sprünge, und gleichzeitig werden wir nicht weiter unbegrenztes Güter-Wachstum haben können. Die Fachkräfte und Ressourcen – die Batterien, die Solarzellen – gibt es gar nicht, die wir bräuchten, um weiter so rasant zu wachsen. Wir merken gerade schon, dass wir zum Beispiel bei der Sanierungsrate an unsere Grenzen stoßen. Obwohl das Innovation pur ist: Klimaschutz durch bessere Dämmung. Aber der Baubranche fehlen gerade die Baumaterialien. Wir stoßen also an unsere Wachstumsgrenzen, und gleichzeitig brauchen wir technische Innovationen, wenn wir die Klimakrise verhindern wollen.

Kerstin Lücker

Natürlich brauchen wir technische Innovationen. Aber bei den Ressourcen, die wir für Technik buchstäblich aus der Erde kratzen, geht es ja nicht nur darum, ob sie gerade zur Verfügung stehen – und sei es für klimafreundliche Technik. Man muss sich auch fragen, ob es hilfreich ist, zu viele Autos durch noch mehr E-Autos zu ersetzen.

Hannes Jaenicke

Das ist natürlich völliger Quatsch. Das E-Auto dient, vor allem wenn es finanziell subventioniert wird, dazu, die Automobilindustrie zu pampern. US-Umweltorganisationen haben ausgerechnet, ob es umweltfreundlicher ist, einen 1974 gebauten Volvo Kombi mit 2,6 Tonnen Stahl Gewicht durch die Gegend zu rollen oder ein neues Elektroauto zu kaufen.

Kerstin Lücker

Deshalb habe ich gefragt ...

Hannes Jaenicke

Der alte Volvo ist umweltfreundlicher. Also lieber die alte Kiste weiterfahren oder – viel besser – alte Kisten elektrifizieren. Ich weiß von einem kleinen Betrieb in Ontario, California. Die haben E-Smarts, die Mercedes verschrotten wollte – wohlgemerkt: verschrotten wollte –, in England aufgekauft, die Batterien eingesammelt und verstromt.

Die FDP will das alte Geschäftsmodell erhalten, aber durch Technologie die Welt retten. Das ist Unsinn. Andererseits ist Energieeffizienz ein Technologiethema, Dämmung ist ein Technologiethema, genauso wie Betonrecycling. Das heißt, wir brauchen einen radikalen technischen Fortschritt, aber nicht mehr auf Kosten unserer Ressourcen.

Wir brauchen curriculares Denken und zwar durch das gesamte Wirtschaftssystem durch, und das fängt beim Holz an. Ein Beispiel: In Neuseeland gab es eine indigene Baumart, die von den Engländern zur Kolonialzeit abgeholzt wurde, um Boote zu bauen. Es handelte sich um den Urbaum der Neuseeländer, und der war irgendwann weg. Dann haben die Neuseeländer ihn mühsam wieder aufgezogen. Jetzt gibt es ein Gesetz der Regierung, dass man dieses Holz nur noch nutzen darf, wenn es bereits verwertet wurde. Sprich, man verbaut dieses Holz aus alten Eisenbahnbohlen, alten Scheunen usw. Großartige Idee.

Wir brauchen dringend zwei Dinge: Kreislauf per Gesetz, vor allem bei Plastik und Verpackungsmaterialien und bei Baumaterialien wie Beton und Sand. Eines der größten Probleme Afrikas ist der Sand, den die chinesische Bauindustrie klaut. Das andere ist eine CO_2-Bepreisung, die es tatsächlich bestraft, Ressourcen weiter zu plündern, und die es andererseits belohnt, wenn Ressourcen geschont werden. Wir müssen ein wirtschaftliches, nachhaltiges, umweltfreundliches Produzieren und Konsumieren belohnen und das Gegenteil bestrafen. Wenn das nicht passiert, werden wir weiter Raubbau an der Natur betreiben.

Kerstin Lücker

Warum passiert das nicht? Wann wird das passieren? Was muss geschehen, damit das passiert?

Hannes Jaenicke

Ich glaube, es gibt eine realistische Antwort auf deine Frage und eine idealistische. Die realistische ist Leidensdruck. Der Leidensdruck muss so brutal steigen, dass wirklich selbst dem letzten Deppen in der FDP das Wasser bis zum Hals steht, egal ob an der Ahr, an der Erft ist oder im übertragenen Sinne. Es geht uns immer noch viel zu gut. Der Mensch reagiert immer erst auf die Katastrophe. Erst, wenn der Leidensdruck steigt, wird uns das zum Handeln bewegen. Nur wird es dann für viele arme Länder zu spät sein, Bangladesch ist bis dahin längst abgesoffen, und alle Südpazifik-Insulaner haben ihre Inseln verlassen. Das müssen sie ja jetzt schon zum Teil. Aber bewegen wird sich erst dann etwas, wenn der reiche industrialisierte Westen den Leidensdruck spürt.

Die idealistische Antwort ist Hoffnung.

Aber bei der Hoffnung bin ich skeptisch. Ich sehe Veränderungen immer nur durch Leiden. Warum machen Länder Fischereigebiete zu Marineschutzgebieten? Weil sie keine Fische mehr fangen und weil sie feststellen, dass sie zwei, drei Jahre nach der Einrichtung des Schutzgebiets wieder Fische im Netz haben. Costa Rica ist ein Musterbeispiel: Costa Rica hat die wahrscheinlich besten Umweltgesetze der Welt. Die werden leider von den Chinesen unterlaufen, wo es nur geht, aber auf dem Papier ist Costa Rica unglaublich weit, weil sie verstanden haben: Natur ist Kapital.

Über ein Drittel des costa-ricanischen Landes ist Nationalpark. Damit haben sie einen genialen Ökotourismus geschaffen und zwar per Gesetz. Kein Hotel darf mehr als 40 Zimmer haben. Versucht mal, so ein Gesetz in Europa durchzusetzen! Ein Bauverbot für Hotels mit mehr als 40 Zimmern? Da lachen Hilton, Sheraton, Mövenpick und Steigenberger sich kaputt.

Jakob Blasel

Ich glaube, das funktioniert nicht. Wir haben nicht Zeit, zu warten, bis die Krise hier vor der Haustür ist.

Hannes Jaenicke

Deswegen engagieren wir uns. Aber schauen wir z. B. auf den Fleischkonsum in Deutschland. Wir hatten die Schweinepest, wir hatten die Vogelgrippe, wir hatten BSE. Wir hatten den Gammelfleisch-Skandal, wir hatten Pferde-Lasagne. Wir hatten den Skandal über die Arbeitsbedingungen in der Fleischindustrie. Was futtert der Deutsche am liebsten? Dreimal am Tag Fleisch. Kostet das Kotelett endlich mal mehr als 0,99 Euro bei Aldi, Lidl oder dem Discounter? Nein. Ich glaube, es wird sich erst dann was ändern, wenn Fleisch so giftig ist, dass Leute reihenweise sterben oder krank werden.

Jakob Blasel

Ja, ich wollte sagen, dass wir es eben schaffen müssen, dieses Leiden und diesen Leidensdruck zu transportieren, bevor er hier angekommen ist. Das sind wir auch den Menschen im Globalen Süden schuldig, die als Erste darunter leiden. Also, wenn Menschen reihenweise in noch größerem, nie da gewesenem Maße verhungern, weil wir hier nicht fähig sind, unseren Lebensstandard ein bisschen zu zügeln, dann ist das einfach ein Moralproblem.

Hannes Jaenicke

Aber wie kommst du dahin?

Jakob Blasel

Zum Beispiel durch Bücher wie diese oder durch Aktivismus. Dadurch, dass wir mit Hunderttausenden auf die Straße gehen und eben genau diese Botschaft transportieren. Ich glaube, dass dieser Sinneswandel nicht ausschließlich, aber hauptsächlich durch Aufklärung funktioniert. Wir müssen immer wieder daran erinnern, was für dramatische Folgen es hat, wenn wir Emissionen jetzt nicht konsequent senken.

Kerstin Lücker

Auf wessen Macht setzt ihr da besonders? Im Moment adressiert ihr vor allem den Verbraucher.

Hannes Jaenicke

Der Verbraucher ist mittlerweile viel weiter als Industrie und Politik.

Ich glaube, dass das Ganze nur über Geld funktioniert. Nachhaltigkeit und Umweltschutz muss sich rechnen und zwar für jeden – für die Industrie und für jeden Verbraucher. Das geht, meines Erachtens, nur noch über den Geldbeutel, und da sind wir beim CO_2-Preis. Würde Fleisch tatsächlich das kosten, was es mit einem intelligenten CO_2-Preis kosten müsste, würden die Leute sofort zum Sonntagsbraten zurückkehren. Es wäre dann wieder ein besonderes Ereignis, sonntags ein Stück Fleisch zu essen. Es gibt Menschen, die sich sagen: »Ich flieg' für neun Euro nach Malle, buch' mir kein Hotel, weil ich mich einmal die Nacht über wegsaufe, und steig' am nächsten Morgen in den 9-Euro-Flieger zurück.« Würden Billigflieger wie Ryanair anständig bepreist, wäre das Reisen ein Ereignis. Und das gilt für fast alles. Ich habe mal Kunden in einem Primark gefilmt, die kauften sich für zwei, drei Euro ein T-Shirt und sagten mir in die Kamera: »Das Geilste ist, das kann ich nach dem Club-Besuch wegschmeißen, wenn es stinkt, das kostet ja nichts.«

Wenn dieses T-Shirt das kosten würde, was es wert ist, vom Wasser für die Baumwolle über die Produktion usw., dann würden die Leute ihre Kleider nicht einfach wegschmeißen. Solange »Geiz ist geil« die Maxime ist und alle nur möglichst billig produzieren wollen, werden wir diesen Planeten restlos plündern. So, Jakob, jetzt bist du dran. Jetzt kommt der Berufsoptimist und widerlegt mich.

Jakob Blasel

Nein, ich sehe das genauso, ich weiß gar nicht, wie ich in dieser Rolle des Optimisten gelandet bin. Ich glaube, wenn wir nur den Konsumenten adressieren, dann erreichen wir letztendlich auch nichts als Frust. Es gibt acht bis zehn Millionen Vegetarier in Deutschland; das zeigt, eine riesige Zahl von Menschen hat schon verstanden, worum es geht. Aber wir haben ja strukturelle Probleme, Industrien, die machen können, was sie wollen. Keine klaren Regeln, wie etwa eine gute CO_2-Bepreisung. Aber wir brauchen auch zum Beispiel eine ganz andere Infrastruktur. Wir

stecken jedes Jahr immer noch Milliarden in den Neubau von Straßen. Wir wären so viel effizienter und klimaschonender, wenn wir über die Schiene transportieren würden. Wir lassen weiterhin zu, dass Häuser in Deutschland gebaut werden, die nicht richtig gedämmt sind. Ich verstehe nicht, warum so schädliches und schlimmes Verhalten kein bisschen reguliert wird.
Hannes Jaenicke

Es ist für die Industrie eben immer noch billiger, neue Ressourcen zu plündern, als verwendete wieder zu verwerten. Du bist Bauherr und holst dir Recycling-Stahl? Der ist zu teuer. Wiederum ein CO_2- Problem. Würden wir neuen Stahl, neue Baumaterialien nach ihrem CO_2-Schaden bepreisen, würde der Kreislauf wahnsinnig schnell in die Gänge kommen. Frankreich bestraft jetzt Essensvernichtung. Warum können wir das nicht? Warum bestrafen wir das Containern? Warum gibt es keine Steuervergünstigung für Mehrwegplastik und eine immens hohe Steuer auf Einwegplastik? Boris Palmer, Bürgermeister von Tübingen, führte am 1. Januar 2022 eine kleine Steuer auf Wegwerfverpackungen ein. Wer klagt dagegen und gewinnt? McDonald's. Der größte Fast-Food-Produzent der Erde, ein amerikanischer, multinationaler und milliardenschwerer Konzern verklagt eine Kleinstadt in Baden-Württemberg und gewinnt.
Jakob Blasel

Die haben gewonnen?
Hannes Jaenicke

Die haben gewonnen.

Deshalb ist unser Gegner nicht meine Partei, lieber Jakob. Herr Lindner, Herr Kubicki, Herr Buschmann, Herr Wissing, Herr Merz, das sind die Leute, die wir überzeugen müssen.
Jakob Blasel

Trotzdem müssen wir auch bei den Grünen kritisch bleiben, wenn Sachen nicht gut laufen. Auch wenn es natürlich aus der Logik der Demokratie verständlich ist, dass Kompromisse geschlossen werden müssen. So zufrieden du auch bist, Hannes, müssen wir Fehler ansprechen. Es braucht eine Opposition, die sagt: »So, wie ihr das gerade macht, ist das nicht okay.« Diese Kompromisse mit der FDP, die sind nicht in Ordnung. Das Fatale ist, dass es das eben im Bundestag gerade nicht gibt. Es gibt einfach im ganzen Bundestag derzeit keine Partei, die auch den Grünen in der Regierung mal Druck macht. Deswegen müssen wir gerade jetzt mit Aktivismus auf der Straße und mit einer klugen, wachsenden Zivilgesellschaft im richtigen Moment den Finger in die Wunde legen. Ich finde nicht, dass die Grünen einen Freifahrtschein für Regierungsarbeit haben, bei aller Liebe.

Hannes Jaenicke

Trotzdem glaube ich, wir müssen die Überzeugungsarbeit nicht bei unseren eigenen Leuten leisten, sondern bei den Leuten, die dauernd bremsen. Und das ist Scholz und das ist die SPD, und das ist die CDU und das ist die FDP, die sitzen ja auch in ganz vielen Bundesländern.

Jakob Blasel

Ich setze auf Aktivismus, darauf, dass wir den Leidensdruck schon auf die Straße bringen, bevor er ankommt, und dass wir eine Katastrophe verhindern, bevor sie passiert. Und da setze ich persönlich vor allem darauf, dass wir die Politik immer da adressieren, wo sie sich als unfähig erweist, die Probleme wirklich anzugehen.

Es werden Fehler gemacht, und es werden Kompromisse gemacht, die eine Bedrohung sind für die Ökologie, für das Klima, für das Weltklima. Wenn Cem Özdemir eine Agrarwende vorantreibt ohne Wenn und Aber, dann ist es, glaube ich, toll, aber am Ende wird das darauf hinauslaufen, dass auch Cem Özdemir sich mit der FDP einigen muss und das am Ende als Erfolg verkaufen wird. Da wird es dann unsere Aufgabe sein zu benennen, an welchen Stellen Kompromisse eingefahren wurden, die eben nicht kompatibel mit den ökologischen Grenzen sind.

Hannes Jaenicke

Na ja, es ist natürlich immer kompliziert. Nehmen wir die Billig-T-Shirts von Primark. Wenn wir damit aufhören, sagt jede Frau in Bangladesch: »Bitte, bitte, lasst uns hier weiter nähen, das sind die einzigen Jobs, die wir haben.« Da sage ich, das ist völlig richtig. Die sollen auch alle weiter an ihren Nähmaschinen sitzen, aber nicht sieben Tage die Woche, zwölf Stunden ohne Pinkelpause, nicht in Fabriken, die zusammenbrechen. Bezahlt sie anständig. Dann sollen sie auch weiter nähen. So ist es auch bei der Agrarwende: Wenn wir einfach alles Mögliche verbieten, dann trifft das gerade die Kleinbetriebe und nicht die Massentierhaltung. Die Kleinbetriebe können sich den notwendigen Umbau gar nicht leisten. Die gehen bei der Agrarwende kaputt. Das sind komplexe Themen, gerade in Özdemirs Abteilung und auch bei Herrn Wissing, dem Verkehrsminister (FDP). Ich beneide ihn und sein Ministerium nicht darum, die Verkehrswende organisieren zu müssen.

Aber ich gebe dir natürlich recht, Jakob. Dass wir jetzt diese LNG-Terminals bauen, dass wir in Katar Gas einkaufen, dass wir den Amerikanern ihr Fracking-Gas abkaufen, das ist alles eine Katastrophe. Ich meine, jeder, der den Film *Gaslight* gesehen hat, weiß, was Fracking für Schäden verursacht. Aber den Umbau, die Energiewende, kriegst du halt über Nacht nicht hin.

Kerstin Lücker

Andererseits könnte man fragen, ob die Krise nicht auch eine Chance gewesen wäre, zu sagen: Wir müssen es mal mit einem alternativen Weg versuchen. Das Fahrverbot sonntags, solche Dinge. Solche Versuche, in irgendeiner Form auf eine Reduktion des Energieverbrauchs zu setzen, hat es aber nicht gegeben.

Hannes Jaenicke

Ich habe die Sonntagsfahrverbote [während der Ölkrise in den 1970ern] noch miterlebt und bin mit meinem Bruder mit dem Fahrrad über die Autobahn gefahren. Es war der größte Spaß meiner Kindheit. Dieses Land ist nicht untergegangen. In Los Angeles wird jetzt das Wässern und sogar der Anbau von Rasen verboten, da wird das Wasser richtig rationiert. Geht dieser Staat Kalifornien, geht die fünftgrößte Volkswirtschaft der Welt unter? Nein. Leute kommen mit solchen Regularien klar, der Mensch kann mit Verboten sehr gut leben. Ich weiß auch nicht, woher die Angst deutscher Politiker vor Verboten kommt.

Kerstin Lücker

Pragmatismus ist oft völlig verständlich, kann aber leicht auch zur Entschuldigung werden. Fehlt es uns manchmal auch an Alternativen, weil die Angst vor Neuem zu groß ist? Vor Experimenten, Veränderungen?

Hannes Jaenicke

Ja. Uns fehlt die positive Seite der Vision. Corona war da ein tolles Beispiel: Da haben Leute plötzlich entdeckt, wie schön ein Spaziergang sein kann, wie toll es ist, einen kleinen Wald in der Nähe zu haben. Ein paar Felder, über die man laufen kann. Wir haben während Corona ganz einfache Vergnügen wiederentdeckt. Da hast du absolut recht. Die Angst vor Veränderung hat in Deutschland ja geradezu paranoide Züge. Amsterdam und Utrecht, all diese Städte sind längst autofrei. Geht Holland unter? Nein.

Jakob Blasel

Holland könnte trotzdem untergehen.

Hannes Jaenicke

Klar. Aber die sind vorbereitet. Mit 50 Prozent der Landfläche unter dem Meeresspiegel leben die seit Jahrhunderten mit der Flut.

Ich habe einen Wohnsitz in den USA, da werden seit vielen Jahren Bewohner subventioniert, die ihren Rasen rausreißen und indigene Pflanzen anbauen. Sukkulenten und Kakteen, da bekommt man drei Dollar pro Quadratmeter. Die Behörden belohnen die, die ihren Wasserverbrauch reduzieren.

Wenn du reist, merkst du, wie einfach solche Konzepte sein können, wenn man ein bisschen offen ist für Reformen, für Innovationen.

Kerstin Lücker

Diskutiert ihr so was auch, Jakob?

Jakob Blasel

Ja, ich glaube auch, es braucht positive Visionen, und vor allem sollte man sich bei anderen umschauen. Wir haben das vor zwei Jahren gesehen, als es während Corona um die Lufthansa-Rettung ging. In Frankreich haben sie gesagt: »Wir retten diese Airline, aber nur, wenn sie den Flugverkehr massiv reduziert.« Ich glaube, bei Inlandsflügen war eine Reduktion von 50 Prozent im Gespräch, die dann eins zu eins durch Nachtzüge und Ähnliches ersetzt wurden. Es gab solche positiven Beispiele, und trotzdem war die deutsche Politik nicht mutig genug und hat stattdessen Lufthansa, einen großen, fossilen Konzern, gerettet und dann damit sogar noch neue Flugzeuge gekauft. Das ist genau der Punkt. Am Ende reicht es nicht, dass es in Kopenhagen ein Fahrradparadies gibt und Mobilität dort ganz neu gedacht wird. Am Ende brauche ich die Bürgermeisterinnen und Bürgermeister in Deutschland, die bereit sind, solche Dinge umzusetzen. Also, wir können immer ganz viele positive Beispiele nennen, das finde ich wichtig, das hilft mir sehr dabei, optimistisch zu sein. Aber letztendlich brauchen wir als Gesellschaft Entscheidungsträger mit dem Mut, diese Beispiele auch umzusetzen.

Hannes Jaenicke

Ich bin absoluter Anhänger des Kapitalismus. Ich glaube, dass kein anderes System funktioniert. Aber wir müssen innerhalb dieses Systems Wirtschaftswachstum neu definieren. Im Moment ist Wachstum immer nur Renditesteigerung, Umsatzsteigerung, Wohlstandssteigerung ohne Rücksicht auf Verluste. Wir brauchen ganz dringend Wachstum, nur die Frage ist, wo?

Willst du noch was dazu sagen, Jakob?

Jakob Blasel

Ich glaube, das ist schon genau der Punkt. Ich würde allerdings widersprechen, wenn wir es nur über den Preis regeln würden. Zum Beispiel betrifft vieles auch Strukturen. Dass wir bessere Straßen in Deutschland haben als Schienen, ist ein strukturelles Problem. Das lösen wir nicht über Steuern und Preise. Bei der öffentlichen Infrastruktur muss der Staat handeln.

Hannes Jaenicke

Vielleicht auch das. Mal davon abgesehen, denke ich, zurzeit ist der effektivste Weg des Umweltschutzes der Klageweg, so, wie das vor allem in den USA gemacht wird. Oder Luisa und Greenpeace, die in Deutschland geklagt haben. Du musst die Verantwortlichen gerichtlich zwingen zu handeln.

Jakob Blasel

Es funktioniert überraschend gut. Ich habe da am Anfang nicht so dran geglaubt, aber bei der Klage der Deutschen Umwelthilfe vor dem Bundesverfassungsgericht hat das funktioniert.

Hannes Jaenicke

Da wünsch ich dir, Jakob, dass du nach deinem Studium der kritischste Anwalt wirst, der ständig irgendwelche Leute verklagt.

Jakob Blasel

Ja, ich weiß nicht, ob ich damit mein Lebtag verbringen will, aber vielleicht führt daran auch kein Weg vorbei.

Michael Braungart:

Klimapositiv statt klimaneutral – wie wir erreichen, dass im Jahr 2100 wieder der Gehalt an Treibhausgasen in der Atmosphäre besteht, den es im Jahr 1900 gegeben hat

Traditionell wollen Firmen, Städte und Gemeinden klimaneutral sein, auch die Europäische Union hat sich das zum Ziel gesetzt. Dies ist jedoch eigentlich ein merkwürdiges Ziel. Man stelle sich vor, man kommt nach Hause und erzählt dem Kind, dass man heute kinderneutral sein möchte. Kein Baum ist klimaneutral – ein Baum ist gut für das Klima, er ist klimapositiv.

Traditionell denken Menschen, sie schützten die Umwelt, wenn sie diese etwas weniger zerstören: Reduziere den Energieverbrauch! Reduziere den Wasserverbrauch! Minimiere die Abfallmenge! Es ist jedoch kein Umweltschutz, wenn man bloß etwas weniger zerstört. So wie es auch kein Kinderschutz ist, wenn man ein Kind nur fünfmal schlägt anstatt zehnmal. In dieser Logik hat ein Land wie die DDR die Umwelt so viel besser »geschützt« als Westdeutschland, einfach durch Ineffizienz. Mecklenburg-Vorpommern war in den 1980er-Jahren ein reines Paradies, weil die wirtschaftliche Situation so ineffizient war, dass man die ganzen Feuchtgebiete einfach nicht zerstören konnte. Heute gibt es überall Warnhinweise auf Autobahnen und Bundesstraßen zu Staubwolken, weil durch eine völlig absurde Landwirtschaft der Boden systematisch zerstört wird und die ganzen Biotope dazwischen verschwunden sind. Mecklenburg-Vorpommern sah in den 1980er-Jahren etwa so aus, wie man es heute noch auf dem Darß oder auf Rügen sehen kann.

Es hat also keinen Sinn, das Bestehende zu optimieren. Statt nach Effizienz müssen wir vielmehr zuerst nach Effektivität fragen – also: Was ist das Richtige? Denn sonst macht man das Falsche richtig und damit richtig falsch.

Der Vorschlag für »richtige«, effektive Maßnahmen lautet: Sie sollten klimapositiv sein, nützlich fürs Klima. Auf diese Weise sollten wir das Ziel anstreben, dass im Jahr 2100 wieder die Gehalte an Treibhausgasen in der Atmosphäre herrschen, die es 1900 gegeben hat.

Warum ist Klimapositivität notwendig?

Es gibt keinen Zweifel, dass der jetzige Gehalt an Treibhausgasen in der Atmosphäre den Planeten zerstört. Jetzt taut das Grönlandeis auf, jetzt verschwindet das Polareis, jetzt tauen die Permafrostböden auf, jetzt verschwinden die Gletscher. Der jetzige Gehalt an Treibhausgasen in der Atmosphäre würde in Hamburg zu einem Anstieg des Meeresspiegels um 22 Meter führen, dazu gibt es eine ganze Reihe von wissenschaftlichen Untersuchungen. Das 1,5-Grad-Ziel würde diesen Prozess nur verlangsamen und würde dadurch für die Erde sogar eher kontraproduktiv sein, denn wenn ein ökologisches System schnell kollabiert, kann es sich aus den Nischen heraus wieder regenerieren, wenn der Zusammenbruch hingegen verlangsamt wird, dann sterben die Nischen mit ab.

Es stellt sich natürlich die Frage, warum möchten Menschen klimaneutral sein, obwohl dies eine Absurdität ist. Man kann nur klimaneutral sein, wenn man nicht existiert. Ein Hauptgrund dahinter ist sicher die Religion beziehungsweise eine falsch verstandene Religiosität. Sowohl im Christentum als auch im Islam sagt die Religion, dass Menschen von sich aus böse sind und nur durch göttliche Gnade erlöst werden können. Also können sie nicht gut sein, sondern höchstens weniger schlecht. Und der höchste Grad von weniger schlecht ist es, neutral zu sein.

Wenn wir als Menschheit tatsächlich eine Zukunft auf dem Planeten vererben wollen, bleibt uns nichts anderes übrig, als nützlich für die anderen Lebewesen zu sein und nicht weniger schädlich. Es bedeutet, den Begriff Abfall abzuschaffen und alles zu Nährstoffen zu machen. Dinge, die verschleißen, gelangen als Nährstoffe in die Biosphäre; Dinge, die nur genutzt werden, müssen hingegen der Technosphäre zugeführt werden. Schuhsohlen, Bremsbeläge, Kleidungsstücke usw. werden verbraucht, Waschmaschinen oder Fernseher hingegen werden nicht verbraucht, sondern lediglich genutzt. Es gibt also nur biologische und technische Nährstoffe.

Für »weniger schädlich« sind wir viel zu viele Menschen auf diesem Planeten. Es ist notwendig zu begreifen, dass die Menschen eine Chance für diesen Planeten sein können, dann werden sie sich auch so benehmen. Wenn man ihre Existenz infrage stellt, dann wird man genau das Gegenteil erreichen. Menschen werden dann raffgierig und feindselig. Die Biomasse der Ameisen und Termiten ist weitaus größer als die der Menschen, und dennoch sind sie kein Umweltproblem. Im Gegenteil: Nur durch Ameisen ist der brasilianische Regenwald überhaupt möglich, da ohne sie die Nährstoffe viel zu lange brauchen würden, um wieder zurück in nährstoffarme Kreisläufe zu gelangen. Im Gespräch mit Bill Gates stellte sich heraus, dass Bill Gates diese Botschaft bereits verstanden hat. Er gleicht seinen CO_2-Fußabdruck mit etwa 400 Euro pro Tonne CO_2 aus dem CO_2 der Atmosphäre aus und nicht durch entsprechende Pflanzaktionen. Das heißt, er zahlt die Kosten, die anfallen, um die CO_2-Emissionen in der Atmosphäre zu reduzieren.

Welche Technologien bestehen, um CO_2 aus der Atmosphäre zu entfernen?

Die Kosten von CO_2-Abscheidung betragen nach jetzigen Marktpreisen etwa 400 Euro pro Tonne. Das ist relativ nah an dem diskutierten CO_2-Preis von etwa 200 Euro pro Tonne. Durch entsprechende Vergrößerung und Optimierung der Technologie könnte der derzeitige Preis, den wir zahlen, um eine Tonne CO_2 unschädlich zu machen, durchaus auf 200 Euro gesenkt werden.

Es gibt dafür drei verschiedene Technologien:

1. Ausfrieren: CO_2 hat bei −78 °C bereits den Festpunkt und kann deshalb allein durch Kälte aus der Atmosphäre entfernt werden.
2. Ausfiltrieren: CO_2 ist das größte Molekül in der Atmosphäre. Es muss möglich sein, den Gehalt von 420 ppm auf 280 ppm zu senken. Das Ausfiltrieren wäre eine geeignete Methode.
3. Absorbieren und Desorbieren: Man kann CO_2 reaktiv binden und auf diese Art und Weise CO_2 aus der Atmosphäre entfernen.

Anstatt den Recyclinganteil von Plastikflaschen zu erhöhen – praktische Schritte:

Was ist das Ziel? Wir wollen CO_2-positiv sein und das CO_2 aus der Atmosphäre zurückholen. Dabei wollen wir nichts mehr als lediglich so intelligent zu sein wie Bäume. Das heißt, Gebäude wie Bäume zu gestalten, Städte wie Wälder, die das CO_2 aktiv speichern. Dies könnte durch einen Ideenwettbewerb umgesetzt werden, in dem relativ zügig Methoden und entsprechende Technologien favorisiert werden, die dafür geeignet sind, CO_2 wieder zurückzugewinnen. Für die Umsetzung wäre dann wiederum sicherlich ein Stufenplan notwendig. Ein solches positives Vorgehen würde viel mehr Unterstützung von jungen Leuten nach sich ziehen. Es ist relativ zynisch, die Kinder für Fridays for Future zu verpflichten, während wir bereits über die Techniken verfügen, um in der Atmosphäre die CO_2-Konzentration des Jahres 1900 wiederzuerlangen.

Alexander Van der Bellen:

»Schließlich sind wir Menschen«
(Auszüge aus Reden des Bundespräsidenten aus den Jahren 2019 bis 2021, zusammengestellt und mit Überschriften versehen von Kerstin Lücker)

Nach der Pandemie ist vor der Klimakatastrophe

Die Oper *Don Giovanni*, die morgen Premiere hat, endet auf den ersten Blick ein wenig trivial. Wolfgang Amadeus in Hollywood, könnte man karikierend sagen. Auf den zweiten Blick – und vor allem aus heutiger, aus aktueller Sicht – ist das Opernende keineswegs trivial. Also: Nach der Höllenfahrt der lasterhaften Hauptfigur unterhalten sich die verbliebenen Geschädigten darüber, was sie denn nun machen werden.

Leporello etwa, Don Giovannis Diener, der schon früh in der Oper gesagt hat, nicht länger dienen zu wollen, meint am Ende, dass er jetzt einmal einen neuen Herrn suchen gehe. Und auch die anderen Figuren, alle sind heilfroh, dass der Schrecken vorüber ist und sie nun zur Normalität zurückkehren können – als wäre nichts geschehen …

Das kennen wir doch irgendwie? Das kommt uns doch bekannt vor?

Ja, wir können uns zu Recht freuen, dass vieles von dem, was zu unserem Alltag und unserem Leben gehört hat und was wir (wegen der durch das SARS-CoV-2-Virus ausgelösten Pandemie) anderthalb Jahre vermisst haben, nunmehr nahezu zurück ist. Wir genießen es, einander wieder begegnen zu können, wir freuen uns darauf, unser engstes Umfeld wieder verlassen und Neues entdecken zu können. Wir sind glücklich, wieder aus einem reichen und faszinierenden Kunst- und Kulturangebot auswählen zu können. Auch wenn wir immer noch große Vorsicht walten lassen müssen. Aber gleichzeitig spüren wir doch, was die Rückkehr zum Status quo ante bedeuten würde: die Rückkehr zu einem Leben, das in mehr und mehr Bereichen alles andere als »normal« gewesen ist.

Ökologie, Wirtschaft und soziale Verantwortung gegeneinander auszuspielen oder Maßnahmen gegen die Klimakrise weiterhin nur zögerlich in Angriff zu nehmen, ist nicht normal, es ist fahrlässig. Das Zeitalter des Menschen ist drauf und dran, die kürzeste Epoche der Erdgeschichte zu werden, wenn wir weiter mit aller Kraft daran arbeiten, unsere eigenen Lebensgrundlagen zu vernichten. Tagtäglich sind wir mittlerweile mit den Auswirkungen unseres Handelns konfrontiert. Wir sehen sie, wir erleben sie, und wir spüren sie: die heftigen und manchmal auch tödlichen Unwetter, die brütende Hitze in Kanada. Die Überflutungen in keineswegs tropischen Gebieten, und anderenorts den Wassermangel, mit ausgetrockneten Böden. Und das alles hier und jetzt bei uns. […]

Wenn wir ganz ehrlich mit uns selber sind, wissen wir, dass es so einfach nicht weitergehen kann.

Und wir wissen, dass wir handeln müssen. […]

Sie fragen sich vielleicht, ob ich nun plötzlich zum Klimaforscher geworden bin. Überhaupt nicht. Aber in meinem früheren Leben war ich Ökonom, zuletzt an der Uni Wien. Und Anfang der 80er-Jahre wurde ich aufmerksam, dass es interessante neue Forschungsgebiete gibt: Enviromental Economics, und als Spezialgebiet davon Economics of Climate Change. William D. Nordhaus gewann etwa 2018 den Nobelpreis »for integrating Climate Change into longrun macroeconomic analysis« (für die Berücksichtigung des Klimawandels in langfristigen makroönonomischen Analysen).

Und der Ökonom Nicholas Stern meinte schon 2006: »Die Klimakrise ist das größte Marktversagen aller Zeiten.« 15 Jahre später könnte man pessimistisch sagen, ein »Staatsversagen« erster Ordnung hat sich herausgestellt, in Form von Untätigkeit. [...][70]

Was tun?

Nur wenn wir beginnen das, was wir schon lange wissen, auch in die Tat umzusetzen, kann wieder Hoffnung entstehen.

Also, was wissen wir?

Wir wissen, dass das, was die Staatengemeinschaft bisher getan hat, um die Klimakrise zu bekämpfen, zu wenig ist.

Wir wissen, dass uns die Zeit davonläuft.

Wir wissen, dass der Klimanotstand längst da ist.

2018 war das wärmste Jahr seit Beginn der Aufzeichnungen. Und 2019 wird wohl ein weiteres Jahr der Extreme. Die Folgen sind deutlich sichtbare Auswirkungen der Klimakrise: Dürre, Waldbrände, Hochwässer und Stürme. Menschen verlieren ihre Heimat. Menschen verlieren ihr Leben. Durch Zyklone in Mozambique, durch Waldbrände in Kalifornien, durch Dürrekatastrophen in vielen Teilen der Welt. Auch bei uns in Europa.

Wir wissen, dass die Klimakrise die weltweite Wirtschaftsentwicklung beeinträchtigt, dass sie Landwirtschaft, Tourismus, Wasser- und Energieversorgung bedroht.

Und damit letztlich Frieden, Sicherheit, sozialen Zusammenhalt und Wohlstand von uns allen.

Wir wissen all das. Was ist also zu tun?

Wir müssen JETZT die Trendwende bei den Treibhausgasemissionen einleiten. Wir müssen unser Gesellschafts- und Wirtschaftsmodell so umbauen, dass es netto ohne CO_2-Emissionen funktioniert. Das müssen wir bis 2050 schaffen.

Ich habe im Vorfeld der wichtigen Klimakonferenz Cop 24 in

Polen mit europäischen Staatsoberhäuptern eine Klimainitiative gestartet. Ich setze diese Initiative jetzt fort, mit dem Ziel, den UNO-Klima-Aktionsgipfel von António Guterres im September 2019 zu unterstützen und Druck aufzubauen für die notwendigen weitreichenden Maßnahmen, die alle Staaten jetzt setzen müssen. [...][71]

[...] In [Erich Kästners] Roman *Konferenz der Tiere* treffen sich diese, um anstatt der Menschen für den Weltfrieden zu sorgen.

Mir ist folgendes Zitat besonders in Erinnerung geblieben: »Wir werden die Welt schon in Ordnung bringen. Wir sind ja schließlich keine Menschen.«

Ich hoffe, [...] dass wir Menschen das auch hinbekommen. Zu tun gibt es genug.

Sie sind ja eigentlich das falsche Publikum. Denn Sie sind schon überzeugt, sonst wären Sie nicht hier.[72]

Angst und Geld

Ich spreche daher in erster Linie zu jenen, die *nicht* hier sitzen heute und die den Ernst der Lage noch nicht wahrhaben wollen. Denn *die* müssen davon überzeugt werden, dass etwas zu tun ist, angesichts der drohenden Klimakatastrophe.

Aber das ist leider das Klimaschutz-Paradoxon: *Preaching to the converted*. Den Bekehrten predigen.

Wir reden vor allem zu jenen, die es eh schon wissen.

Es ist viel schwieriger, jemandes Interesse zu wecken, der kein Interesse hat. Und dennoch muss es uns gelingen. Aber wie?

Hilft es zum Beispiel, Angst zu machen?

Hilft es, darauf hinzuweisen, dass wir schon jetzt, viel früher als befürchtet, katastrophale Klima-Kipppunkte erleben, vor denen Wissenschaftler schon seit Jahren gewarnt haben?

Hilft es, wieder und wieder davor zu warnen, dass dann, wenn die Permafrostböden auftauen, wir auch im Rest der Welt ein Problem haben? Hilft es, aufzuzeigen, dass pro Tag 150 Arten aussterben und es eine Frage der Zeit ist, bis das nächste gefährliche Virus auf den Menschen überspringt, wenn wir unseren Umgang mit der Natur nicht ändern?

Hilft es also, Angst zu machen? Offensichtlich nicht. Denn die Zerstörung der Natur geht weiter.

Hilft es, mit Geld zu argumentieren? Und darauf hinzuweisen, dass alleine in Österreich Jahr für Jahr Klimaschäden von etwa zwei Milliarden Euro verursacht werden und sich diese Kosten in den nächsten Jahrzehnten vervielfachen werden?

Hilft es, den Wert von Wäldern in Dollar zu errechnen, wie das kürzlich eine Studie der Boston Consulting Group getan hat?

Diese Studie besagt, dass die Bäume der Erde bis zu 150 Billionen Dollar wert sind.

Dabei wurde berücksichtigt, dass unsere Wälder riesige Mengen Kohlendioxid speichern, zur Reinigung von Wasser und Luft beitragen, die natürliche Artenvielfalt sichern und Millionen von Menschen eine Existenzgrundlage bieten.

Hilft es also, mit Geld zu argumentieren?

Offensichtlich nicht.

Denn immer noch verschwindet jede einzelne Minute Wald in der Größe von dreißig Fußballfeldern. […][73]

[…] Alles, was wir Menschen machen, wirkt sich auf unseren Planeten aus – und die Gesundheit unseres Planeten wirkt sich wiederum auf uns aus. Die Bilanz ist schlimm: Unsere ungebremste Nutzung fossiler Brennstoffe hat unseren Planeten krank gemacht. Unser rücksichtsloser Umgang mit Tieren, Pflanzen und Ressourcen hat unseren Planeten krank gemacht.

Wir haben viele Fehler gemacht.

Dieser Wahrheit müssen wir Menschen uns stellen. Wir sind

dafür verantwortlich, ob wir von einem »healthy planet« reden können – oder nicht.

Doch die gute Nachricht ist, dass wir Menschen aus Fehlern lernen können. Dass wir uns weiterentwickeln können. Das ist uns angeboren. Schaut man sich unsere Geschichte an – die Geschichte allen Lebens – ist es eigentlich unglaublich. Eine Wolke aus Staub und Gas, die sich formt. Ein Einzeller, der sich teilt. Ein Fisch, der mit seinen Flossen an Land kriecht. Ein Tier, das mit einem Stein eine Nuss knackt. Ein Mensch, der aufrecht geht – der spricht und denkt und fühlt.

Diese stetige Weiterentwicklung steckt immer noch in uns allen. Wir suchen nach alternativen Energieträgern. Wir erforschen neue Transportwege. Wir entdecken neue, nachhaltige Materialien. Wir finden ganz neue Arten, miteinander zu kommunizieren, wenn wir uns nicht von Angesicht zu Angesicht treffen können. Und wir werden uns auch weiterentwickeln, um die Klimakrise zu überwinden. Nicht nur, weil es einfach Teil unserer DNA ist, weil es also unser Überleben sichert, sondern weil uns unser Zuhause am Herzen liegt.

Niemand wünscht sich eine dunkelgraue Welt, eine Dystopie mit Hitzewellen und Naturkatastrophen, Dürre und Trinkwasserknappheit. Ich für meinen Teil wünsche mir eine Welt, in der es noch Wiesen, Moore und Wälder gibt, quakende Frösche, bunte Schmetterlinge, summende Bienen, also eine Welt reich an Arten und an Ressourcen. Eine Welt, in der »größer, weiter, besser« nicht nur im Sinne von wachsendem Profit verstanden wird, sondern im Sinne von unendlich vielen Lösungsvorschlägen und Ideen.

Mit Menschen, die diese Welt nicht nur für sich selbst bewirtschaften, sondern auch für ihre Kinder und Enkelkinder. Und mit einem Verständnis dafür, dass wir Teil eines größeren Systems sind, mit dem wir im Gleichgewicht sein müssen.

Wie erreichen wir eine solche Welt?

Ganz einfach: Wir gehen den Weg dorthin, auch wenn da einige Steine liegen, die wir erst wegräumen müssen. Schritt für Schritt. Die ersten Schritte sind ja bereits getan, mit dem Klimaabkommen von Paris, dem European Green Deal, unzähligen Initiativen, die im Gange sind, unterschiedlichsten Maßnahmen, die verfolgt werden und vielen Menschen, die sich dem Kampf gegen die Klimakrise anschließen.

Greta Thunberg hat mit den Fridays for Future eine weltweite Bewegung in Gang gesetzt. US-Präsident Joe Biden ist dem Pariser Klimaabkommen wieder beigetreten. [...][74]

Optimistisch in die Zukunft

[...] Warum bin ich trotzdem optimistisch, dass es nicht zu einem multiplen Organversagen kommen wird? Vor allem aus drei Gründen:

1. Die jungen Leute sind aufgewacht. Es geht um ihre Zukunft.
2. Die Wirtschaft selbst ist aufgewacht.
3. Die Europäische Kommission, last but not least unterstützt durch die EZB, treibt den Kampf gegen die Emission von Treibhausgasen voran.

[...] Es mag unbequem sein: Aber wir alle werden unsere Lebensweise ändern, wir werden uns anpassen, Nachhaltigkeit, Regionalität und Klimabewusstsein werden unser Verhalten leiten. Die Jobs von morgen werden andere sein als die heutigen, und wir werden auch das schaffen. Und: ja, klarerweise finden sich für jeden Vorschlag, wie eine bessere Zukunft aussehen könnte, mindestens fünf Gründe, warum das nicht funktionieren kann. Der menschliche Einfallsreichtum im Verhindern scheint ja oft unbegrenzt.

Mein Vorschlag ist, unseren Einfallsreichtum, unsere Kreativität, die in jeder und jedem von uns steckt, dem Ermöglichen zu widmen. Dass wir uns gegenseitig unterstützen in einem Prozess des Umdenkens, des Neudenkens.

Was in der Kunst selbstverständlich ist, brauchen wir jetzt ganz dringend in allen Lebensbereichen: Das gegenseitige Befördern unser aller Kreativität. [...][75]

[...] Natürlich ist es wichtig, dass wir Menschen über die schrecklichen, Angst machenden Folgen einer Klimakatastrophe Bescheid wissen.

Und es ist hilfreich, auch einmal zu sehen, welchen Geldwert eine intakte Umwelt darstellt.

Wirkungsvoller ist es aber ein positives Bild der Zukunft zu entwerfen.

Etwas, das unser gemeinsames Ziel sein kann. Denn nur ein gemeinsames Ziel wird uns dazu motivieren, zu tun, was nötig ist: Unsere *eine* Erde zu erhalten, die lebenswert und fruchtbar für alle Wesen ist.

Eine Wirtschaft, die nicht einfach den Tank leer fährt, sondern zum Gedeihen aller

beiträgt.

Eine Zivilisation, in der man es als seine Pflicht ansieht, Bäume zu pflanzen, auch wenn man selber nicht mehr in deren Schatten sitzen wird. Aber eben unsere Kinder, Enkel und Urenkel.

Ich bin zuversichtlich: Wenn wir gemeinsam positiv in die Zukunft blicken und daran glauben, dass es eben gelingen kann, bringen wir auch die Kraft auf, die vielen kleinen Schritte, die notwendig sind, sogar gerne zu machen. [...][76]

[...] Ich habe zu Beginn meiner Rede die Schlussszene des *Don Giovanni* erwähnt. Dabei habe ich, vielleicht wurde es von Einigen bemerkt, nicht die ganze Wahrheit gesagt. Leporello will sich nämlich nicht nur einen neuen Herrn suchen, er will einen besseren

Herrn finden. Und in diesem Sinne ist die Schlussszene nicht trivial. Den handelnden Personen ist sehr wohl klar, dass etwas passiert ist. Und dass es anders, dass es besser weitergehen muss. [...]⁷⁷

[...] Was wir heute tun, nützt uns, unseren Kindern und Enkelkindern. Und was wir heute nicht tun, schadet uns, unseren Kindern und Enkelkindern.

Es geht nicht nur um Lebensqualität, es geht um viel mehr. Es geht um alles. [...]⁷⁸

[...] Und es gibt diese Schritte: Gestern hat EU-Kommissionspräsidentin Ursula von der Leyen angekündigt, dass die EU ihr Klimaziel für das Jahr 2030 deutlich nachbessern will. Und die österreichische Bundesregierung hat bekannt gegeben, die Mittel für Klimaprojekte in Entwicklungsländern im Rahmen des Green Climate Fund zu verfünffachen.

Zwei wichtige Schritte, die sehr zu begrüßen sind. [...]⁷⁹

[...] Wir müssen weiter fest an einem Strang ziehen. Viele Unternehmen haben die Zeichen der Zeit erkannt, gefordert ist vor allem die Politik. Ja, es gibt viel zu tun. Aber die Liebe zu unserem Planeten sowie die Liebe zu uns selbst, zu unseren Kindern und Enkeln, die Suche nach nachhaltigen Lösungen, das immerwährende Streben nach Neuem und das aktive Mitgestalten unserer Welt – all das ist uns in die Wiege gelegt.

Es liegt in unserer Natur.

Und deshalb habe ich ein Urvertrauen in uns Menschen, dass wir das schaffen. [...]⁸⁰

[...] Wir können die Welt in Ordnung bringen. Wir werden die Welt in Ordnung bringen. Schließlich – frei nach Kästner – sind wir Menschen.⁸¹

Elisabeth Stern:

Wir Klima-Seniorinnen klagen, weil die Schweiz zu wenig gegen den Klimawandel unternimmt und damit unsere verfassungsmäßigen Rechte verletzt

Klima-Grosis, Klima-Omis, jammernde Alte, ach so lustige Weiber, fitte Alte, klönende Boomers – was wurden wir nicht schon alles genannt!

Und trotzdem fast durchwegs – und vor allem zunehmend – mit großem Respekt behandelt, jedenfalls zur überwältigenden Mehrheit, allen voran von den jungen Klimastreikenden, die uns sehr gerne mit dabeihaben bei ihren Aktionen – und zunehmend auch von den Medien.

Nach dem Aufbau des Vereins KlimaSeniorinnen Schweiz im Jahr 2016 waren es rund 450 Seniorinnen, die sich als besonders betroffene Menschen im Herbst 2016 an den Bundesrat, an das Eidgenössische Departement für Umwelt, Verkehr, Energie und Kommunikation (UVEK), an das Bundesamt für Umwelt (BAFU) und an das Bundesamt für Energie (BFE) wandten. Die Frauen mahnten diverse Unterlassungen im Klimabereich an und forderten eine ehrgeizigere Klimapolitik.

Konkret verlangten wir KlimaSeniorinnen von den Behörden a) eine Erhöhung der Klimaziele für die Jahre 2020 und 2030 sowie b) verstärkte Maßnahmen zur Erreichung der Ziele. Das Begehren stützte sich auf die Schweizerische Bundes-Verfassung sowie auf Artikel 2 und Artikel 8 der Europäischen Menschenrechtskonvention (EMRK), welche unser Leben und unsere

Gesundheit schützen. Wir argumentierten dabei als besonders betroffene Bevölkerungsgruppe, dass es ein verfassungs- und menschenrechtlich begründetes Mindestmaß an Klimaschutz gibt, an das sich Regierung und Verwaltung halten müssen.

- Für die Zeit bis 2020 verlangten wir die Erhöhung des Klimaziels von 20 Prozent auf mindestens 25 Prozent Reduktion der Treibhausgase.
- Für den Zeitraum bis 2030 verlangten wir eine inländische Treibhausgasreduktion von mindestens 50 Prozent bis 2030 (statt der vom Bundesrat vorgeschlagenen 30 Prozent).
- Wir machten konkrete Vorschläge zur Erreichung dieser Ziele.
- Insgesamt ging es darum, dass die Schweiz ihren Beitrag zur Verhinderung einer gefährlichen Störung des Klimasystems leistet, d.h. ihren Beitrag an das sogenannte Deutlich-unter-2-Grad-Celsius-Ziel. (Die Entwicklung seit 2016 sei hier vorweggenommen: Wir sprechen heute vom 1,5-Grad-Celsius-Ziel.)

Es zeichnete sich schon 2016 ab, dass die beschlossenen Maßnahmen nicht ausreichen werden, um das zu niedrig angesetzte Reduktionsziel für 2020, geschweige denn ein verfassungskonformes strengeres Reduktionsziel erreichen zu können. Der Bundesrat sollte daher den Spielraum seiner Kompetenzen ausnutzen und wo nötig neue Gesetzgebungsprozesse oder Initiativen in die Wege leiten. Hier machten wir KlimaSeniorinnen konkrete Vorschläge, einerseits mit neuen Maßnahmen und andererseits zu einer verbesserten Umsetzung der bereits bestehenden Maßnahmen.

Unser Begehren an den Bundesrat (mit dem federführenden Departement UVEK und den Ämtern BAFU und BFE) stützten wir

- auf das in der Verfassung und der Europäischen Menschenrechtskonvention verankerte Recht auf Leben und Gesundheit, welches den Staat verpflichtet, gefährdete Menschen präventiv vor gesundheitlichen Schäden zu schützen, beispielsweise vor den zunehmenden Hitzewellen durch die Klimakrise.
- auf die internationalen Klimaabkommen, vor allem auf das Übereinkommen von Paris von 2015, in welchem die Staatengemeinschaft inklusive der Schweiz sich geeinigt hat, was zur Verhinderung einer gefährlichen Störung des Klimasystems getan werden muss.
- auf wissenschaftliche Grundlagen, vor allem die Berichte des Weltklimarates, aus denen sich ableiten lässt, in welchem Umfang und in welcher Geschwindigkeit die Schweiz den Ausstoß von Treibhausgasemissionen begrenzen muss, um ihren Beitrag zu den Zielen des Pariser Übereinkommens leisten zu können.
- Unsere Berechtigung, ein solches Begehren zu stellen, begründeten wir damit, dass Frauen im Alter ab 75 Jahren besonders unter den Folgen der Klimaerwärmung leiden und verglichen mit der Gesamtbevölkerung einem erhöhten Krankheits- und Sterberisiko ausgesetzt sind.

Im April 2017 erhielten wir die Verfügung des Eidgenössischen Departementes für Umwelt, Verkehr, Energie und Kommunikation. Das UVEK setzte sich mit unseren Forderungen nicht auseinander, sondern ging auf das Gesuch aus formalen Gründen gar nicht erst ein. Es argumentierte, dass es uns KlimaSeniorinnen nicht darum gehe, CO_2-Emissionen in unserer unmittelbaren Umgebung, sondern weltweit zu vermeiden. Wir seien deswegen nicht klageberechtigt. Zur Sprache kamen weder das signifikant erhöhte Gesundheitsrisiko für ältere Frauen noch die Versäumnisse im Klimaschutz, die zu erwiesenermaßen häufigeren, längeren und intensiveren Hitzeperioden führen.

Im Mai 2017 reichten wir gegen diesen Entscheid Beschwerde beim Bundesverwaltungsgericht in St. Gallen ein. Doch auch dieses Gericht wies unsere Beschwerde im November 2018 ab, mit der Begründung, dass es uns KlimaSeniorinnen an der nötigen sogenannten »besonderen Betroffenheit« fehle. Es seien nicht nur wir KlimaSeniorinnen, sondern alle Menschen von der Klimaerwärmung in irgendeiner Art betroffen (einschließlich des Wintertourismus).

Daraufhin folgte im Januar 2019 unsere Beschwerde vor dem Bundesgericht in Lausanne, wobei auch dieses Gericht, das höchste nationale Gericht, unsere Beschwerde im Mai 2020 abwies. Das Bundesgericht begründete seinen negativen Entscheid damit, dass das Recht auf Leben und Gesundheit (der Beschwerdeführerinnen) *zum heutigen Zeitpunkt* nicht in hinreichender Intensität berührt sei. Es argumentierte weiter, dass eine Überschreitung des Deutlich-unter-2-Grad-Celsius-Ziels erst in mittlerer bis fernerer Zukunft zu erwarten sei, also noch Zeit bestehe, Maßnahmen zu ergreifen.

Es sagte sodann, dass nicht nur die KlimaSeniorinnen sich nicht auf ihr Recht auf Leben und Gesundheit berufen können, sondern der Rest der Bevölkerung auch nicht. Es wollte damit wohl verhindern, dass weitere Beschwerden, beispielsweise von Kindern, lanciert werden. Das Bundesgericht verwies auf die politischen Mittel, die zur Verfügung stehen würden. Die ablehnende Begründung des Bundesgerichts schien sehr problematisch. Die Bundesrichter meinten, die Schwelle von deutlich unter zwei Grad Celsius sei heute noch nicht erreicht, und deshalb könne niemand jetzt schon die Einhaltung eines solchen Ziels einfordern. Damit machte das Bundesgericht die Klimakrise zum grundrechtsfreien Raum und deckte die Unterlassung von Bundesrat und Verwaltung beim Klimaschutz. Gerichtlichen Schutz für uns KlimaSeniorinnen sieht das Bundesgericht erst, wenn die Folgen des Klimawandels unabwendbar sind.

Das Bundesgericht stützt sich in seinem Urteil darauf, dass die rechtlich notwendige Intensität des Betroffenseins in den Grundrechten erst bei Überschreitung des völkerrechtlich verbindlichen Schwellenwertes von deutlich unter zwei Grad Celsius gegeben sei. Dies, obwohl die Umstellung auf diesen Kurs ein Kraftakt sein wird, der jetzt geschehen muss und mindestens ein Jahrzehnt in Anspruch nehmen wird. Das Bundesgericht wich mit seinem Entscheid der Komplexität der Sache aus.

Im Urteil geht das Gericht nicht auf die Grundrechte der Einzelklägerinnen und deren heute bestehende gesundheitliche Beeinträchtigungen durch Hitzewellen ein. Die besondere Betroffenheit der KlimaSeniorinnen negiert das Gericht zwar nicht explizit. Sämtliche Beschwerdeführerinnen – wie der Rest der Bevölkerung – seien aber nicht in der »erforderlichen Intensität in ihren Grundrechten berührt, weil für die Abwendung einer Erwärmung von über deutlich unter 2 Grad noch Zeit bestehe«. Dem Urteil zufolge soll man sich erst wehren können, wenn unumkehrbare Grundrechtsverletzungen vorliegen. Aber die Schutzpflicht beispielsweise gegen Erdbeben besteht nach dem Europäischen Gerichtshof für Menschenrechte nicht erst, wenn das Erdbeben da ist. Der Staat ist in der Pflicht, das Leben hier und heute präventiv zu beschützen.

Für uns KlimaSeniorinnen war positiv am Entscheid, dass das Bundesgericht *nicht* gesagt hat, ältere Frauen seien nicht besonders betroffen, so wie dies die beiden vorgängigen Instanzen taten. Ansonsten ist die Begründung des Bundesgerichts sehr ernüchternd. Zwar ist es zutreffend, dass in unserem demokratischen System ein verstärkter Klimaschutz *auch* auf politischem Weg erreicht werden kann. Führt ein ungenügender Klimaschutz aber dazu, dass verfassungs- und völkerrechtlich garantierte Grundrechte wie das Recht auf Leben und Gesundheit möglicherweise verletzt sind, ist es die ureigene Aufgabe der Gerichte, dies zu beurteilen. Das Bundesgericht hielt sich diese rechtlich anspruchsvolle und politisch kontroverse Fragestellung schlicht vom Leib, wenn es mit Hinweis auf die Langfristigkeit der Klimaerwärmung geltend machte, dass die Behauptung einer Grundrechtsverletzung nicht einmal »vertretbar« sei. Im Endergebnis machte das Bundesgericht die Klimakrise zum grundrechtsfreien Raum. Es blieb auch weit hinter den niederländischen Gerichten zurück. Diese stellten fest, dass die niederländische Regierung zum Schutz der Menschenrechte die Emissionen dringend und erheblich reduzieren muss. Nur die *Maßnahmen* seien politisch verhandelbar, nicht aber die zur Erreichung des Deutlich-unter-2-Grad-Celsius-Ziels nötigen Mindest-*Emissionsziele* (zum Urgenda-Fall/Holland siehe unter »Wir sind nicht allein«).

Der Vorstand der KlimaSeniorinnen empfahl daraufhin den Mitgliedern den Weiterzug an den Europäischen Gerichtshof für Menschenrechte (EGMR) in Straßburg.

Doch bevor wir Frauen mit einem Schiff von Greenpeace den Rhein hinunter nach Straßburg segelten, um dort unsere Beschwerde persönlich dem Briefkasten zu übergeben (direkte Übergaben sind nicht erlaubt, was bei einer täglichen Flut von 1500 Fällen an den EGMR verständlich ist!), sei hier zuerst die besondere gesundheitliche Betroffenheit von älteren Frauen während gehäufter Hitzetage aufgezeigt.

Sind ältere Personen vom Klimawandel besonders betroffen?

Die KlimaSeniorinnen argumentieren, dass sie als ältere Frauen ganz besonders unter den immer häufigeren Hitzewellen leiden und verglichen mit der Gesamtbevölkerung einem deutlich erhöhten Sterberisiko ausgesetzt sind. Und dass die Schweiz sie nicht vor den Auswirkungen des Klimawandels schützt. Ihre

Rechte auf Leben (Art. 2 EMRK) und auf Familienleben (Art. 8 EMRK) seien verletzt.

»Besonders bei älteren Personen sind ... Herz und Kreislauf und der Wasserhaushalt schnell überfordert, Blutdruck, Herz- und Atemfrequenz steigen. Dehydrierung, Hyperthermie, Ermattung, Bewusstlosigkeit, Hitzekrämpfe und Hitzschlag sind Konsequenzen dieser gestörten Wärmeregulation. Ältere Menschen sind die von Hitzewellen am stärksten betroffene Bevölkerungsgruppe. Die meisten hitzebedingten Todesfälle treten aufgrund von Hirngefäss-, Herzkreislauf- und Atemwegs-Erkrankungen ein.« (Bundesamt für Gesundheit und Bundesamt für Umwelt (Schweiz), Schutz bei Hitze, 2007. S. 3)

Die Klimaerwärmung führt unbestrittenermaßen zu vermehrten und intensiveren Hitzewellen. Wir älteren Menschen sind die von zunehmenden Hitzewellen am stärksten betroffene Bevölkerungsgruppe. Untersuchungen zu Hitzewellen, wie dem Sommer 2003 mit über 70 000 zusätzlichen Todesfällen in ganz Europa, geben Hinweise darauf, dass ältere Frauen noch stärker betroffen sind als ältere Männer. Wir KlimaSeniorinnen haben deshalb ein schutzwürdiges Interesse daran, dass der Staat die Handlungen vornimmt, die zur Verfolgung des 1,5-Grad-Ziels nötig sind, und damit unsere Gesundheit und unser Leben schützt.

Uns ist bewusst, dass auch ältere Männer, Menschen mit Krankheiten und Kleinkinder unter den Hitzewellen und anderen Klimafolgen leiden. Mit dem Fokus auf die nachgewiesene besondere Betroffenheit von älteren Frauen vergrößern wir jedoch die Erfolgschancen unserer Klage, was letztlich allen nützt. Denn nur, wer eine Betroffenheit nachweisen kann, kann überhaupt klagen.

Hitzesommer wie in den Jahren 2003, 2015, 2018 und 2022 werden in Zukunft häufiger auftreten, intensiver sein und länger andauern. Der Zusammenhang zwischen der Hitze und der Sterblichkeit ist statistisch erwiesen. In der Schweiz kommt es insbesondere dann zu Todesfällen, wenn die Temperatur am Tag über 30 °C steigt und in der Nacht nicht unter 20 °C fällt.

Wie sich Extremtemperaturen auf das Wohlbefinden, die Lebensqualität oder die Leistungsfähigkeit der Bevölkerung auswirken, ist für die Schweiz noch kaum untersucht.

Die von den KlimaSeniorinnen ganz konkret und real wahrgenommenen Beeinträchtigungen in Hitzeperioden finden sich jedoch in wissenschaftlichen Studien bestätigt, insbesondere solchen zu den Todesfällen im Hitzesommer 2003. Anhand des Hitzesommers 2003 lässt sich exemplarisch veranschaulichen, was auch für die Hitzesommer 2015 und 2018 und für weitere, je nach Emissionsszenario deutlich gehäufter auftretende Hitzeperioden gilt: Die Todesfälle sind nicht zufällig über die Bevölkerung verteilt, sondern treten deutlich gehäufter bei älteren Menschen auf, und ältere Frauen sind aufgrund von Geschlecht und Alter dem mit der Hitze verbundenen Risiko noch stärker als die Allgemeinheit ausgesetzt. In Frankreich erhöhte sich am 12. August 2003 die Todesrate bei den Frauen um 21 Prozent gegenüber dem Normalfall (siehe en detail im Gesuch ans Bundesgericht, S. 449 ff.). In der Schweiz starben im Hitzesommer 2003 rund 1000 Personen mehr als sonst zu dieser Jahreszeit, rund 65 Prozent davon waren ältere Frauen. Im Sommer 2018 war die Sterblichkeit insgesamt nur um 1,2 Prozent erhöht, im Monat August, zeitgleich mit einer Hitzeperiode nördlich der Alpen, hingegen um 3,4 Prozent. Es zeigt sich, dass ab einer gefühlten Temperatur von 32 Grad die Mortalitätsquote deutlich nach oben schnellt. Allein in den ersten zwei sehr heißen Juliwochen des Jahres 2015 (35–37 °C) wurden laut Bundesamt für Statistik in der Altersgruppe der 65-Jährigen und Älteren 12 bis 15 Prozent mehr Todesfälle registriert, als aufgrund des Durchschnittswerts der Vorjahre in dieser Periode zu erwarten gewesen wäre. Bei anhaltender

Hitze müssen auch mehr Menschen notfallmäßig ins Spital aufgenommen werden. Auch die WHO erklärt, dass ältere Frauen mehr von Hitzeperioden betroffen sind als Männer.

Trotz dieser Daten hielt der Bundesrat die Beschwerde der KlimaSeniorinnen für unzulässig. Diese könnten keinen kausalen Zusammenhang herstellen zwischen angeblichen Unterlassungen der Schweiz und einem erhöhten Gesundheitsrisiko für ältere Frauen. Die Erderwärmung sei ein globales Phänomen. Sie zu begrenzen, erfordere entschlossenes Handeln von allen Staaten.

Uns KlimaSeniorinnen ist bewusst, dass die Klimaerwärmung ein globales Problem ist und daher auch alle anderen Staaten verpflichtet sind, ihre Schutzpflichten gegenüber ihrer Bevölkerung wahrzunehmen, damit die Folgen einer übermäßigen Klimaerwärmung vermieden werden können. Jedoch trägt jeder Staat für sein eigenes Handeln die volle Verantwortung! Und diese Verantwortung nimmt der Bund uns Klägerinnen gegenüber nicht genügend wahr.

Bei öffentlichen Vorträgen und Diskussionen wird immer wieder mal gefragt, warum wir nur Frauen als Mitglieder aufnehmen. Die Antwort ist eine einfache: Wie vorgängig aufgezeigt, sind ältere Frauen besonders betroffen von Hitzewellen. Diese »besondere Betroffenheit« ist eine Voraussetzung, um von den Gerichten angehört zu werden. Männer können jedoch Unterstützer werden, wir haben etliche davon.

Die Antwort auf die Frage, warum wir unsere Klage überhaupt nur in der Frau-Mann-Geschlechterzuschreibung abhandeln, ist schon einiges komplexer. Wir alle wissen, dass Gesetze meist dem gesellschaftlichen Diskurs hinterherhinken. Es gibt schlicht keine Zahlen für Betroffene, die sich nicht als weiblich oder männlich definieren. Das Gesetz ist binär und wird es so lange bleiben, bis der gesellschaftliche Diskurs eine entsprechende Gesetzesänderung hervorgebracht hat.

In der Zwischenzeit, seit der Gründung 2016, sind wir bis zum Sommer 2022 auf rund 2000 KlimaSeniorinnen gewachsen, bei einem Durchschnittsalter von 73 Jahren.

Weiterzug an den Europäischen Gerichtshof für Menschenrechte

Gegen das Urteil des Bundesgerichts reichten wir KlimaSeniorinnen im November 2020 Beschwerde beim Europäischen Gerichtshof für Menschenrechte in Straßburg ein.

Mit unserer Beschwerde erhält der Gerichtshof eine der ersten Gelegenheiten, die Frage zu prüfen, ob Staaten durch einen unzureichenden Klimaschutz Menschenrechte verletzen. Und wann überhaupt von einem ungenügenden Klimaschutz gesprochen werden kann, respektive wie Staaten ihren menschenrechtlichen Verpflichtungen nachkommen können.

Es gibt eine reichhaltige Praxis des Gerichtshofs zum Schutz dieser Grundrechte vor Beeinträchtigungen, die durch Umweltbelastungen entstehen. Es handelte sich aber bisher grundsätzlich um Fälle, die einen territorialen Bezug haben, z.B., ob und inwiefern ein Staat eine Pflicht hat, seine Bürger und Bürgerinnen vor Schlammlawinen oder Erdbeben zu schützen. Einen vergleichbaren Fall wie den von uns KlimaSeniorinnen, bei dem die Gefahr weniger territorial und weniger sichtbar ist, hatte der Gerichtshof noch nicht zu beurteilen. Deshalb erachten wir den Weiterzug nach Straßburg als eine einmalige Chance: Der Gerichtshof erhält erstmals die Gelegenheit, die Bedeutung des Rechts auf Leben und Gesundheit im Zusammenhang mit Fragen der Klimaerwärmung zu beurteilen. Wenn der Gerichtshof eine Menschenrechtsverletzung feststellen würde, hätte dies Auswirkungen nicht nur auf die Schweiz, sondern auf alle 47 Mitgliedstaaten des Europarats.

Was ist seit der Einreichung unserer Beschwerde beim EGMR passiert?

Der EGMR erhält täglich bis zu 1500 Beschwerden. Die meisten werden aus formalen Gründen zurückgewiesen. Hier die erste Hürde zu schaffen, ist bereits ein Kraftakt, geschweige denn die nächstfolgenden. Unsere Erleichterung und Freude waren groß, als wir im März 2021 informiert wurden, dass unser Fall der Schweiz kommuniziert und Priorität verliehen wurde. Erstmals muss die Schweiz zu unseren konkreten Argumenten Stellung beziehen. Dann folgte im April 2022 die Nachricht, dass wir der Großen Kammer zugewiesen werden. Was bedeutet das alles?

Nach dem Überstehen der ersten Hürde wurde unser Fall der Schweizer Regierung mitgeteilt, und die Schweiz erhielt Gelegenheit zur Stellungnahme. Wir konnten uns daraufhin unsererseits zur Stellungnahme der Schweizer Regierung äußern.

Ebenso konnten sich Drittparteien zum Fall äußern, und neun hochkarätige Parteien haben das gemacht. Darunter Expert:innen zu Menschenrechtsfragen, zur Klimawissenschaft und auch hochrangige Verteter:innen der Vereinten Nationen (UN) wie die Hochkommissarin für Menschenrechte und UN-Sonderberichterstatter:innen.

Schlussendlich wurde unser Fall aufgrund seiner Bedeutung im April 2022 der Großen Kammer, bestehend aus 17 Richtern und Richterinnen, zugewiesen. Die Große Kammer wird mit Rechtsfragen betraut, die schwerwiegende Fragen zur Auslegung oder Anwendung der Europäischen Menschenrechtskonvention aufwerfen. Nur ganz wenige der am EGMR anhängigen Fälle werden in der Großen Kammer verhandelt. Fälle der Großen Kammer werden öffentlich verhandelt, da die Urteilsfindung von großem öffentlichem Interesse ist.

Wunschszenario und warum ist ein Urteil zu unserem Fall so wichtig?

Der Fall wird weltweit mitverfolgt, in- und ausländische Zeitschriften berichten, wir KlimaSeniorinnen werden überhäuft mit Interview-Anfragen, auf Tagungen zu Klima und Recht wird unser Fall beispielhaft verhandelt, wir werden zu zahlreichen Anlässen eingeladen. Unsere Klimaklage gilt bereits heute als Erfolg, wegen der hohen Sichtbarkeit und der Dichte der fachlichen und öffentlichen Debatten dazu. Die Verbindung von Klima und Menschenrecht erhält zunehmende Anerkennung. Zum Teil wird bereits argumentiert, dass eine Anerkennung der menschenrechtlichen Risiken des Klimawandels sowohl rechtlich möglich als auch normativ wünschenswert sei. Es gehe nicht nur um die Frage der Verantwortung einzelner Staaten für ihre Treibhausgasemissionen, sondern auch um die Rolle und die Verantwortung des EGMR als Menschenrechtsinstanz.

Unser Wunschszenario ist ein Urteil zu den Pflichten der Klimapolitik im Hinblick auf die Menschenrechte (Art. 2 und Art. 8 EMRK). Hat die Schweiz mit ihrer ungenügenden Klimapolitik die Menschenrechte der Beschwerdeführerinnen verletzt? Wenn ja, muss die Schweiz ihre Klimapolitik den Vorgaben des EGMR anpassen. Sollte der Gerichtshof eine Konventionsverletzung feststellen, und dieses Urteil wird endgültig, wird die Akte an das Ministerkomitee des Europarats weitergeleitet. Die Aufgabe des Ministerrats ist die Überwachung der Durchführung von Urteilen des Gerichtshofs. Die Staaten sind völkerrechtlich verpflichtet, die EGMR-Urteile umzusetzen. Bis sie umgesetzt werden, bleiben sie auf der Agenda des Ministerkomitees. Das Ministerkomitee kann wieder an den EGMR zurückverweisen, wenn ein Staat einen Entscheid nicht umsetzt. Aus der EMRK kann sich die Pflicht ergeben, gesetzgeberisch tätig zu werden, aber der EGMR wird damit nicht zum Gesetzgeber. Falls dieses Jahr (2022) die öffentliche Anhörung noch möglich ist, könnte das Urteil bis Mitte 2023 fallen. Die Termine sind – Stand Ende Juni 2022 – noch nicht kommuniziert. Wir sind geübt im Warten. Viele andere warten auch, sogar auf ein epochales Urteil, eines, das unter Umständen im Bereich der Klima- und Menschenrechte Geschichte schreiben könnte. Einer erstmaligen Beurteilung dieser Fragen durch den auf Menschenrechte spezialisierten Gerichtshof kann umso mehr mit Spannung entgegengeblickt werden, als beispielsweise der UN-Menschenrechtsausschuss, der UN-Menschenrechtsrat, der Interamerikanische Gerichtshof für Menschenrechte und der UN-Sonderberichterstatter für Menschenrechte und Umwelt ganz grundsätzlich klarmachen, dass die aktuelle globale Klimakrise die Menschenrechte ernsthaft bedroht.

Wir sind nicht allein

Der erste Paukenschlag geschah in den Niederlanden. Hier wurde von einem Gericht der erste Entscheid weltweit gefällt, der einen Staat dazu verpflichtet, seine Treibhausgasemissionen stärker zu reduzieren, als politisch bereits vorgesehen war.

Es war auch der Startpunkt für uns KlimaSeniorinnen. Das Urteil in Holland bewog Greenpeace dazu, ältere Frauen zu finden, die sich in einem Betroffenen-Verein zusammenschließen und die Schweizer Regierung wegen ungenügender Klimapolitik einklagen. Greenpeace unterstützt uns KlimaSeniorinnen nach wie vor. Wir sind jedoch ein eigener Verein und treffen unsere eigenen Entscheidungen.

Immer mehr Menschen riefen und rufen die Justiz an, weil die Entscheidungsträger nicht genügend tun, um die Klimaerwärmung auf ein möglichst ungefährliches Maß einzugrenzen. In Holland waren es fast 900 Zivilistinnen und Zivilisten, die mit der Stiftung Urgenda (Wortschöpfung aus *urgent agenda*) gegen den Staat geklagt und in der ersten Instanz gewonnen hatten. Der Staat plante eine Reduktion von 17 Prozent an Treibhausgasen, das Gericht verpflichtete ihn auf eine Reduktion von 25–40 Prozent der Treibhausgase gegenüber 1990. Gegen das Urteil legte die niederländische Regierung Berufung ein, doch schlussendlich hat 2019 auch der Oberste Gerichtshof der Niederlande das Urteil bestätigt. Der Gerichtshof bestätigte, dass sich die Kläger auf das Pariser Abkommen berufen können, obwohl dieses keine individuell einklagbaren Rechte enthält. Die niederländische Verfassung verpflichte im Übrigen die Regierung dazu, das Land bewohnbar zu halten.

In vielen anderen Ländern gibt es Zivilisten und Zivilistinnen sowie Organisationen, die den Weg der Justiz gehen, weil alles andere nichts genützt hat und Grundrechte direkt bedroht sind.

Beim EGMR sind (Stand Sommer 2022) neben unserem Fall noch vier weitere Klimafälle hängig. Einer aus Portugal (Duarte Agostinho u. a. gegen 33 Staaten, darunter auch die Schweiz), einer aus Norwegen, einer aus Österreich und einer aus Frankreich. Das gemeinsame Kernargument dieser Klimaklagen ist die Verletzung von Art. 2 und Art. 8 der EMRK.

Bei der Klage aus Portugal werfen acht Kinder und Jugendliche 33 europäischen Staaten vor, die Klimakrise verschärft und damit die Zukunft ihrer Generation gefährdet zu haben. Dieser Klimaklage wurde vom EGMR ebenfalls Priorität zugestanden und ebenso eine Verhandlung in der Großen Kammer angesetzt.

Auch im französischen Fall Carême gegen Frankreich wurde die Große Kammer für zuständig erklärt. Im Fall geht es darum zu klären, ob die Maßnahmen Frankreichs reichen, um einem gefährlichen Klimawandel vorzubeugen.

Beschwerdeführer Mex M., ein junger Österreicher, ist an einer temperaturabhängigen Form von Multipler Sklerose erkrankt. Hitzewellen beeinträchtigen seine Bewegungsfreiheit. Wenn es sehr warm wird, ist Mex M. auf einen Rollstuhl angewiesen. Das ist bei immer mehr Hitzetagen für Mex ein großes Problem. Er klagt gegen seinen Staat wegen unzureichenden Klimaschutzes. Österreich ist zum Schutz der Gesundheit vor massiven Umwelteinflüssen verpflichtet. Sein Fall liegt seit April 2021 beim EGMR. Entgegen der Erwartung wurde diese österreichische Klage nicht priorisiert, anders als die Jugendlichen aus Portugal und die KlimaSeniorinnen Schweiz.

2016 gestattete Norwegen erstmals wieder nach 20 Jahren neue Ölbohrungen in der arktischen Barentssee. Nach Angaben von Greenpeace Norwegen fast zeitgleich mit der norwegischen Ratifizierung des Weltklimaabkommens von Paris. Noch im selben Jahr reichten die Umweltschützer (Greenpeace zusammen mit Natur und Jugend) Klage ein, weil sie der Ansicht waren, dass Genehmigungen zur Erdölförderung in Teilen der Barentssee gegen die norwegische Verfassung verstoßen. Alle drei nationalen Gerichte wiesen jedoch die Klage zurück. Daraufhin gelangten auch diese Kläger im Januar 2022 an den EGMR.

Außer den oben beschriebenen vier Fällen, die beim EGMR anhängig sind, seien hier zusammenfassend einige weitere erwähnt, die an anderen Gerichten verhandelt wurden und die Aufsehen erregten.

Zum Beispiel das Urteil vom März 2021 des Bundesverfassungsgerichts in Karlsruhe, welches eindeutig festhält, dass Klimaschutz ein Grundrechtsschutz ist. Es geht generationenübergreifend weiter und sagt, dass die Schutzverpflichtung auch künftige Generationen miteinschließt und es nicht angeht, dass nachfolgende Generationen ihre natürlichen Lebensgrundlagen nur mit radikaler Enthaltsamkeit bewahren können. Eine Generation dürfe nicht große Teile des CO_2-Budgets verbrauchen und der nachfolgenden Generation eine radikale Reduktionslast überlassen.

Wobei das Bundesverfassungsgericht die deutsche Bundesregierung nicht der eingeklagten Unterlassung der Schutzpflichten für schuldig erklärt. Es hält jedoch fest, dass die bisherigen Bemühungen hinsichtlich kommender Generationen nicht ausreichten. Das war ein epochales Urteil und gab vielen Klimaschützer:innen Aufwind, neuen Mut und Durchhaltewillen.

Die deutsche Regierung (da noch unter Angela Merkel) machte ihre Hausaufgaben prompt und verkürzte ihre Emissionsziele. Deutschland will 2045 bereits CO_2-neutral sein, nicht erst 2050 wie ursprünglich geplant.

Aufsehen erregte auch die Verurteilung des Öl- und Erdgaskonzerns Shell durch ein niederländisches Gericht Ende Mai 2021. Shell muss seine klimaschädlichen Emissionen bis 2030 um netto 45 Prozent (im Vergleich zu 2019) mindern, und zwar nicht nur die Emissionen, welche der Konzern selbst verursacht, sondern auch die seiner Zulieferer und Kundinnen. Nie zuvor wurde ein Konzern von einem Gericht zu so drastischen Klimaschutzmaßnahmen gezwungen.

Überall auf der Welt setzen Aktivist:innen den Klimawandel auf die Traktandenliste der Gerichte. Eine Datenbank der Columbia Law School erfasst die weltweiten Gerichtsfälle mit Verbindung zum Klimawandel systematisch. Für die USA sind derzeit rund 1300 Fälle gelistet – gegenüber 400 für den Rest der Welt.

Schlusswort – oder eher offene Fragen

Immer mehr Menschen wenden sich an Gerichte, um für wirksamen Klimaschutz zu kämpfen. Klimaklagen haben das Potenzial, Klimaschutz voranzutreiben.

Es sind die jahrzehntelangen leeren Versprechen, welche die Klimabewegung dazu bringt, sich weltweit an die Gerichte zu wenden. Jeder Erfolg vor Gericht zeigt, dass Klimaklagen ein wichtiges Instrument für mehr Klimaschutz geworden sind. Ziel der Klimaklagen ist es, über Gerichte die Politik zum Handeln zu zwingen. Jede erfolgreiche Klimaklage macht Hoffnung, dass der Klimaschutz beschleunigt wird.

Wie es in Sachen Klimaklagen weitergeht, werden die kommenden Jahre zeigen, wenn die nächsten Urteile verkündet werden. Durch die Gerichtsurteile an sich werden noch keine Schadstoffe eingespart, wenn nicht die Politik die notwendigen Maßnahmen verantwortlich und konsequent umsetzt. Die Klimaklagen helfen, den Druck aufrechtzuerhalten.

Es wird für die Gerichte zunehmend schwieriger, Beschwerden für eine menschenwürdige Zukunft zurückzuweisen. Die zahlreichen Klimastudien bieten jeder Klimaklage den wissenschaftlichen Boden.[70]

Franz Josef Radermacher:
Versuch einer Zwischenbilanz

Vorbemerkung

Dieser Text ist ein persönlicher Rückblick auf mehrere Jahrzehnte eines ständigen persönlichen Ringens um Einsicht in schwierige Zusammenhänge. Für mich ist das Thema Umweltschutz eng verbunden mit der kulturellen und sozialen Entwicklung der Menschheit. Man kann dabei den ökologischen Teil nicht von den sozialen Fragen lösen. Tendenziell werden Menschen in Not die Umwelt für ihr Überleben nutzen, gegebenenfalls auch den letzten Baum opfern. Soziale Not führt dann zu Umweltzerstörung. Umgekehrt ist auch klar, dass Umweltzerstörung die soziale Not von Menschen vergrößert, wenn diese von der Natur und mit der Natur leben. Insofern werde ich diese beiden Aspekte, also die Ökologie und das Soziale, zusammen betrachten und damit zwei Seiten der Nachhaltigkeit gleichzeitig adressieren. Die ökonomische Seite kommt als dritte Dimension dazu.

Seit mehr als 20 Jahren setze ich mich im Rahmen des Ökosozialen Forum Europa und der Global Marshall Plan Initiative für das Konzept der ökosozialen Marktwirtschaft ein, als Konzept für einen globalen Zugang zur Nachhaltigkeit. Das Konzept der ökosozialen Marktwirtschaft ist mittlerweile bei allen internationalen Organisationen (in der Formulierung »green and inclusive economy«) akzeptiert, vor allem seit der Weltfinanzkrise 2008/2009.

Allerdings entsprechen die internationalen Regelsysteme, deren Historie älter ist als die neuen Erkenntnisse, immer noch in vielem eher dem alten Freihandelsdenken als der neuen Erkenntnislage. Dies auch deshalb, weil aufseiten der reichen Länder bis heute kaum Bereitschaft besteht, eine nachhaltige Entwicklung in den ärmeren Ländern in großem Umfang finanziell zu fördern. Dazu müssten die reicheren Länder signifikante Transfers leisten. Denn es ist so: Der wichtigste Wettbewerbsvorteil, den ärmere Länder nutzen können, um im Markt erfolgreich zu sein, besteht darin, dass sie die sozialen und ökologischen Standards der reichen Länder unterlaufen. Wenn man von ihnen fordert, hohe ökologische und soziale Standards einzuhalten, nimmt man ihnen diesen Wettbewerbsvorteil – ohne entsprechende Transferleistungen ist die Konsequenz mehr Verarmung.

Warum machen wir trotz jahrzehntelanger Bemühungen so wenig Fortschritte in den Bereichen Klima, Biodiversität und Menschenrechte? Als die Vereinten Nationen 1972 zum ersten Mal versuchten, auf globaler Ebene eine Charta zum Schutz der Umwelt zu verabschieden, hielt Indira Gandhi eine bahnbrechende Rede. Die ärmeren Länder weigerten sich damals, eine solche Charta mitzutragen. Ihr Primat war die nachholende Entwicklung. Diese war aus ihrer Sicht wichtiger als Umweltschutz. Denn die Industrieländer sind durch den Raubbau an der Natur reich geworden – der jetzt den ärmeren Ländern verboten werden soll. Aus Sicht der armen Länder will man ihnen damit die Möglichkeit vorenthalten, ähnlich wie die reichen Länder Wohlstand aufzubauen.

Das führte 20 Jahre später, 1992, zu einer Konferenz für Umwelt und Entwicklung in Rio. Die Idee einer Nachhaltigkeit entstand, die beide Ziele miteinander zu verbinden versucht: Umweltschutz und nachholende Entwicklung als Voraussetzung für globale soziale Gerechtigkeit. Später erfolgte dann Rio plus 20 mit derselben Grundausrichtung. Dennoch steht die Gerechtigkeitsproblematik bis heute ungelöst im Raum. Sie ist nach wie vor das dominierende Thema, wenn man fragt, warum es beim Thema Nachhaltigkeit nicht wirklich vorwärtsgeht.

Anfänge in der Umweltbewegung

1965, ich war 15 Jahre alt, beschäftigte ich mich in einem Schulaufsatz mit der Bevölkerungs- bzw. Überbevölkerungsproblematik. Ein damals bekanntes Buch des Ehepaars Ehrlich sagte bei einer Weltbevölkerung von drei Milliarden einen Anstieg auf sechs Milliarden Menschen bis 2000 voraus. Ich war der Meinung, dass man dies nicht einfach geschehen lassen dürfe. Und das Thema beschäftigt mich bis heute, z. B. als Vorsitzender von RMCH, der Rotary Group for Reproductive, Maternal and Child Health, mit vielen tausend Mitgliedern in Deutschland. Es kam aber genauso wie vorhergesagt. Die Anzahl der Menschen betrug im Jahr 2000 sechs Milliarden. Sie liegt mittlerweile in der Nähe von acht Milliarden. Für die Mitte dieses Jahrhunderts werden zehn Milliarden erwartet.

Später, während und nach dem Studium, habe ich mich diesen Themen über die Mathematik und Ökonomie angenähert. Dabei orientierte ich mich auch an den Analysen in der epochalen Publikation des Club-of-Rome-Berichts *Die Grenzen des Wachstums* von 1972. Die Überlegungen in diesem Bericht folgen drei zentralen Leitideen: (1) themenübergreifender Zugang, (2) internationale Betrachtung, (3) generationenüberspannende Analysen. Das hebt sich wohltuend ab gegenüber den heute dominierenden Debatten, die sich immer wieder in Einzelthemen verlieren, auf Emotionalisierung setzen und für jeden »kleinen Gedanken« ein gesondertes Buch benötigen, statt das Ganze in seinen Wechselwirkungen zu sehen.

Wie nähert sich der Club of Rome dem Thema? Der Kern der

Umweltproblematik besteht darin, dass wir mit unserer Lebensweise Druck auf die Natur ausüben. Versucht man, diesen Druck zu quantifizieren, so resultiert er aus der Anzahl der Menschen multipliziert mit ihrem durchschnittlichen Lebensstandard, wobei diese Größe sich in einen Gesamtressourcenverbrauch bzw. einen Gesamtdruck auf die Biosysteme übersetzen lässt. Das bedeutet: Immer mehr Menschen und immer mehr Wohlstand erzeugen immer mehr Druck.

Dagegen wirken aufgrund der Marktmechanismen und der Orientierung an Kostenreduktionen der technische Fortschritt und der Fortschritt im Bereich der gesellschaftlichen Organisation.

Ein klug genutzter technischer Fortschritt sowie entsprechende gesellschaftliche Regulierungen können die Belastungen für die Umwelt senken. Zunächst einmal die Belastungen pro Wertschöpfungseinheit. Im allerbesten Fall auch die Gesamtbelastung. Wenn nämlich die Verbesserung durch den technischen Fortschritt größer ist als der Druck, der durch mehr Menschen und mehr Wohlstand trotz immer besserer Technik aufgebaut wird.

Debatten dieses Typs haben viele Jahre lang meine Arbeit geprägt. Vor allem gab es in Verbindung mit der Erfindung der Informationstechnik große Hoffnungen, dass diese neue Technik mit ihren immer kleineren »Bausteinen« vielfältige Prozesse und Güter »dematerialisieren« würde, z. B. dadurch, dass große Teile der Wertschöpfung über IT und Netze stattfinden würden. Das sind Überlegungen, die wir auch heute noch diskutieren: Inwiefern befördert die Digitalisierung eine nachhaltige Entwicklung? Solche Debatten führten wir z. B. ab 1996 intensiv im Information Society Forum der EU, in dem ich als Mitglied von Beginn an für die Nachhaltigkeitsthematik koordinierend tätig war. Entsprechend galt dies in Deutschland für das Gremium Info 2000 des Wirtschaftsministeriums, in dem ich auch Mitglied war.

Wir haben damals heftig den sogenannten Rebound- bzw.

Bumerangeffekt diskutiert. Dieser besteht in der Beobachtung, dass die Menschen mit immer besserer Technologie – selbst wenn diese eigentlich der Reduzierung von Belastungen dienen soll – immer mehr Belastungen für die Natur erzeugen. Das Problem: Die Verbesserung bei der Ressourcennutzung, also die spezifischen Einsparungen (pro Wertschöpfungseinheit), die die Technik und/oder eine bessere gesellschaftliche Organisation ermöglichen, werden durch das Wirtschaftswachstum, das zur Ausdehnung der Aktivitäten führt, überkompensiert. In diesem Sinne hat sich die IT als einer der größten Beschleuniger der Umweltbelastung erwiesen und nicht etwa zu einer Reduktion des Drucks auf die Natur geführt.

Wie wenig sinnvoll es ist, sich mit Umweltthemen zu befassen, ohne die globale Perspektive und hier natürlich vor allem die Mechanismen der Globalisierung zu betrachten, lässt sich am besten am Beispiel China studieren: China verursacht heute mehr CO_2-Emissionen als alle Industriestaaten zusammen. Das liegt auch daran, dass China zur »Werkbank« der Welt geworden ist. Die Industriestaaten haben ihre wachsenden Klimagasemissionen zum Teil über China externalisiert, indem sie ganze Industrien dorthin ausgelagert haben. China konnte seine Emissionen dabei ohne große Kritik erhöhen, weil das Land als Entwicklungs- bzw. Schwellenland noch nachholen durfte, was wir als Industrieländer schon immer vorgelebt haben.

Technischer Fortschritt und Wohlstand

Die Zahl der Menschen betrug vor 10 000 Jahren nur 20 Millionen. Die Welt war trotzdem voll, da die Welt nicht mehr als 20 Millionen Jäger und Sammler ernähren kann. Die Dinge änderten sich massiv durch die Erfindung von Ackerbau und Viehzucht. Zusammenfassend war die Erde in der Historie immer in dem

Sinne voll, dass so viele Menschen da waren, wie die Menschheit mit ihrer Organisation und ihrer Technik ernähren konnte. Insofern sind auch zehn Milliarden Menschen, die jetzt für 2050 erwartet werden, keine endgültige Obergrenze für die mögliche Anzahl der Menschen auf der Erde. Es könnten irgendwann auch mehr als zehn Milliarden sein. Alles hängt davon ab, wie man sich organisiert und über welche Technologien man verfügt. Dabei sollten wir meines Erachtens allerdings alles versuchen, dass die Zahl zehn Milliarden nicht überschritten wird, dass also die Größe der Weltbevölkerung ab 2050 nicht mehr zu-, sondern abnimmt.

Zur Entwicklung der Verhältnisse sei in diesem Zusammenhang Folgendes erläutert: Nach dem großen Raubbau an den Wäldern vor etwa 300 Jahren wurden diese nicht durch die Moralisierung des Waldthemas, z. B. durch Hans Carl von Carlowitz, gerettet, wie oft erzählt wird. Entscheidend waren vielmehr Erfindungen im Umfeld der Dampfmaschine, die eine breite Nutzung der Kohle ermöglichten. Indem man zur Energieerzeugung die »unterirdischen« Wälder, also die Kohle, nutzen konnte, reduzierte sich der Druck auf die Wälder, weil die Nutzung der Kohle für die Energieerzeugung die preiswertere Lösung war und für viele andere Anliegen ganz neue Optionen eröffnete. In der Folge hat sich innerhalb von 300 Jahren die Zahl der Menschen auf dem Globus verzehnfacht und der Wohlstand sogar verhundertfacht. Man lernt deshalb aus der Vergangenheit vor allem eins: Die Menschheit braucht Innovationen und neue Technologien, um Probleme zu bewältigen, und das ist auch heute so.

Man lernt auch noch etwas Zweites: Das Bevölkerungswachstum kann zu einem Ende kommen, wenn entweder der Staat massiv eingreift (Beispiel China) und/oder wenn der Wohlstand wächst. Zu wachsendem Wohlstand gehören mehr Rechte für Frauen, eine Senkung der Säuglingssterblichkeit und ein stärkerer

Fokus auf Erziehung und Ausbildung der Kinder. In wohlhabenden Gesellschaften mit einer weitgehenden Geschlechtergerechtigkeit verringert sich die Anzahl der Kinder pro Familie. Das ist in vielen Teilen der Welt bereits geschehen. In Afrika und auf dem indischen Subkontinent ist das noch anders. So können heute zweieinhalb Milliarden Menschen in Afrika und Indien mit ihrem Wachstum die Größe der Menschheit ein weiteres Mal um fünf Milliarden erhöhen – wenn es nicht gelingt, in diesen Ländern zu anderen Verhältnissen zu kommen.

Dies führt zurück zur Ausgangssituation. Wir brauchen bei den heutigen internationalen politischen Gegebenheiten den Wohlstand, um das Wachstum der Weltbevölkerung zu stoppen. Wir müssen allerdings damit leben, dass in diesem Prozess der Druck auf die Ressourcen und das Klima ein weiteres Mal wächst, weil die Wohlstandsambitionen von Milliarden Menschen mit beachtet und bedient werden müssen, denn eine positive Wohlstandsentwicklung ist, wenn Zwang vermieden werden soll, Voraussetzung für eine starke Absenkung der Reproduktionsrate.

Was hat sich in den vergangenen Jahrzehnten getan?

Die Konzepte der ökosozialen Marktwirtschaft und des Global-Marshall-Plans haben zu Denkveränderungen beigetragen, sodass wir heute auf gesellschaftlicher Ebene ehrlicher mit den Themen der Globalisierung und der Externalisierung von Umweltkosten umgehen. Die ökonomische Theorie wusste zwar schon immer, dass adäquate Rahmenbedingungen der Märkte Voraussetzung dafür sind, dass Märkte gesellschaftlich wünschenswerte Ziele fördern bzw. hervorbringen. Bekannt war ebenso, dass unter ungenügenden Rahmenbedingungen das »Falsche« produziert wird. Im Kontext der Globalisierung wurden diese Zusammenhänge aber viel zu lange auch von bekannten Ökonomen nicht angesprochen. Man zuckte letztendlich die Achseln hinsichtlich der Beobachtung, dass global gerade nicht die Voraussetzungen erfüllt waren, deren es für eine tragfähige Zukunftsentwicklung eigentlich bedurft hätte.

Wir haben im Ökosozialen Forum Europa an dieser Stelle nie nachgelassen und immer wieder international passende Rahmenbedingungen gefordert. Wir konnten glücklicherweise gute Verbindungen in die Wirtschaft und in die Politik nutzen, um diese Ideen zu verbreiten. In der Folge einerseits des von uns vorhergesagten Platzens der IT-Blase in 2000 und anschließend der ebenfalls von uns vorhergesagten katastrophalen Finanzkrise 2008/2009 kam es zu einem Umschwung in der politischen Diskussion auf internationaler Ebene. Das Freie-Markt-System war von diesem Moment an im Diskurs nicht mehr sakrosankt. Der freie Markt wurde nicht mehr als Lösung aller Probleme gesehen, vielmehr bewegten sich die Argumentationen in Richtung ökologisch und sozial regulierter Märkte, auch im internationalen Kontext. Im angelsächsischen Raum hat sich dafür die Bezeichnung »green and inclusive markets« herausgebildet. Das entspricht unseren ökosozialen Überlegungen.

Man muss allerdings mit Bedauern feststellen, dass es das eine ist, von »green and inclusive markets« zu sprechen – wie es OECD, Weltbank, IWF und WTO nunmehr seit vielen Jahren tun. Dass es aber ganz etwas anderes ist, die Märkte auch entsprechend zu gestalten. Das Problem ist, dass die internationalen rechtlichen Regelungen bis heute nicht substanziell angepasst wurden. Dies auch deshalb nicht, weil solchen Änderungen massive Interessen von Profiteuren des Status quo entgegenstehen. Daher läuft vieles, was falsch läuft, einfach so weiter wie bisher, egal wie klug und richtig argumentiert wird. Das hat Folgen: Wir zerstören die biologische Vielfalt immer weiter. Wir kommen mit der Umsetzung der Sustainable Development Goals, auf die sich die Vereinten

Nationen als Ziel festgelegt haben, nicht weiter. Wir reden viel von Nachhaltigkeit, in der Sache tut sich aber eher wenig. Auch das Klimaproblem verschärft sich immer weiter.

Warum tun wir uns so schwer?

Würde man ein weltweites ökosoziales Regelsystem umsetzen wollen, dann würde das zunächst einmal bedeuten, dass wir uns alle in unserem Tun sehr viel stärkeren Restriktionen unterwerfen müssten, was in der Tendenz bedeuten würde, dass sich der Wohlstand absenkt. Wenn man das ökosoziale Regelsystem global durchsetzen will und nicht die Machtmittel hat, alle zum Mitmachen zu zwingen, muss man querfinanzieren. Dies entspräche dem Länderfinanzausgleich in Deutschland. Dazu besteht aber keine Bereitschaft. Global besteht deshalb ein gewaltiges Gerechtigkeitsproblem seit 50 Jahren fort.

Das ökologisch-soziale Paradigma kann über Regulierung die Nachhaltigkeit befördern. Auch das kann aber im Extremfall massive Verarmung beinhalten. Die Regulierung schützt dann die Umwelt durch den Mechanismus der Verarmung. Das ist praktisch nicht konsensfähig, und man braucht deshalb bahnbrechende Innovationen. Dies müssen letztlich Innovationen sein, die es uns erlauben, mehr Wohlstand mit weniger Umweltbelastung zu erzeugen. Die große Herausforderung dabei ist, den Rebound-Effekt auszuhebeln.

Wir brauchen also Lösungen, die z. B. einen klimaneutralen Energiewohlstand für zehn Milliarden Menschen produzieren. Aber diese Lösungen dürfen in Relation zum Einkommen nicht beliebig viel teurer sein als die heutigen Lösungen, weil sonst der Wohlstand für immer mehr Menschen nicht erreichbar ist.

Mit Innovationen habe ich in meinem Leben als langjähriger Leiter eines Hightech-Instituts im IT-Bereich sehr viel Zeit verbracht. Dabei sind wir aber mittlerweile an dem Punkt angekommen, dass viele Beobachter dem Markt die richtigen Innovationen nicht mehr zutrauen. Diese Akteure haben teilweise Vorstellungen darüber, wie die Lösungen aussehen könnten. Nun wird versucht, diese Lösungen regulativ durchzusetzen, womit man Gefahr läuft, die Gesellschaft zu spalten, weil Lösungen umgesetzt werden sollen, die uns in der Tendenz verarmen. Ein aktuelles Beispiel ist die massive Förderung batterieelektrischer Automobile bei gleichzeitiger regulativer Ausphasung von Verbrennern. Dabei werden die Potenziale synthetischer Kraftstoffe bewusst ausgeklammert und regulativ ausgehebelt. Das ist insgesamt eine sehr unglückliche Gemengelage. Akteure der reichen Welt versuchen, ihre Vorstellungen über grüne Energie der ganzen Welt aufzuzwingen. Sie hebeln dazu sogar die WTO aus, also den fundamentalen »Deal« zwischen Arm und Reich über die Gestaltung der weltweiten Handelsbeziehungen.

Das wichtigste WTO-Prinzip ist dabei die sogenannte Sameproduct-Regel, die besagt, dass (im physikalischen Sinne) gleiche Lösungen durch Regierungen nicht unterschiedlich behandelt werden dürfen, auch dann nicht, wenn in den Entstehungsprozessen wesentlich Unterschiedliches passiert. Kaffee ist also gleich Kaffee, auch wenn vielleicht in einem Fall auskömmliche Löhne bei der Ernte bezahlt und Umweltschutzauflagen beachtet wurden, im anderen Fall nicht. Die ärmeren Länder haben die Welthandelsordnung nur unter dieser Auflage akzeptiert, weil sie für ihre Produktionsprozesse niedrige Standards als Wettbewerbsvorteil nutzen wollten, also sich nicht von den reichen Ländern vorschreiben lassen wollen, welche Produktionsstandards einzuhalten sind.

Das Thema gewinnt aktuell sehr an Gewicht, weil die reiche Welt Begriffe wie *grünen Strom* und *grünen Wasserstoff* erfindet, obwohl physikalisch kein Unterschied zwischen grünem Strom und anderem Strom und zwischen grünem Wasserstoff und anderem Wasserstoff besteht. Die verschiedenen »Farben« beschreiben (nur) verschiedene Entstehungsprozesse, also z. B. Strom aus Windkraftanlagen oder Strom aus Kohle.

Zunehmend beginnen jetzt reiche Länder, vor allem die Europäer damit, ärmere Länder zu zwingen, ihre Vorstellungen über z. B. grünen Strom oder grünen Wasserstoff zu übernehmen, wenn Export nach Europa das Ziel ist. Die Regeln der WTO werden dazu übergangen. Man zwingt Inhaber und Manager europäischer Firmen dazu, in ihren globalen Lieferketten europäische Standards zu beachten. Organisiert wird das über sogenannte Lieferkettensorgfaltspflichten. Den ärmeren Ländern werden dabei Vorteile genommen, die ihnen auf UN- und WTO-Ebene zugestanden sind, nämliche z. B. ihre CO_2-Emissionen noch bis 2030 erhöhen zu dürfen, während reiche Länder das nicht dürfen. All das angeblich zum Schutz der Natur und der Menschen vor Ort, die aber in der Folge oft ihre Arbeitsplätze verlieren, weil höhere Standards höhere Kosten, z. B. in der Textilindustrie, bedeuten und Auftraggeber dann in andere Länder auszuweichen versuchen oder Produktionen nach Europa rückverlagern.

Eine traurige Geschichte

Natürlich gibt es auch positive Veränderungen. Es gibt z. B. stärkere Bemühungen um Naturschutz. Aber der Haupttrend ist doch ein anderer, und der hängt mit der dramatischen Vergrößerung der Menschheit zusammen. Ein Beispiel: Hunderte Millionen Menschen in Afrika nutzen nach wie vor Holzkohle zum Heizen und Kochen. Das ist heute ein dominierender Faktor bei der Abholzung des Regenwalds. Auf der anderen Seite wird der Regenwald auch deshalb in großem Stil abgeholzt, weil man den Boden landwirtschaftlich nutzen will oder weil man interessiert ist an Mineralien, Öl oder Gas, die sich unter dem Regenwald befinden.

Das ist die vielleicht katastrophalste Entwicklung, was die Umweltsituation anbelangt.

Es gibt nämlich nur noch etwa eine Milliarde Hektar Regenwald, verteilt vor allem über Brasilien, das Kongo-Becken in Afrika und Indonesien. Das sind die »Hotspots« für biologische Vielfalt, die wir unbedingt erhalten müssen. Außerdem speichert jeder Hektar Regenwald über- und unterirdisch etwa 700 Tonnen CO_2: Es müsste eine gemeinsame Anstrengung der Weltgemeinschaft sein, diese Regenwälder zu erhalten. Nach meinen Schätzungen sollte man vielleicht 50 bis 100 Euro pro Jahr und Hektar aufbringen, um die Staaten, die solche Regenwälder haben, dafür zu bezahlen, dass sie ihre Regenwaldfläche unangetastet lassen. Gerade am Regenwald kann man sehen, wie groß die Diskrepanzen sind zwischen dem, was erzählt wird, und dem, was man zu tun bereit ist.

Hierzu gibt es eine traurige Geschichte zu erzählen:

2007 bot Präsident Rafael Correa von Ecuador den Industrienationen ein interessantes Geschäft an. Er sagte zu, 850 Millionen Fass Öl im Boden seines Urwalds zu belassen und nicht zu fördern, sofern die westlichen Staaten die Hälfte der seinem Land dadurch entgehenden Einnahmen aus dem Verkauf des Öls aufbrächten und Ecuador zukommen lassen würden. Mehr als 400 Millionen Tonnen CO_2 würde man so einsparen können, zu einem Preis von 3,6 Milliarden US-Dollar. Mit dem Geld plante Ecuador, seine erneuerbaren Energien als Ersatz für die Nutzung des fossilen Brennstoffs weiter auszubauen. Und Correa überzeugte mit dem Plan zahlreiche Länder. Chile, Spanien, Italien, Frankreich und auch Deutschland wollten in den Treuhandfonds einzahlen, den die Vereinten Nationen zur Umsetzung aufgelegt hatten. Dann wechselte in Deutschland der Entwicklungsminister. Der neue Minister lehnte den unterschriftsreifen »Deal« ab und sprengte damit das Konsortium. In Ecuador dürfe seiner Ansicht nach kein Präzedenzfall geschaffen werden, erklärte er – weshalb sich Präsident Rafael Correa Ländern wie Russland und China zuwandte und die schweren Maschinen in seinen Nationalpark Yasuní beorderte, um das Erdöl aus dem Boden zu holen.

Nach welcher Logik handelte der neue deutsche Minister? Er sagte damals den kaum noch zu übertreffenden Satz: »Ich bezahle doch nicht dafür, dass etwas nicht passiert.« Dabei bezahlen wir in allen möglichen Fällen dafür, dass etwas nicht passiert, etwa bei Sicherungen gegen Einbruch in Häusern. Im Zuge der Coronamaßnahmen haben wir Milliardensummen dafür ausgegeben, dass etwas nicht passiert. Warum dann nicht auch zum Schutz des Regenwaldes? Oder sollten wir nur für die Zerstörung der Natur bezahlen, nicht aber für ihren Erhalt? Im Nachhinein erweist sich die Entscheidung als doppelt verfehlt, weil gerade kein »Leuchtturm für Klima- und Ressourcenschutz« geschaffen wurde.

Die internationalen Klimavereinbarungen wurden schlechter

Das bis heute wohl intelligenteste Werk internationaler Klimapolitik ist der Kyoto-Vertrag von 1997. Er trat 2003 in Kraft. Die Weltgemeinschaft verhandelte nach diesem Zeitpunkt weiter in Richtung eines großen Klimaabkommens. Die Hoffnungen richteten sich auf einen Zeitpunkt vor dem Jahr 2012, dem damaligen Auslaufdatum des Kyoto-Vertrags. Ein Schlüsseltermin war die Weltklimakonferenz in Kopenhagen (2009). Doch diese von viel öffentlichem Druck begleitete »Konferenz der Entscheidung« scheiterte. Der US-Präsident und der chinesische Ministerpräsident erklärten die Bemühungen als nicht zielführend. Man gab die Vorstellung auf, ein kohärentes Weltklimaregime in der Logik des Kyoto-Vertrags vereinbaren zu können. Statt für verbindliche Ziele entschied man sich für ein System freiwilliger, wechselseitig nicht aneinander gebundener Zusagen (Nationally Determined Contributions, NDCs) der Staaten. Auf dieser Basis wurde dann 2015 der Paris-Vertrag vereinbart.

Der Paris-Vertrag mit seinen freiwilligen, nicht aufeinander bezogenen und nicht untereinander adäquat abgestimmten Zusagen der Staaten enthält anspruchsvolle, aber rechtlich unverbindliche Ziele; zugleich ist er völlig ungenügend mit konkreten Maßnahmen und Finanzierung unterfüttert. Deshalb laufen die Prozesse im Moment in eine Richtung, die eher für eine 3-Grad- oder gar 4-Grad-Erwärmung spricht als für ein 2-Grad- oder gar 1,5-Grad-Ziel. Die Lage ist insgesamt ziemlich hoffnungslos.

Verpasste Chancen

Man hätte 30 Jahre lang sehr viel klüger verfahren können als tatsächlich geschehen. De facto bedeutet das, dass man von vornherein nicht so hohe jährliche Emissionen hätte zulassen sollen, wie sie in den letzten Jahren auftraten. Damit wäre das Restbudget an zulässigen CO_2-Emissionen bis 2050 sehr viel größer gewesen, als das heute der Fall ist. Man hätte also sehr viel einfacher mit dem verfügbaren Restbudget auskommen können. Dies auch deshalb, weil weitere Einsparungen ausgehend von einem viel niedrigeren Emissionsniveau erfolgt wären (23 Milliarden Tonnen CO_2 im Energiebereich statt heute 37 Milliarden Tonnen). Bis 2010 hatte sich die Ausgangssituation fundamental verschlechtert. In den zehn Jahren von 2000 bis 2010 kam es nämlich zu einem exorbitanten Wirtschaftswachstum in China, das gleichzeitig die weltweiten CO_2-Emissionen in nur einem Jahrzehnt dramatisch (um acht Milliarden Tonnen CO_2 pro Jahr) nach oben trieb. Lagen die chinesischen Emissionen 2000 mit etwa 3,5 Milliarden Tonnen nur knapp über der Hälfte der US-Emissionen mit 5,9 Milliarden Tonnen, kehrten sich bis 2010 die Verhältnisse um: China 8,8 Milliarden Tonnen, USA 5,6 Milliarden Tonnen. Der Ausgangspunkt 2010 waren dann 32,5 Milliarden Tonnen CO_2 statt heute 37 Milliarden Tonnen.

Die internationale Debatte fokussierte sich seit 1970 immer auf sogenannte Cap-and-Trade-Systeme, bei denen die Weltgemeinschaft sich auf ein bestimmtes Emissionsniveau für ein Jahr einigt. Das ist das sogenannte Cap. Dieses für die Welt insgesamt zulässige Volumen an CO_2-Emissionen wird jährlich abgesenkt und pro Jahr auf die Staaten der Welt aufgeteilt. Die Staaten können diese Volumina dann untereinander handeln. Einige Staaten werden nach der ersten Aufteilung weniger Emissionsrechte haben, als sie für ihre Wirtschaft und den Lebensstil ihrer Menschen benötigen, andere mehr. Nach dem Handel der Emissionsrechte verfügt jeder Staat über eine bestimmte Menge solcher Rechte, die er in seinem Land für die Wirtschaft und den privaten Sektor verfügbar machen kann bzw. muss. Jeder Staat hat in einem Cap-and-Trade-System dafür zu sorgen, dass auf seinem Territorium nicht mehr Emissionen erzeugt werden, als Rechte vorhanden sind. Die Schlüsselfrage beim Cap-and-Trade-System ist die Ausgangsverteilung der zulässigen Emissionen auf die Staaten. Sie war der Gegenstand des jahrelangen Streits in den internationalen Verhandlungen – ein endloses Geschachere. Letztlich scheiterten die Verhandlungen an der unlösbaren Verteilungsfrage. Prinzipielle Optionen waren und sind: Man kann die Verteilung so vornehmen, dass man sich am Status quo orientiert (sogenanntes Großvaterprinzip), man kann die Emissionen gemäß der Wirtschaftsleistung verteilen (sogenannte BIP-Proportionalität), oder man kann die Emissionen so verteilen, dass für jeden Menschen die gleichen Emissionsrechte vorgesehen werden (sogenannte Klimagerechtigkeit). Man sieht leicht – insbesondere, wenn man auf 1990 schaut –, dass für die Industrieländer eine großvaterartige Lösung besonders attraktiv war, weil in den reichen Ländern hohe Emissionen anfielen und das bei relativ kleiner Bevölkerung. So hätten die USA 22 Prozent der Emissionsrechte erhalten und das bei einem Anteil an der Weltbevölkerung von weniger als fünf Prozent. Afrika mit seiner viel größeren Bevölkerung hätte weniger als vier Prozent der Emissionsrechte erhalten, Indien 2,7 und China zwölf Prozent. Betrachtet man hingegen eine Aufteilung für das Jahr 1990 nach dem Prinzip der Klimagerechtigkeit, liegen die USA bei nur 4,7, Afrika bei 12, Indien bei 16 und China bei 22 Prozent. Das ist ein völlig anderes Bild. Man hätte aus Sicht der reichen Länder 1990 übrigens auch die BIP-Proportionalität wählen können, weil das BIP in den reichen Ländern (relativ zur Bevölkerungsgröße) sehr hoch war. Die ärmeren Länder aber forderten Klimagerechtigkeit.

Aus Sicht des Autors liegt das Scheitern der internationalen Verhandlungen rückblickend vor allem darin begründet, dass der reichen Welt die nötige Weitsicht fehlte, dem Prinzip der Klimagerechtigkeit zuzustimmen. Das hätte sie zwar viel Geld für den Kauf von Emissionsrechten gekostet, hätte aber die Entwicklungs- und Schwellenländer frühzeitig in Beschränkungen eingebunden. In der Folge wäre als größte Einzelwirkung gemäß obiger Hinweise im Zeitraum von 1990 bis 2020 das chinesische Wirtschaftswachstum – und damit indirekt das Wirtschaftswachstum der ganzen Welt – weniger dynamisch verlaufen, als das rückblickend der Fall war. Das hätte uns allen in Bezug auf den Klimawandel einiges erspart. Und zwar dadurch, dass wir weniger Ökonomie durch die Externalisierung interner Kosten (weniger »Plünderung«) betrieben hätten. Deutschland war und ist daran mit seinen relativ hohen CO_2-Emissionen stark beteiligt, ebenso wie China. Denn beide Staaten setzen stark auf produzierende Industrien und Export und haben einen hohen Energieverbrauch. China belastet das Klima massiv durch seinen hohen Anteil an Kohle im Energiemix und seine – verständlicherweise – noch niedrige CO_2-Effizienz als Folge des relativ frühen Entwicklungsstands im Verhältnis zu den Industrieländern. Als »Entwicklungsland« fühlt sich China zu seinem Vorgehen berechtigt und hat dadurch zugegebenermaßen Hunderte Millionen Menschen aus der Armut gebracht. Diese Art der »Plünderung« verbessert natürlich die Wettbewerbssituation der chinesischen produzierenden Wirtschaft, was wiederum das Wachstum der Weltwirtschaft befeuert. An diesem Wachstum profitiert die deutsche Wirtschaft ebenso wie an den vielen (relativ preiswerten) Vorprodukten aus chinesischer Produktion, die Deutschland in seine Maschinen und Fahrzeuge einbaut. Diese fördern wiederum den hohen deutschen Export. All das ist aus Sicht des Wirtschaftswachstums angenehm, aber es ist nicht zukunftsfähig. Es muss sich ändern und würde sich ändern, wenn CO_2-Emissionen angemessene Kosten zur Folge hätten. Natürlich hätte sich die Cap-Begrenzung eines Cap-and-Trade-Systems genau in diese Richtung auf Preisgegebenheiten in den Märkten ausgewirkt und die Randbedingungen für die ökonomischen Prozesse entscheidend verändert – wenn es denn verbindlich durchgesetzt worden wäre.

Dies hätte insbesondere einen schnelleren Ausbau der erneuerbaren Energien zur Folge gehabt und den überfälligen Schritt in Richtung klimaneutraler synthetischer Kraftstoffe bewirkt. Solche Kraftstoffe werden übrigens von »grüner Seite« in Deutschland abgelehnt, weil man befürchtet, dass es den Vollausbau der batterieelektrischen Fahrzeuge gefährden könnte. Weltweit ist das Bild aber ein anderes. Eine große Rolle wird in diesem Kontext grünes Methanol spielen. Synthetische Kraftstoffe auf der Basis von grünem Wasserstoff brauchen riesige Mengen erneuerbarer Energie zu niedrigen Preisen als Input. Hier werden die großen Sonnenwüsten der Welt eine zentrale Rolle spielen. Zugleich wird dies zu einer wichtigen Komponente eines Marshallplans mit Afrika werden.

Wo stehen wir in Bezug auf Klimawandel?

Die Welt redet und redet. In Deutschland kommt das Verfassungsgericht zu dem merkwürdigen Schluss, wir hätten uns in Verbindung mit dem Paris-Vertrag völkerrechtlich bindend zu weitgehenden CO_2-Reduktionen verpflichtet. Dabei haben die USA für jeden sichtbar gezeigt, dass man aus diesem Vertrag nach Belieben aus- und einsteigen kann. Wenn von den Verträgen übrig geblieben ist, dass man sich in Bezug auf das Klima anstrengt, bleibt immer noch die Frage, ob wir unser Geld für Klimaschutz primär in Deutschland einsetzen sollen oder ob man es international einsetzt. Während man in vielen Fällen für sein Geld zu Hause nur relativ wenig CO_2-Einsparungen erreicht, kann man weltweit für dasselbe Geld sehr viel mehr bewirken. Außerdem werden, wenn man es richtig macht, bei einer weltweiten Orientierung zugleich weitere Nachhaltigkeitsziele gefördert, also insbesondere Umweltschutz, Biodiversität und die Entwicklung der Menschen.

Bei uns hat sich mittlerweile leider der nationale Fokus in Form einer Variante von Klimanationalismus so tief in das Denken eingegraben, dass sogar die Verbraucherzentrale (und jüngst auch die Umwelthilfe) gegen Unternehmen vorgeht, die freiwillig, ohne jeden Zwang und über alles gesetzlich Notwendige hinausgehend, mit ihrem Geld durch finanzielle Förderung entsprechender Projekte dazu beitragen, die weltweiten Klimabelastungen zu reduzieren. Wenn solche Unternehmen ihre Aktivitäten außerhalb Deutschlands bei uns werblich kommunizieren, werden sie gerügt. Sie müssen sich dann von der Wettbewerbszentrale Freikauf, Ablasshandel und Greenwashing vorwerfen lassen. Dabei ist in den Einzelbegründungen u. a. die absurde Argumentation zu lesen, dass man in den Ländern des Globalen Südens CO_2-Einsparungen teilweise sehr preisgünstig bekommt und alleine das schon eine Irreführung der Verbraucher sei, weil Kunden mit

Blick auf Erfahrungen in Deutschland davon ausgehen, Klimaschutz müsse teuer sein. Anstatt sich darüber zu freuen, dass man mit bescheidenen Geldmitteln viel fürs Klima tun kann, gibt man internationale Ansatzpunkte auf, die in Bezug auf Klimawandel und Artenschutz besonders effektiv wären.

Angesichts so mancher »geistiger Fehlleistungen« ist aus meiner Sicht klar, dass es keine Chance mehr gibt, das 1,5-Grad-Ziel zu erreichen. Ich halte auch das 2-Grad-Ziel für nicht erreichbar, woraus aber nicht folgt, dass man in seinen Anstrengungen nachlässt. Denn jedes Zehntelgrad mehr an Temperaturzuwachs erzeugt tendenziell mehr Probleme für unsere Zivilisation.

Wie man vorgehen kann und sollte, zeigt die Multi-Akteurs-Partnerschaft Allianz für Entwicklung und Klima eindrucksvoll, die der damalige Entwicklungsminister Dr. Gerd Müller, heute Generaldirektor der United Nations Industrial Development Organization (UNIDO) in Wien, im Jahr 2018 initiiert hat. Sie wurde durch das Bundesministerium für wirtschaftliche Zusammenarbeit und Entwicklung (BMZ) zwischenzeitlich in eine Stiftung überführt. Ich habe zusammen mit meiner Kollegin, Prof. Estelle Herlyn, und dem Forschungsinstitut für anwendungsorientierte Wissensverarbeitung (FAW/n) in Ulm die Etablierung und den Aufbau dieser wichtigen Stiftung vom ersten Tag an wissenschaftlich begleitet und tue das auch heute noch.

Was ist ihr Ansatz? Sie motiviert nichtstaatliche Akteure, freiwillig und über die gesetzlichen Verpflichtungen hinaus, dafür einzutreten, hochwertige interessante Projekte mitzufinanzieren, die einerseits Entwicklung fördern, andererseits dem Klima helfen (vgl. www.allianz-entwicklung-klima.de).

Dem Globus ist es egal, ob sich das Klima wandelt. Klimaveränderungen hat es in der Geschichte immer wieder gegeben, mal in die eine Richtung, mal in die andere Richtung. Der Klimawandel ist, nüchtern betrachtet, ein Problem für die Menschen, nicht für den Globus. Er ist ein Problem, bei dem es um die Qualität der Zivilisation geht. Es geht um Qualität und nicht darum, ob die Menschheit überlebt. Wir sind auf dem Weg zu zehn Milliarden Menschen. Selbst wenn unsere Zahl auf eine Milliarde schrumpfen würde, wären es immer noch sehr viele Menschen. Zur Zeit vor Christi Geburt waren es (nur) 200 Millionen, 8000 v. Chr. waren es 20 Millionen. Es geht also nicht um unsere Existenz als Gattung. Die Panikattacken junger Menschen von Extinction Rebellion, die befürchten, dass sie die letzte Generation sein könnten, sind absurd.

Nicht unsere Existenz als Spezies ist das Thema, sondern die Qualität der Zivilisation – anders ausgedrückt: unsere Lebensqualität. Wobei die Auswirkungen des Klimawandels auf den Globus sehr unterschiedlich sind. An manchen Stellen kann sich die Situation durch Klimawandel sogar verbessern, z. B. dort, wo es eigentlich zu kalt für ein angenehmes Leben ist. An vielen Orten wird sich die Situation extrem verschlechtern. Vor allem dort, wo es heute schon zu heiß ist, um auch nur erträglich zu leben.

Trotzdem sind kurzfristig wirkende Fragen wie Krieg und Frieden, Hunger, Menschenrechtsverletzungen etc. für die Menschen konkret und absehbar noch wichtiger als der Klimawandel, wobei der Klimawandel gerade auch in Bezug auf Menschenrechte, Hunger usw. viele negative Auswirkungen haben wird. Aber man wird sich dann zunächst einmal primär mit diesen Folgen beschäftigen, nicht so sehr mit dem Klimawandel als generelles Thema. So war es in der Pandemie, und so ist es auch mit der Ukraine-Krise.

Es gibt also viele Dinge, die uns kurzfristig viel mehr unter den Nägeln brennen als das Weltklima, aber das alles sollte uns nicht daran hindern, uns massiv für die Lösung des Klimaproblems zu engagieren.

Was wir uns dabei nicht leisten können, ist eine ideologische Fehlorientierung. So haben wir weltweit etwa zehn Milliarden Tonnen CO_2-Emissionen aus Kohlekraftwerken, fünf Milliarden aus Anlagen zur Produktion von Zement und Stahl. Diese Emissionen werden weiter ansteigen. Es geht um fast die Hälfte der weltweiten Emissionen im energienahen Bereich. Gerade ärmere Staaten können diese Industrien nicht einfach abstellen und z. B. durch grünen Strom, grünen Wasserstoff und neue technische Lösungen klimaneutral machen.

Man sollte daher aus meiner Sicht das CO_2 abfangen und entweder verpressen oder nutzen. Dies wird aber von deutscher Seite politisch abgelehnt. Es droht angeblich ein Lock-in-Effekt. Eine absurde Position, wo es im Moment doch vor allem um schnelle Lösungsstrategien zur Absenkung des CO_2-Niveaus gehen muss. Auch mit Blick auf mögliche Tipping-Points, Zeit ist der große Engpass. Weitere Umbaumaßnahmen kann man später mit Augenmaß angehen, wenn erst einmal die akut drohende Katastrophe abgewendet wurde.

Gute Ideen

Ich begrüße tendenziell alle Maßnahmen, die vom »Non-Regret«-Typ sind. Das sind Maßnahmen, die man auch durchführen würde, wenn es keinen Klimawandel gäbe. Ein gutes Beispiel sind die naturbasierten Lösungen, also weltweite Aufforstung, vor allem auf degradierten Böden in den Tropen, konsequenter Regenwaldschutz, Renaturierung von Mangrovenwäldern und außerdem groß angelegte Programme zur Humusbildung unter Einsatz von Biokohle in der Landwirtschaft. All das macht in jedem Fall Sinn, gerade auch mit Blick auf die Ernährung der weiter wachsenden Weltbevölkerung. All das würde man vernünftigerweise auch machen, wenn man kein Klimaproblem hätte.

Ich sehe in diesen Maßnahmen, wenn man es klug anstellt, ein Potenzial von vielleicht zehn Milliarden Tonnen CO_2-Negativemissionen pro Jahr. Dazu braucht man allerdings eine Anlaufperiode von 40–60 Jahren, bis das Programm vollumfänglich umgesetzt ist und Einsparungen in der Höhe von zehn Milliarden Tonnen pro Jahr realisiert werden. Das Programm hat vielfältige positive Auswirkungen in Bezug auf verschiedenste Nachhaltigkeitsziele, insbesondere beim Erhalt der Biodiversität, bei der Schaffung von Arbeitsplätzen und bei menschlicher Entwicklung, neben dem Schutz des Klimas.

Mir erscheint es auch naheliegend, dass man versuchen wird, erneuerbare Energien immer weitgehender zu nutzen. Natürlich zunächst einmal dort, wo man keine wesentlichen Mehrkosten gegenüber dem Status quo hat. Beispielsweise in den großen Sonnenwüsten der Welt. Dies kann zu einem Programm zur Herstellung synthetischer Kraftstoffe erweitert werden. Es könnte die Lösung sein für die weltweit etwa 1,3 Milliarden Fahrzeuge mit Verbrennungsmotoren. Dabei geht es um fünf Milliarden Tonnen CO_2-Emissionen pro Jahr im Bestand. Es wäre ein weiterer Schritt, den Einsatz fossiler Energieträger in Richtung Klimaneutralität umzubauen.

Alle genannten Punkte sind dringend notwendig und überfällig. Es geht in Summe um bis zu 20 Milliarden Tonnen CO_2 pro Jahr. Das ist mehr als die Hälfte der weltweiten Emissionen im energienahen Bereich. Hier kann man sofort Wirkung erzeugen. Die zentrale Frage wird allerdings auch hier die Finanzierungsfrage sein. All das ist nur umsetzbar, wenn die reichen Länder einen erheblichen Teil der entstehenden Zusatzkosten übernehmen. Dazu muss man sich zügig entscheiden. Es ist so ähnlich wie beim Montrealer Protokoll, mit dem man vor Jahren das Problem des Ozonlochs lösen konnte. Die Staaten der Welt haben sich auf eine Lösung verständigt und verständigen können, weil die reiche Welt bereit war, die Differenzkosten zum Status quo zu übernehmen, und es so den ärmeren Ländern ermöglicht haben, auf neue Technologien zu wechseln, ohne dadurch Zusatzkosten zu haben.

So ähnlich ist die Situation auch heute. Wir müssen durch Carbon Capture Usage & Storage (CCUS) massiv CO_2-Emissionen reduzieren. Durchaus auch mit Technologien, die das CO_2 nur zu 50–80 Prozent abfangen, wenn das relativ preiswert möglich ist, denn jede Tonne CO_2, die wir einsparen, ist »Gold« wert. Wenn wir beispielsweise nur die Hälfte der weltweiten CO_2-Emissionen bei Kohle mit heute zehn Milliarden Tonnen CO_2 einsparen würden (d. h. fünf Milliarden Tonnen), dann wäre das 1,5-mal das Gesamtvolumen an Emissionen der EU, für deren Beseitigung wir unglaublich weitreichende und teure Programme verfolgen, um dieses Ziel bis 2050 zu erreichen.

Schlussbemerkung

Was ist der Befund nach jahrzehntelangen Bemühungen zu den beschriebenen schicksalshaften Problemen? Menschen sind primär mit ihren tagtäglichen Sorgen beschäftigt. Es ist schwer, Verständnis für systemische Erfordernisse zu entwickeln. Der Einzelne ändert vielleicht seine Essgewohnheiten, aber er interessiert sich nicht für den weltweiten Umbau des Energiesystems. Erst wenn Panik entsteht, z. B. über die Medien, wird reflexhaft nach Lösungen gerufen. Am besten sofort, am besten preiswert. Die Themen werden dann moralisiert. Vertiefte Analysen und klug durchdachte Vorgehensvorschläge werden von Aktivisten zur Seite geschoben, die einfache Lösungen im Hier und Jetzt versprechen. Die modernen Medien befeuern solche Trends, und viele Interessierte machen in diesem Kontext ihre Geschäfte – auf Kosten der Bürger und der Steuerzahler. All das geht am besten im nationalen Kontext. Eine Lösung der globalen Probleme wird durch diesen Fokus massiv erschwert, dennoch haben die Aktivisten das gute Gefühl, etwas bewirkt zu haben. Der Mensch mit seinen sehr spezifischen emotionalen Bedürfnissen, die schwierige

Kommunikation in großen Gruppen und die Wirkungen von Angst und Panik erschweren, was ohnehin schon schwer genug ist. Es bleibt in dieser Situation für einen Beobachter, wie ich es bin, nur die Option, die Lage weiter zu studieren, mich einzubringen, wo es aussichtsreich erscheint, und zu hoffen, dass möglichst viel von unserer großartigen Natur wie von unserer Zivilisation erhalten werden kann.

Ernst Ulrich von Weizsäcker:

Immer wieder neue Abenteuer – mit Pionieren als Freunden

Als Pionier habe ich mich eigentlich nie gefühlt. Aber als etwa Zehnjähriger fand ich Raupen und Schmetterlinge wunderschön und faszinierend. Ich habe die Raupen zum Beispiel von Brennnesseln abgesammelt und zu Hause wieder auf Brennnesseln laufen gelassen, sah fasziniert zu, wie sie vergnügt Brennnesselblätter fraßen, sich beim Wachstum häuteten, später mit den hintersten Füßen an einem selbst gesponnenen Seidentupfen aufhängten und dann »verpuppten«: die alte Haut abstreiften und eine solide neue, stabilere Haut zum Vorschein brachten. Und dann der Höhepunkt nach zwei oder drei Wochen: ein wunderschöner farbiger Schmetterling, zum Beispiel ein Tagpfauenauge, noch mit laschen Flügeln, kam heraus, pumpte bald die Flügeläderchen mit Luft auf und fing an zu fliegen. Natürlich machte ich sofort das Fenster auf und ließ die Schmetterlinge hinaus.

War es ein Wunder, dass ich das viel spannender fand als Lateinvokabeln oder den Dreisatz in der Mathematik? Und ich wollte natürlich Biologe werden.

Das war viel früher als die ersten Warnsignale über eine leidende Umwelt. Die nahm ich später wahr, etwa bei Besuchen im Ruhrgebiet, beim Schwimmen im Zürichsee, wo man ständig schleimige Algen an den Füßen hatte, oder eben bei der vergeblichen Suche nach Schmetterlingsraupen an den Stellen, wo sie früher zu finden waren.

Viel später las ich in den Zeitungen (Fernsehen gab's zu Hause noch nicht), dass es in Japan eigenartige Vergiftungskrankheiten gab, dass sich auch in Deutschland Asthma und Husten ausbreiteten, und dass sich die Amerikaner Sorgen über das Verschwinden des Bald Eagle, des Wappenadlers machten.

Ich hörte auch vom Club of Rome und der frühen Diskussion über *Die Grenzen des Wachstums*. Damals war ich in meinem ersten Beruf in der Evangelischen Studiengemeinschaft in Heidelberg und durfte eine international zusammengesetzte Arbeitsgruppe über Gefahren biologischer Kriegsführung aufbauen, bei der auf einmal die Friedensdiskussion mit den Umweltfragen zusammengebracht wurde. Die Nachfolgestudie ging über Humanökologie und Umweltschutz. Beim Evangelischen Kirchentag in Stuttgart 1969 sah und hörte ich, wie sich junge Leute als Umweltschützer versammelten.

Drei Jahre später bekam ich einen Ruf als Biologieprofessor an die neu gegründete Universität Essen und fing an, Vorlesungen zu halten, die die Umweltprobleme wissenschaftlich zugänglich machen sollten. Als junge Familie mit zwei kleinen Kindern zogen meine Frau Christine und ich also nach Essen. Dort lernten wir, dass man Wäsche nicht im Freien aufhängen soll: Sie wurde schmutzig. Mit einigen Freunden gründeten wir eine Essener Aktion gegen Umweltverschmutzung. Und dann gab es 1972 in Stockholm die erste UNO-Umweltkonferenz. Ich war nicht dabei, aber ich verfolgte die internationale Umweltdiskussion viel eifriger als die lokale.

Die nächste Karriereänderung kam 1975: Ich wurde zum Gründungspräsidenten der ebenfalls neuen Universität Kassel gewählt, und da spielte die ökologische Dimension bereits eine Rolle. Das Bundesimmissionsschutzgesetz war längst in Kraft, und die EU hatte angefangen, verbindliche Umweltrichtlinien zu verabschieden. Mir war klar, dass man Studierende in Sachen Umwelt nicht alleinlassen durfte.

Studenten an den in Witzenhausen bei Kassel befindlichen Agrarfakultäten beklagten, dass es in ganz Deutschland keine einzige Professur für ökologische Landwirtschaft gab. Gut, sagte ich, dann richten wir eben eine Professur für Ökolandbau in Witzenhausen ein. Das sprach sich herum. Die alteingesessenen Universitäten lachten höhnisch über diese bizarre Neuerung, denn für sie war die Überwindung veralteter Bauernrituale der große Fortschritt. Aber der neu berufene Professor Hartmut Vogtmann wurde zum Magneten für umweltbewusste Studierende aus ganz Europa. Und einige Jahre später war die Kasseler/Witzenhausener Öko-Landwirtschaft der wichtigste Grund dafür, dass die Agrarausbildung dieser Universität nicht dem Rotstift der Haushaltsplaner in der Landeshauptstadt Wiesbaden zum Opfer fiel. Ein Höhepunkt der neuen Agrarausbildung ereignete sich in den Medien, als der britische Kronprinz Charles Witzenhausen besuchte, der sich von Professor Vogtmann gerne beraten ließ und bei seinem Deutschlandbesuch die Wichtigkeit der ökologischen Agrarausbildung besonders betonte!

Nach fünf spannenden Jahren endete meine Präsidentschaft in Kassel, und ich akzeptierte ein Angebot, Direktor am neu eingerichteten New Yorker UNO-Zentrum für Wissenschaft und Technologie zu werden. Wieder eine total neue Herausforderung. Die Entwicklungsländer hatten begriffen, dass sie unbedingt technologisch auf die neueste Linie kommen mussten. Da kam ein lernbegieriger Universitätspräsident aus Deutschland wie gerufen.

Der Exekutivdirektor des Zentrums war der Brasilianer Dr. Amilcar Ferrari, und in meiner Abteilung hatte ich zwei hervorragende Mitarbeiter aus Indien und Äthiopien, Dr. Munirathna Anandakrishnan sowie Dr. Aklilu Lemma, der den Alternativen Nobelpreis trug und stolzes Mitglied des Club of Rome war. So war ich es, der von den Vertretern des Globalen Südens lernen musste, und ich hatte das größte Vergnügen daran.

Technikfolgenabschätzung war ein Themenschwerpunkt, denn es ließ sich ja nicht leugnen, dass manche neuen Technologien erhebliche Gefahren implizierten, mindestens aber für weite Teile der Wirtschaft und der zugehörigen Beschäftigten einen Absturz in die Bedeutungslosigkeit mit sich bringen konnten.

Ein anderer Schwerpunkt waren die Verbindungslinien zwischen Spitzentechnik und dezentraler, volksnaher Technik. Es war das Lieblingsthema von Professor Mongkombu S. Swaminathan, dem Vorsitzenden des internationalen Beirats unseres Zentrums. Dieser war auch sehr interessiert an der Umweltschonung, weil er sah, dass die klassischen Industriekonglomerate die ganz großen Verschmutzer waren. Ein Produkt der gemeinsamen Bemühungen um dieses Thema war ein Buch, welches an alle Regierungen der Welt versandt wurde[71], auf Wunsch von M.S. Swaminathan. Wieder war ich hauptsächlich der Zuhörende, nicht der Pionier!

1984 kam ich nach Deutschland zurück und durfte als Nachfolger von Konrad von Moltke (einem wirklichen Pionier) das noch junge Institut für Europäische Umweltpolitik leiten, mit Sitz in Bonn, aber mit Büros in Paris und London. Kernthema des Instituts war die Frage, wie gut die Europäischen Umweltrichtlinien in den EU-Mitgliedsländern umgesetzt wurden. Nigel Haigh, der Leiter des Londoner Büros, und die französische Juristin Pascale Kromarek im Bonner Büro waren in manchen Hauptstädten gefürchtet, weil sie immer wieder Fehler und auch Mogeleien bei der Umsetzung aufdeckten. In der EU-Kommission war Ludwig Krämer zuständig für die Überwachung der korrekten Umsetzung von Umweltrichtlinien. Er konnte damit drohen, säumige Mitgliedsländer vor den Europäischen Gerichtshof zu ziehen. Denn die EU-Kommission wollte einmal verabschiedete Rechtssetzungen auch korrekt umgesetzt sehen.

Ein anderes Thema des Instituts war die ökologische Komponente der EU-Agrarpolitik, ein ganz heißes Eisen, weil die Agrarlobby in erster Linie die wirtschaftlichen Gewinne ihrer Klientel interessierten; und Umweltschutz und biologische Vielfalt standen diesem Ziel normalerweise krass im Wege. Nigel Haighs Londoner Mitarbeiter David Baldock war der viel gefragte Spezialist für diese Konflikte. Eine ganz andere Leistung kam von Alain Sagne, dem Leiter des Pariser Büros, unterstützt von der Französin Annie Roncerel in meinem Bonner Büro: das Organisieren von Festspielen und Tagungen für Umweltfilme in Europa. Leider war dieses Unternehmen wirtschaftlich nicht tragfähig. Ich selber legte Wert auf die Publizität unserer Arbeiten, speziell im deutschen Sprachraum, denn bisher waren Französisch und Englisch die aktiven Sprachen im Institut und seinen schriftlichen Produkten. Und ich hielt die Ohren offen für neue Themen.

Ein großes neues Thema entstand in den mittleren 1980er-Jahren: die ökologischen Probleme der Energieerzeugung und -verwendung. Durch chemische Analysen von uralten Luftbläschen im grönländischen und antarktischen Eis konnte man über einen Zeitraum von 160 000 Jahren eine klare Korrelation zwischen CO_2-Konzentrationen und Temperaturen nachweisen. Damit wurde die schon früher vermutete Auswirkung der weltweiten Abgase aus der Verbrennung fossiler Brennstoffe so gut wie bewiesen, und die Sorge vor einer bedenklichen Klimaveränderung versetzte die Medien und die Politik in große Aufregung. Und zwei Jahre später versetzte das verheerende Atomreaktor-Unglück von Tschernobyl ganz Europa in Schrecken, und die Politik bereitete sich in vielen Ländern auf ein Ende der Atomenergie vor.

Meine Schlussfolgerung für die Europäische Umweltpolitik war trivial: Man musste endlich lernen, den angestammten Wohlstand mit sehr viel weniger Energieverbrauch zu erreichen, also die Energieeffizienz dramatisch zu erhöhen. Das war schon lange die Meinung meines amerikanischen Freundes Amory Lovins, der den – angeblich so riesigen – Energiebedarf für absurd hielt. Wenn jemand in dieser überaus wichtigen Energiefrage als Umweltpionier zu bezeichnen wäre, dann war es Amory Lovins.

Die erneuerbaren Energien, insbesondere die Solarenergie, waren in den 1980er-Jahren noch sehr teuer und quantitativ erst »in den Kinderschuhen«. Ich vermutete, dass die Steigerung der

Energieeffizienz und die Durchsetzung der erneuerbaren Energien nur dann gute Fortschritte machen würden, wenn Atom- und Fossilenergie aktiv von Staatsseite verteuert würden. Und so setzte ich mich für eine ökologische Steuerreform ein: Energie sollte in kleinen Schritten jährlich teurer werden, und menschliche Arbeit, speziell im Handwerk, sollte entsprechend billiger werden. Mit diesem Anliegen kam es sogar zu einem Gespräch mit dem Umweltkommissar der EU, dem Italiener Carlo Ripa di Meana, der sich sofort aufgeschlossen für meine »wilde Idee« zeigte. Dass der Staat etwas aktiv teurer macht, was jedermann braucht, konnte im politischen Raum nur als wilde Spinnerei gelten!

Kurz darauf bekam ich ein Angebot von der Technischen Universität Darmstadt, als Gastprofessor Vorlesungen zu halten, und das Thema war natürlich die Europäische Umweltpolitik. Ein Zuhörer war Christian Geinitz, Mitarbeiter der ebenfalls in Darmstadt ansässigen Wissenschaftlichen Buchgesellschaft. Er kam auf mich zu und sagte, dass diese Vorlesung doch eigentlich die Vorlage für ein Buch wäre. Er würde so ein Buch gerne verlegen. Ich hielt das für eine feine Idee und entschloss mich, dem Ratschlag zu folgen. Allerdings fand ich den geografischen Rahmen Europa zu eng. Schließlich waren ja die genannten Energieprobleme weltweit relevant.

Im Laufe des Schreibens kam ich schließlich auf die Idee, das Buch *Erdpolitik* zu nennen.[72] Die Energiefragen waren jedoch nur eine Thematik. Auch Landwirtschaft, biologische Vielfalt, Verkehr, die Sorgen der Entwicklungsländer und die Gentechnik mussten adressiert werden. Und es musste zentral etwas über die Regulierung, die besten Technologien, die soziale Relevanz der Umwelt, die Wirtschaftsverträglichkeit der Umweltpolitik und schließlich auch über umweltfreundliche Wohlstandsmodelle gesagt werden. Das zehnte Kapitel im Buch hatte den Titel »Die Preise müssen die Wahrheit sagen«. Für Ökonomen erst mal selbstverständlich. Aber ich ergänzte die Ökonomenweisheit durch die Forderung, dass die Preise auch die *ökologische Wahrheit* sagen müssten. Produzenten, Händler und Konsumenten sollten ökonomisch besser dastehen, wenn sie sich umweltfreundlich verhielten – ganz im Gegensatz zur bisherigen Realität. Die Forderung nach Preisen, die die ökologische Wahrheit sagen, war übrigens auch keinerlei Pioniertat. Sie stammte eigentlich von dem britischen Ökonomen Arthur Cecil Pigou, der schon 1920 in seinem Buch *The Economics of Welfare* die Idee einer Ökosteuer vortrug.

Die Diskussion über eine weltweite Umweltpolitik hatte in den späten 1980er-Jahren Konjunktur. Das lag an der bereits erwähnten Entdeckung der Erwärmung des Klimas. Klimapolitik machte eigentlich nur Sinn als Erdpolitik. Und ich holte das Thema Klimapolitik in unser Institut für Europäische Umweltpolitik herein. Dieser Schritt wiederum kam der Staatskanzlei von Nordrhein-Westfalen zu Ohren, und ich wurde gefragt, ob ich bereit wäre, mich an Beratungen zur Gründung eines neuen Instituts für Klimapolitik zu beteiligen – was ich sehr gerne machte. In der von Frederic Vester aus München geleiteten Gruppe konnte ich Ideen unterbringen, die mir aus der bisherigen Arbeit vertraut waren, wie insbesondere die Verbesserung der Energieeffizienz.

Von besonderem Interesse war dieses Thema mit Blick auf die Frage, welche politischen Schritte hilfreich sein könnten, das Ziel zu erreichen. Das war das selbstverständliche Interesse des Ministerpräsidenten Johannes Rau und seines Abteilungsleiters Hartmut Krebs, der an den Sitzungen dieser Beratergruppe teilnahm. Und es dauerte nicht lange, bis Herr Krebs mich plötzlich fragte, ob ich bereit sei, das geplante Institut zu leiten. Bloß stünde der Ort des Instituts bereits fest: Wuppertal. Eigentlich hatte ich Herrn Krebs bereits andere Namen für diese attraktive Leitungsfunktion genannt, aber ich hörte von ihm, dass sein Dienstherr, eben Ministerpräsident Rau, genau mich als Gründungspräsident des neuen Instituts haben wollte. Und so willigte ich schließlich ein.

Im Frühjahr 1991 fing die Arbeit an, und ich erfuhr zu meiner freudigen Überraschung, dass das Land Nordrhein-Westfalen etwa 50 Planstellen für das Institut vorgesehen hatte, darunter vier Direktorenstellen im Rang eines ordentlichen Universitätsprofessors. Für mich war klar, dass ich eigentlich nur Direktoren brauchen konnte, die besser waren als ich selber, denn das ohnehin schon neue Gebiet der wissenschaftsbasierten Klimapolitik war für mich erst recht völliges Neuland. Wir brauchten natürlich einen Direktor für internationale Klimapolitik, dann einen Direktor für Energiepolitik, einen für Stoffströme und Strukturwandel und einen für Verkehr. Und schließlich, fünftens, brauchten wir jemanden, der neue Wohlstandsmodelle in einer klimafreundlichen Gesellschaft und Wirtschaft konzipieren konnte.

Für alle Funktionen gewannen wir erstklassige Personen, angefangen von der Engländerin Dr. Jill Jäger, Herausgeberin des Berichts der ersten internationalen Klimakonferenz, für die Leitung der Klimaabteilung. Für die Energieabteilung gewannen wir Peter Hennicke, der auch die kommunale und regionale Energiepolitik beherrschte. Rudolf Petersen, bislang hoher Landesbeamter, wurde ein fachlich sehr versierter Leiter der Verkehrsabteilung.

Aber die originellste Wahl war Professor Friedrich Schmidt-Bleek, der früher im Umweltbundesamt das Chemikaliengesetz entwickelt hatte und später die weltweiten Stoffströme untersuchte. Sein Motto war eine Verzehnfachung der Ressourcenproduktivität; er propagierte damit einen dramatischen Übergang von der Wegwerfgesellschaft zur Kreislaufwirtschaft. Das war ein Thema, welches in der üblichen Klimadiskussion überhaupt noch nicht vorkam, welches ich aber strategisch ungeheuer wichtig fand. Schmidt-Bleek, im täglichen Umgang als »Bio« angesprochen, wurde als Direktor der höchsten Seniorität auch zum Vizepräsidenten des Instituts ernannt.

Mit der »Faktor Zehn«-Idee machte Bio erst mal das ganze Institut verrückt. Für Energie und Verkehr war eine Verzehnfachung der Effizienz zwar ein denkbarer Klima-Wunschtraum, aber in der Praxis kaum vorstellbar. Mein Job als Institutsleiter schloss natürlich auch konstruktive Kompromisse in Streitfragen ein, und so entstand mein Vorschlag eines »Faktor Vier«, mit dem Untertitel *Doppelter Wohlstand und halbierter Naturverbrauch*. Mit diesem Titel, mit leicht grimmiger Unterstützung von Bio und großer Hilfe von Peter Hennicke und Rudolf Petersen, entstand ein Rahmen für ein Buch dieses Titels.

In dieser Zeit lud ich meinen bereits genannten amerikanischen Freund Amory Lovins zu einem Vortrag in Wuppertal ein, der wie so oft bei ihm ein Glanzstück der Rhetorik war. Abends saßen wir zu Hause (in Bonn) zusammen und redeten über Klima und Energie. Ich zeigte Amory das potenzielle Inhaltsverzeichnis eines *Faktor-Vier*-Buches. Sofort merkte ich, dass er nervös wurde. Zunächst fand er einen Faktor Vier lächerlich bescheiden. Und dann fing er an, ein wenig melancholisch zu nörgeln. Da schaute ich ihm unvermittelt in die Augen und fragte ihn: »Sag, Amory, wäre es eine Idee, dass du das Buch als Mit-Autor schreibst?« Er strahlte über das ganze Gesicht. Nun redeten wir nur noch über das gemeinsame Projekt.

Amory, seine damalige Frau Hunter und ich kamen anschließend in E-Mail-Korrespondenz auf 50 Beispiele dafür, wie man aus Energie oder Stoffen mindestens viermal so viel Wohlstand hervorbringen konnte wie üblich. Ein Jahr später war das englische Manuskript fertig. Die deutsche Übersetzung folgte schnell und kam 1995 auf den Markt.[73] Um das englische Original hingegen gab es leider Streit. Amory hatte inzwischen mit anderen Freunden ein ähnliches Buch geschrieben und bekam von dessen amerikanischem Verleger eine Riesensumme Geld, unter der Bedingung, dass auf dem Markt kein ähnliches Buch erscheint. Schließlich, 1997, kam es zu einem Kompromiss: Unser gemeinsames Buch erschien in London, durfte aber in den USA nicht vermarktet werden. Die deutsche Übersetzung blieb ein halbes Jahr auf der *SPIEGEL*-Bestsellerliste. Und international wurde Faktor 4 zu einem Schlagwort für die Zielsetzung der Umweltpolitik.

Das Wuppertal Institut florierte. Peter Hennickes Energieabteilung bekam jede Menge gut bezahlter Aufträge. Die Verkehrsabteilung unter Rudolf Petersen wurde zum Mekka ökologisch progressiver Verkehrspolitik und erhielt durch Meike Spitzner eine sehr populäre feministische Note. Die Klimaabteilung war im Rahmen internationaler Diskussionen ständig gefragt, und die Arbeiten zu neuen Wohlstandsmodellen konnten damit glänzen, von den internationalen Koryphäen Wolfgang Sachs und Gerhard Scherhorn verfasst worden zu sein. Bald waren 200 Mitarbeiter:innen am Institut. Ein Neubau wurde nötig – angebaut an den Altbau, ein verlassenes Schulgebäude ganz nahe am Wuppertaler Hauptbahnhof.

Eines Tages bekam ich einen Anruf aus Stuttgart: Die in mehreren Wahlen gebeutelte SPD suchte einen Kandidaten für den Bundestag, und ich wurde gefragt, ob ich kandidieren möchte. Ich sagte Ja, wenn eine Chance für einen guten Listenplatz denkbar wäre. Ich sorgte dafür, dass im Wuppertal Institut alles Nötige geregelt wurde, und fragte Prof. Hans Joachim Schellnhuber vom Potsdam Institut für Klimafolgenforschung, ob er sich für meine Nachfolge interessieren würde; leider gab er uns einen Korb. So wurde Peter Hennicke mein glänzender Nachfolger. Ich selber begann, mich mit der Stuttgarter Szene vertraut zu machen, und wurde mit unerwartet großer Mehrheit als Kandidat gewählt. Auf die Frage an die gut platzierten Kandidaten, welcher Ausschuss sie am meisten interessierte, sagte ich, dass für mich der Finanzausschuss am wichtigsten wäre – damit ich mich dort um die ökologische Steuerreform kümmern konnte.

Mit dem sicheren Listenplatz kam ich 1998, als eine Regierung aus SPD und Grünen die von Kohl geführte CDU nach 16 Jahren ablöste, tatsächlich in den Bundestag. Ich erhielt fast doppelt so viele Simmen wie der sehr populäre Kandidat der Grünen, Rezzo Schlauch. Diesen hat das sichtbar gekränkt, weil er zuvor angekündigt hatte, er würde das erste grüne Direktmandat für den Bundestag erobern. In Stuttgart bekam ich von meinem Parteifreund Erich Holzwarth eine Schlafbleibe, und in Berlin mietete ich ein Einzelzimmer, aber mein echter Wohnsitz blieb das wunderbare Haus in Bonn, wo Christine und unsere fünf Kinder noch ihre Zimmer hatten.

Mit großer Freude konnte ich im Bundestag meine Jungfernrede über die Einführung einer ökologischen Steuerreform halten. Mit Oskar Lafontaine, dem SPD-Parteivorsitzenden und anfänglichen Finanzminister im Kabinett von Gerhard Schröder, hatte ich ein erfreuliches Gespräch über seinen unnachgiebigen Wunsch, dass die fiskalischen Erträge einer Ökosteuer hauptsächlich für die Senkung der Lohnnebenkosten verwendet werden müssten, um auf diese Weise Arbeitsplätze zu sichern. Und tatsächlich konnte man Jahre später ausrechnen, dass dank der ökologischen Steuerreform rund 300000 Arbeitsplätze in Deutschland gesichert oder neu geschaffen wurden.

In einer Fraktionssitzung kam mein Freund Hermann Scheer, den ich noch aus meiner Juso-Zeit in den 1960er-Jahren kannte, zu mir und klagte sein Leid, dass das fachlich zuständige Wirtschaftsministerium nicht bereit war, seinen Entwurf für ein Erneuerbare-Energien-Gesetz (EEG) ins Kabinett einzubringen. Der Grund war, dass Hermann Scheer insistierte, die Erzeuger der Sonnen- und Windenergie (und Wasserkraft) sollten eine kostendeckende Vergütung für das Einspeisen in das Stromnetz erhalten. Bei Erzeugerkosten von rund zwei D-Mark, also etwa einem Euro, für eine Kilowattstunde Photovoltaikstrom hatte der damalige Wirtschaftsminister Werner Müller große Bedenken bezüglich der enormen Kosten, die diese Vergütung mit sich bringen würde.

Wir redeten ein paar Minuten und kamen überein, zum damaligen Fraktionsvorsitzenden Peter Struck zu gehen und ihn zu bitten, einen Tagesordnungspunkt EEG-Entwurf für eine baldige Fraktionssitzung vorzusehen. Peter Struck wusste natürlich Bescheid, was für ein Konflikt dahinterstand, versprach uns aber dennoch, diesen Tagesordnungspunkt anzusetzen. Hermann Scheer hielt eine flammende Rede, in welcher er die Wirkung des Gesetzes für eine laufende Verbilligung des Solarstromes betonte. In der anschließenden Abstimmung war eine deutliche Mehrheit für Scheers Gesetzentwurf, woraufhin Kanzler Schröder ihn zum Gesetzentwurf der SPD erklärte. Die Grünen waren erwartungsgemäß sehr einverstanden, und so kam das vielleicht historisch bedeutsamste Gesetz der rot-grünen Regierungszeit zustande. In den folgenden 20 Jahren sackten ja die Herstellungskosten für Photovoltaikstrom um den Faktor 20 auf etwa fünf Eurocent ab, in sonnenverwöhnten Ländern sogar auf einen Eurocent. Plötzlich wurde der Klimaschutz ökonomisch erschwinglich!

Neben meiner Arbeit im Finanzausschuss und Diskussionen zur Umweltpolitik verbrachte ich viel Zeit mit der Leitung der neuen Enquetekommission Globalisierung der Weltwirtschaft. Die Globalisierung war auch geprägt durch einen weltweiten Trend der Deregulierung, der Privatisierung und damit der Schwächung der staatlichen Entscheidungsmacht. Die internationalen Finanzmärkte wurden auf einmal so stark, dass sie den Staaten »befehlen« konnten, soziale und ökologische Ziele zurückzustecken, wenn sie der Steigerung der Kapitalrendite abträglich waren. Wollte ein Staat sich dieses Machtgehabe der Finanzmärkte nicht gefallen lassen, wurde er alsbald abgestraft: In diesem Land, so die Drohung, werde man das wertvolle Investorengeld nicht ausgeben;

und das werde zum Verlust von Arbeitsplätzen führen. Die Enquetekommission war also mit einer überaus heiklen neuen Lage konfrontiert: Unser Staat sah sich einer bösen Erpressung durch die Finanzmärkte ausgeliefert.

Die Mehrheit der Kommissionsmitglieder begann zu ahnen, woher die neue Macht der Finanzmärkte kam: Nach 1990, also nach dem Zusammenbruch des Kommunismus, war die Gefahr verschwunden, das Volk könnte auf einmal sozialistisch oder kommunistisch wählen. Diese Drohung galt seit 1948, dem Beginn des Kalten Krieges, als Basis für die soziale Marktwirtschaft und später auch für die Verabschiedung von ernst gemeinten Umweltgesetzen. Der Westen musste beweisen, dass der Kapitalismus nicht soziale Verhältnisse hervorbrachte, durch die es den Menschen schlechter ging als auf der anderen Seite des Eisernen Vorhangs. Natürlich gab es im Volk, in den Medien und in der Enquetekommission immer auch Stimmen, die argumentierten, da der Kommunismus zusammengebrochen war, weil er die Wohlstandsvermehrung in der freien Marktwirtschaft verhinderte, bestehe die einzig richtige Folge darin, den Märkten immer zu erlauben, die Kapitalrendite zu optimieren.

Es war so gut wie unmöglich, in der Enquetekommission eine gemeinsame Linie bezüglich der staatlichen Kontrolle der Märkte zu erreichen, und nach der nächsten Bundestagswahl von 2002 wurde beschlossen, die Enquetekommission nicht erneut einzusetzen.

Gleichwohl war bei mir (wie bei sehr vielen anderen politisch denkenden Menschen) die Einsicht gewachsen, dass man sich unbedingt, um der Demokratie willen, einen vernünftigen Kompromiss zur erneuten Regulierung der Finanzmärkte einfallen lassen müsste. Und ich fand außerhalb der Bundestagspflichten eine neue Nebenbeschäftigung in dieser Kompromisssuche. Mit dem amerikanischen Ökonomen Prof. Oran Young und meinem Schweizer Freund Prof. Matthias Finger gelang es mir, eine

Diskussion zu initiieren, wie der demokratische Staat wieder gestärkt werden könnte. Wir waren uns einig, dass die fortschreitende Privatisierung sehr bedenklich war. Da ging es ja um Pflichten, die bis dahin selbstverständlich vom Staat wahrgenommen wurden. Und die Privatisierung verdrängte die öffentlichen Güter und favorisierte die privaten Güter; sehr zum Schaden der Umwelt (einem besonders wichtigen öffentlichen Gut) und auch zum Schaden der sozialen Gerechtigkeit.

Aus diesen spannenden Diskussionen wurde schließlich wieder ein neues Buch, welches als Bericht an den Club of Rome akzeptiert wurde. Das Buch hatte den Titel *Limits to Privatization*[74] und enthielt haufenweise Beispiele der Privatisierung, die die öffentlichen Güter schädigten.

Im Jahr 2002 fand in Johannesburg der Nachhaltigkeitsgipfel der Vereinten Nationen statt. Es war der Gipfel für die Entwicklungsländer, denen das Wohlstandswachstum einfach wichtiger war als der 1992 in Rio hoch besungene Klima- und Umweltschutz. Ich durfte als Parlamentarier in der deutschen Delegation dabei sein. Bundeskanzler Schröder, als Leiter der deutschen Delegation, lud die Völker der Welt zu einer ersten internationalen Konferenz über erneuerbare Energien ein, die dann zwei Jahre später in Bonn stattfand.

2002 fand auch die nächste Bundestagswahl statt, und ich gewann in Stuttgart zur Überraschung der Medien den Wahlkreis Stuttgart Süd (wo eher die Wohlhabenden wohnen) für die SPD direkt. Bis dahin war das ein für die CDU »sicherer« Wahlkreis. Nun wurde ich zum Vorsitzenden des Umweltausschusses gewählt und hatte auch hier wieder lauter Lernerlebnisse. Zum Beispiel musste der Ausschuss immer neue EU-Richtlinien in deutsches Gesetz umsetzen, wie etwa die Regelung des Handels mit Emissionsrechten beim Klimaschutz. Wir konnten nicht verhindern, dass man in Deutschland, aber eben auch in der EU, den »Klimasündern« in der Industrie die Lizenz für Treibhausgas-

Emissionen zu Beginn einfach schenken würde. Erst anschließende Änderungen würden zu Vorteilen derjenigen führen, die die Emissionen vermindern.

Mir kam es in der Leitung des Umweltausschusses immer darauf an, dass gute Ideen unterstützt wurden, egal von welcher politischen Seite sie kamen. Die Stimmung war bemerkenswert konstruktiv und friedlich – ganz anders als die Stimmung in früheren Legislaturperioden, in denen angeblich ein permanentes Hauen und Stechen überwog. Aber man darf auch den Vorwurf machen, dass in dieser zweiten Rot-Grün-Legislaturperiode keine großen umweltpolitischen Entscheidungen getroffen wurden. Man ruhte sich ein bisschen auf den drei genannten großen Entscheidungen der ersten Periode aus: Ökosteuer, EEG und Atomausstieg.

Schon lange vor dem Ende der Legislaturperiode hatte ich den Parteifreunden in Stuttgart gesagt, ich wolle kein drittes Mal für den Bundestag kandidieren: Ich hätte ja mit 65 das übliche Ruhestandsalter erreicht. Aber ganz unvermittelt bekam ich im Jahr 2004 einen Anruf aus Kalifornien, ob ich bereit wäre, mich als Kandidat für die Leitung der kalifornischen Umwelthochschule zu bewerben. Ich habe die Idee natürlich erst mal mit meiner Frau besprochen, aber irgendwie hatte ich auch Lust, mich in ein neues Abenteuer zu stürzen. Der Ort der Hochschule war Santa Barbara, wunderschön an der Pazifikküste gelegen. Ich war einer von drei Kandidaten, und bei den Vorstellungsgesprächen schien ich wegen meiner großen Neugier als bestgeeignet angesehen zu werden.

Natürlich wollten wir nicht ein Haus kaufen. Ich bezog eine bescheidene Mietwohnung. Die Bren School of Environmental Science and Management war eine recht eigenständige Graduierten-Hochschule innerhalb des Santa Barbara Campus der University of California. Ausbildungsziel war der Master- oder der PhD-(Doktor-)Titel. Es überraschte mich, dass das »Management« im Titel gar nicht auf die Industrie oder Landwirtschaft oder Verkehr bezogen war, sondern auf den Naturschutz, also zum Beispiel das

Management eines Nationalparks. Fand ich ein bisschen lächerlich. Und ich fragte die Professoren, was man denn in Sachen Klima macht. Die Antwort war: Forschung und Management der Schneebedeckung der Sierra Nevada – und ein paar ähnliche Themen. Aber die Fakultät war überaus interessiert an den Themen, die ich wichtig fand, zum Beispiel Klimaschutz durch Energieeffizienz, durch gesunde Agrarböden, durch Seegras zum Absorbieren von CO_2. Und natürlich durch Sonnen- und Windenergie. Einer der Professoren erklärte sich bereit, sich für die Einrichtung eines Studien-Schwerpunktes Klimaschutz zu engagieren; bisher gab es vier andere Schwerpunkte.

Ebenfalls auf positive Resonanz stieß mein Vorschlag, sich um Ressourceneffizienz zu kümmern. Und sofort sagte einer, ich sollte dazu doch selber Vorlesungen halten. Kurz: Die Stimmung war überaus freundschaftlich und kooperativ, und öfter sagte mir der eine oder andere Student oder Professor, es sei so »lebendig« geworden, seit ich der Leiter der School war. Ich lernte allerdings auch, dass die Leiter akademischer Institutionen in den USA in der Hauptsache für das »Development«, zu Deutsch »Fundraising«, zuständig sind. Und so bemühte ich mich auch darum. Am Ende der drei Jahre hatte die Bren School rund 20 Millionen Dollar dazugewonnen, und nicht nur die engeren Kollegen, sondern sogar der Chancellor des Santa Barbara Campus waren voll des Lobes über das sehr erfolgreiche Fundraising. Aber wie geplant habe ich mich nach drei Jahren wieder verabschiedet.

Zurück in Deutschland kam unsere Familie in eine neue Situation. Unsere fast 40-jährige Tochter Prof. Paula Bleckmann hatte die Idee, dass Christine und ich doch in Emmendingen im Breisgau in ein Drei-Generationen-Haus ziehen sollten, mit Paula, ihrem Mann Frank und deren drei Söhnen, Benedikt, Elias und Anselm. Das Haus wurde als Passivhaus mit exzellenter Energieeffizienz gebaut. Christines schon neunzigjährige Eltern gesellten sich noch dazu, und so wurde es ein Vier-Generationen-Haus.

Ich wurde 2012 unversehens zum Co-Präsidenten des Club of Rome gewählt, gemeinsam mit meinem langjährigen Freund Anders Wijkman aus Schweden. Sechs Jahre leiteten wir den Club und erreichten eine maßvolle Diversifizierung und Verjüngung der Club-Mitgliedschaft. Und wir schrieben, unterstützt von zahllosen Club-Mitgliedern, einen neuen, kühnen Bericht an den Club of Rome zu dessen 50-jährigem Bestehen. Das Buch hat den schillernden Namen *Come On!*[75] und hat drei Teile: (1) Die heutigen Trends sind überhaupt nicht nachhaltig, (2) Auf dem Weg zu einer neuen Aufklärung, (3) Eine spannende Reise zur Nachhaltigkeit.

Der schwerwiegendste und anspruchsvollste Teil ist der zweite! Ausgehend von Papst Franziskus' Enzyklika *Laudato Si'* sagen wir, dass die alte europäische Aufklärung großartig und mutig war und zugleich die Voraussetzung für die wissenschaftliche und industrielle Revolution. Aber genau diese hat die fast exponentielle Vermehrung der Menschen sowie die Ausräuberung der natürlichen Ressourcen ermöglicht. Für die heutige überfüllte Welt brauchen wir eine neue Aufklärung, die uns die Stabilisierung und Verminderung der Weltbevölkerung und den Verzicht auf räuberischen Konsum vorgibt. Ein Charakteristikum der neuen Aufklärung ist die Balance anstelle der rechthaberischen Wachstumsideologie.

In einem neuen Buch[76] präsentiere ich sieben Kapitel: 1. Klima, 2. Biodiversität, 3. Der Planet Erde im Anthropozän, 4. Die Ökonomie von 1945 bis 2045, 5. Klima-Außenpolitik, 6. Neue Aufklärung und 7. Ausblick: Wer macht mit? Und erneut betone ich die Notwendigkeit einer neuen Aufklärung. Natürlich dürfen die guten Tugenden der alten Aufklärung nicht verloren gehen: ehrliche Analyse, saubere Methodik, Öffnung zur gewünschten Technologie.

Schlussendlich erlaube ich mir zu betonen, dass ich mich selber nie als Pionier gesehen habe. Aber ich hatte das Glück, immer wieder mutigen Pionieren zu begegnen und mit ihnen gemeinsam das Abenteuer von neuem Denken zu bestehen.

Über die Autor:innen

Franz Alt

Franz Alt ist Journalist und veröffentlichte als Bestseller-Autor 50 Bücher, mit einer Auflage von 3,5 Millionen und in 25 Sprachen, zuletzt: *Nach Corona – Unsere Zukunft neu gestalten* und *Der Planet ist geplündert – Was wir jetzt tun müssen* sowie *Die außergewöhnlichste Liebe aller Zeiten – Die wahre Geschichte von Jesus, Maria Magdalena und Judas*. Er arbeitete seit 1968 beim SWF (heute SWR), wo er 20 Jahre lang das politische Magazin *Report Baden-Baden* leitete und moderierte. Seit 1993 Leiter und Moderator der ARD-Sendereihe *Zeitsprung*. 1996 Leiter und Moderator von *Querdenker* und ab 2000 von *Grenzenlos* auf 3sat. Franz Alt ist der am meisten mit Preisen ausgezeichnete deutsche Fernsehjournalist: Adolf-Grimme-Preis, Goldene Kamera, Bambi, Deutscher Solarpreis, Europäischer Solarpreis, Welt-Windenergie-Preis, Umweltpreis der deutschen Wirtschaft, Außergewöhnlichster Redner des Jahres, zusammen mit Michail Gorbatschow: Löwenherz-Preis u. v. a.

Alexander Van der Bellen

Prof. Alexander Van der Bellen ist derzeit Bundespräsident der Republik Österreich. Er studierte Volkswirtschaftslehre, ab 1980 ordinierter Professor an der Universität Wien. Als Abgeordneter der Grünen in Österreich im Nationalrat (1994–2012) und im Wiener Landtag und Gemeinderat (2012–2015) wurde er zunehmend politisch tätig. Alexander Van der Bellen ist zudem – unter anderem – Vizepräsident der überparteilichen Österreichischen Gesellschaft für Außenpolitik und die Vereinten Nationen (ÖGAVN) sowie Träger des Groß-Sterns des Ehrenzeichens für Verdienste um die Republik Österreich. Seit 2017 ist er in seinem Amt als Bundespräsident.

Jakob Blasel

Jakob Blasel ist Klimaaktivist. 2018 organisierte er als Schüler das erste Mal Proteste gegen den Klimawandel in Kiel und steht damit als Vertreter von Fridays for Future schon lange im Zentrum der Klimadebatte. 2020 gab Jakob Blasel seine Kandidatur für den Bundestag bekannt, um auf diesem Weg jungen Menschen eine Stimme im Parlament zu geben. Den Einzug über die Landesliste der Grünen verpasste er knapp. Sein Engagement für den Klimaschutz setzt er dennoch im Protest auf der Straße und in der Öffentlichkeit fort.

Thilo Bode

Thilo Bode studierte Volkswirtschaft und Soziologie und promovierte über die Auswirkungen von Direktinvestitionen in der Dritten Welt. Nach dem Studium war er elf Jahre in der Entwicklungszusammenarbeit tätig. Er wechselte anschließend als leitender Angestellter zu einem Metallunternehmen, bevor er 1989–1995 Geschäftsführer von Greenpeace Deutschland und von 1995–2001 von Greenpeace International wurde. 2002 gründete er die Verbraucherrechtsorganisation Foodwatch, die er als internationaler Direktor bis Ende 2022 leitete. Er ist Autor mehrerer Bücher, darunter *Die Freihandelslüge – Warum TTIP nur den Konzernen nützt – und uns allen schadet* (2015) und *Die Diktatur der Konzerne: Wie globale Unternehmen uns schaden und die Demokratie zerstören* (2017).

Michael Braungart

Michael Braungart lehrt an der Leuphana Universität in Lüneburg. Zudem ist er Gründer von EPEA Internationale Umweltforschung GmbH in Hamburg, der Wiege von Cradle to Cradle. Darüber hinaus ist er Mitbegründer und wissenschaftlicher Leiter von McDonough Braungart Design Chemistry (MBDC) in Charlottesville, Virginia (USA) sowie Gründer und wissenschaftlicher Leiter des Hamburger Umweltinstituts (HUI).

Michael Braungart ist einer der beiden Begründer des Cradle-to-Cradle-Designkonzepts, welches die Basis für den Green Deal und des Circular-Economy-Programms der Europäischen Union ist.

Gemeinsam mit Organisationen und Unternehmen unterschiedlicher Branchen gestaltet Michael Braungart ökoeffektive Produkte, Geschäftsmodelle und intelligentes Material Pooling. Für seine Arbeit wurde er unter anderem im Jahr 2007, gemeinsam mit William McDonough, als Hero of the Environment vom *Time Magazine* ausgezeichnet.

Josef Göppel

Josef Göppel, 24 Jahre Förster im Außendienst, begründete die Landschaftspflegeverbände und schließlich auf Bundesebene den Deutschen Verband für Landschaftspflege, außerdem war er Gründer der Genossenschaft Regionalstrom Franken. Seine politische Laufbahn begann er als Stadtrat (1972–2004) und Bezirksrat in Mittelfranken (1974–1994), von 1994–2002 war er für die CSU Mitglied im Bayerischen Landtag, von 2002–2017 im Deutschen Bundestag. Von 1991–2017 war er Vorsitzender des Umweltarbeitskreises der CSU, dessen Umweltprogramm er wesentlich mitgestaltete. 2019 wirkte er als Mitglied am Runden Tisch Arten- und Naturschutz Bayern.

Zuletzt war er Energiebeauftragter des Bundesentwicklungsministeriums für Afrika und beteiligte sich an der Verfassungsbeschwerde gegen unzureichenden Klimaschutz, die 2021 zum richtungweisenden Klima-Urteil des Bundesverfassungsgerichts führte. Josef Göppel war Träger mehrerer Preise (u.a. 2010 Adam-Smith-Preis für marktwirtschaftliche Umweltpolitik, 2010 Bayerischer Verdienstorden, 2018 Bayerischer Naturschutzpreis, 2021 Bundesverdienstkreuz 1. Klasse).

Josef Göppel verstarb unerwartet am 13. April 2022; seine vier Töchter Sophia Kraft, Barbara Metz, Maria Wenk und Teresa Göppel-Ramsurn haben den von ihm zugesagten Beitrag zu diesem Buch verfasst.

Bärbel Höhn

Bärbel Höhn, Diplom-Studium der Mathematik, wurde mit Umweltthemen politisch aktiv. Zunächst als Ratsmitglied in Oberhausen (1985–1989), dann als Fraktionssprecherin der Grünen im Landtag NRW (1990–1995), als nordrhein-westfälische Ministerin für Umwelt, Raumordnung und Landwirtschaft (1995–2000) bzw. für Umwelt, Naturschutz, Landwirtschaft und Verbraucherschutz (2000–2005). 2005–2017 war sie Mitglied der Fraktion der Grünen im Deutschen Bundestag, wo sie von 2005–2006 den Vorsitz des Ausschusses Ernährung, Landwirtschaft und Verbraucherschutz innehatte, von 2006–2013 stellvertretende Fraktionsvorsitzende war und von 2014–2017 Vorsitzende des Ausschusses Umwelt, Naturschutz, Bau und Reaktorsicherheit.

Seit 2017 ist sie Energiebeauftragte des Bundesministeriums für wirtschaftliche Zusammenarbeit und Entwicklung für Afrika.

Claus-Peter Hutter

Claus-Peter Hutter ist Präsident der Umweltstiftung NatureLife-International und war lange Jahre Leiter der Umweltakademie Baden-Württemberg. Der Autor, Herausgeber und Mitautor zahlreicher Bücher zu Umwelt- und Verbraucherthemen verknüpft mit seiner internationalen Arbeit auch als Ehrensenator der Universität Hohenheim und Lehrbeauftragter der Universität Stuttgart Wissenschaftstransfer, Umweltpraxis und Etablierung integrierter, nachhaltiger Entwicklung. Für seine Verdienste wurde er unter anderem mit dem Bundesverdienstkreuz und dem Umweltpreis von B. A. U. M. – dem bundesweiten Arbeitskreis für umweltgerechtes Management – ausgezeichnet. Aktuelle Bücher: Angres, Hutter: *Das Verstummen der Natur* (Ludwig Verlag), *Klimakrise: Die Erde rechnet ab: Wo wir handeln müssen und was wir tun können, um unsere Zukunft zu retten – Mit 200 konkreten Tipps* (Heyne Verlag).

Hannes Jaenicke

Hannes Jaenicke ist Schauspieler, Umweltaktivist und Autor zahlreicher Bücher zu Umweltthemen (*Wut allein reicht nicht. Wie wir die Erde vor uns schützen können* (2010), *Die große Volksverarsche. Wie Industrie und Medien uns zum Narren halten* (2013) u. a.). Seit 2008 dreht er Dokumentarfilme über das Leben bedrohter Arten und kämpft gegen deren Aussterben sowie für ein Umdenken in Sachen Umweltschutz. Als Schauspieler erhielt er zahlreiche Fernseh- und für sein Engagement als Aktivist, Autor und Dokumentarfilmer zahlreiche Umweltpreise (u. a. den UmweltMedienpreis der Deutschen Umwelthilfe, NatureLife Umweltpreis, Hans-Carl-von-Carlowitz-Nachhaltigkeitspreis).

Helga Kromp-Kolb

Helga Kromp-Kolb ist emeritierte Universitätsprofessorin für Meteorologie und Klimatologie an der Universität für Bodenkultur, Wien, wo sie auch das Zentrum für Globalen Wandel und

Nachhaltigkeit gründete und leitete. Sie hat an der Universität Wien promoviert und sich dort auch im Bereich Luftreinhaltung habilitiert. Sie war und ist in mehreren Beratungsgremien für Politik, Verwaltung und Privatwirtschaft zu den Themen Luftreinhaltung, Ozon, radioaktive Belastung infolge von Kernkraftwerksausfällen, Klimawandel u. a. tätig. Als Universitätslehrerin und Forscherin befasst sie sich mit Fragen des Klimawandels, der nachhaltigen Entwicklung, der Transformation der Gesellschaft, der Bildung für nachhaltige Entwicklung und dem notwendigen Paradigmenwechsel in Wissenschaft und Gesellschaft. Sie war maßgeblich an der Gründung des Climate Change Centers Austria (CCCA) sowie der Allianz Nachhaltige Universitäten in Österreich beteiligt und ist Mitglied des Lenkungsausschusses des universitätsübergreifenden Projektes UniNEtZ.

Franz Josef Radermacher

Franz Josef Radermacher, Vorstand des Forschungsinstituts für anwendungsorientierte Wissensverarbeitung/n (FAW/n), Professor (emeritiert) für Informatik, Universität Ulm, 2000–2018 Mitglied des Wissenschaftlichen Beirats beim Bundesministerium für Verkehr und digitale Infrastruktur (BMVI), von 2010 bis Februar 2021 Präsident des Senats der Wirtschaft e. V., Bonn, seit Februar 2021 Ehrenpräsident des Senats der Wirtschaft e. V., Bonn, Ehrenpräsident des Ökosozialen Forum Europa, Wien, Mitglied des UN-Council of Engineers for the Energy Transition (CEET) sowie Mitglied des Club of Rome, Winterthur.

Dirk Roßmann

Dirk Roßmann ist verheiratet und hat zwei Söhne. Er ist erfolgreicher Unternehmer und Schriftsteller sowie unter anderem Mitgründer der Deutschen Stiftung Weltbevölkerung. Bisherige

Veröffentlichungen: *... dann bin ich auf den Baum geklettert!* (2018), *Der neunte Arm des Oktopus* (2020) und *Der Zorn des Oktopus* (2021). Seine Biografie wie auch die Thriller erreichten Platz 1 der *SPIEGEL*-Bestsellerliste. 2022 veröffentlichte Dirk Roßmann sein erstes Kinderbuch *Tintoretto und seine Freunde*. Er setzt sich intensiv für den Klimaschutz ein.

Christof Schenck

Christof Schenck studierte in Tübingen und Freiburg Biologie. In München promovierte er 1996 zur Lebensraumanalyse für Riesenotter in Peru. Im Jahr 2000 übernahm er die Geschäftsführung der Zoologischen Gesellschaft Frankfurt, die in 18 Ländern Naturschutzarbeit durchführt. Dr. Schenck ist in zahlreichen Stiftungen und Gremien vertreten.

Elisabeth Stern

Elisabeth Stern ist promovierte Ethnologin und, nachdem sie während eines längeren Aufenthalts in Zimbabwe unmittelbar auf die Klimakrise aufmerksam wurde, seit 35 Jahren aktiv in der Umwelt-Bewegung. Sie lebte viele Jahre in Kalifornien, wo sie u. a. aktives Mitglied der Friedens- und Umwelt-Bewegung war. Zurück in der Schweiz war sie bis zur Pensionierung Dozentin an Fachhochschulen sowie den Universitäten Zürich und St. Gallen. Elisabeth Stern ist Vorstand der KlimaSeniorinnen Schweiz.

Der Verein KlimaSeniorinnen Schweiz wurde 2016 von älteren Frauen gegründet. Sie argumentieren, dass die Schweiz zu wenig im Kampf gegen den Klimawandel leistet und sie nicht vor den Auswirkungen schützt. Drei nationale Gerichte wiesen ihre Beschwerde zurück, nun liegt der Fall beim Europäischen Gerichtshof für Menschenrechte.

Klaus Töpfer

Klaus Töpfer, Prof. Dr. Dr. h.c. mult. war Exekutivdirektor des Institute for Advanced Sustainability Studies (IASS) in Potsdam sowie ehemaliger Exekutivdirektor des Umweltprogramms der Vereinten Nationen (UNEP) in Nairobi (1998–2006). Er absolvierte ein Studium der Volkswirtschaftslehre und promovierte in Münster. Er war Bundesminister für Umwelt, Naturschutz und Reaktorsicherheit und Bundesminister für Raumordnung, Bauwesen und Städtebau sowie Mitglied des Deutschen Bundestages.

Prof. Töpfer erhielt zahlreiche Auszeichnungen und Ehrungen, wie beispielsweise das große Bundesverdienstkreuz, den Deutschen Umweltpreis der Deutschen Bundesstiftung Umwelt (DBU) und den Deutschen Nachhaltigkeitspreis für sein Lebenswerk. 2012 wurde er in die Earth Hall of Fame von Kyoto aufgenommen.

Hubert Weiger

Hubert Weiger (*1947), Prof. Dr., ist seit 1971 im verbandlichen Naturschutz aktiv. 2002 bis 2018 war er 1. Vorsitzender des BUND Naturschutz in Bayern (BN), 2007 bis 2019 Vorsitzender des Bundes für Umwelt und Naturschutz in Deutschland e.V. (BUND), danach Ehrenvorsitzender beider Verbände.

Er war 1989 Mitinitiator des Grünen Bandes Deutschland und 2002 Initiator des Grünen Bandes Europa sowie Mitglied in zahlreichen fachwissenschaftlichen Gremien, z.B. 2018/2019 in der Kommission für Wachstum, Strukturwandel und Beschäftigung (Kohlekommission). Seit 2013 ist er Mitglied des Rates für Nachhaltige Entwicklung (RNE) der Bundesregierung.

Seit 1994 ist er Honorarprofessor für Naturschutz und nachhaltige Landnutzung an der Universität Kassel.

2010 erhielt er den Verdienstorden der Bundesrepublik Deutschland, 2017 den Deutschen Umweltpreis der Deutschen Bundesstiftung Umwelt und 2021 das Bundesverdienstkreuz 1. Klasse.

Christine von Weizsäcker

Christine von Weizsäcker ist Biologin, Autorin und Aktivistin. Seit Mitte der Siebzigerjahre arbeitet sie an Technikfolgenabschätzung für zivilgesellschaftliche Organisationen. Seit dem Erdgipfel in Rio, 1992, nimmt sie als NGO-Vertreterin an UN-Verhandlungen zu Nachhaltigkeit und biologischer Vielfalt teil. Sie ist Präsidentin von Ecoropa, einem europaweiten Netzwerk, Mitglied der Beiräte der Vereinigung Deutscher Wissenschaftler, der Deutschen Gesellschaft für Humanökologie, von FIAN (FoodFirst Informations- und Aktionsnetzwerk) und GeN (Gen-ethisches Netzwerk), auch Mitglied der Arbeitsgruppe Biodiversität des FUE (Forum Umwelt und Entwicklung). Sie wurde mit vielen Preisen geehrt.

Ernst Ulrich von Weizsäcker

Ernst Ulrich von Weizsäcker ist Diplomphysiker und Biologe. Er war Professor für Biologie an der Universität Essen (1972–1975), Präsident der Universität Kassel (1975–1980), Direktor am UNO Zentrum für Wissenschaft u. Technologie, New York (1981–1984), Direktor des Instituts für Europäische Umweltpolitik (Bonn, 1984–1991), Präsident des Wuppertal Institut für Klima, Umwelt, Energie (1991–2000). Von 1998 bis 2005 gehörte er als Mitglied der SPD dem Deutschen Bundestag an, wo er 2002 Vorsitzender des Umweltausschusses wurde. Von 2006 bis 2008 lehrte er als Dekan und Professor an der School of Environmental Science and Management, Santa Barbara, Kalifornien. Von 2007 bis 2014 war er Co-Chair des International Resource Panel; seit 2011 ist er Honorarprofessor der Universität Freiburg. Von 2012 bis 2018 war er Co-Präsident des Club of Rome, jetzt ist er dessen Ehrenpräsident. Ernst Ulrich von Weizsäcker ist Träger mehrerer Preise (Deutscher Umweltpreis 2008, Großes Bundesverdienstkreuz 2009) und Autor zahlreicher Bücher, u. a. *Erdpolitik*, 1989; *Faktor Vier*, 1995. *Faktor Fünf*, 2010. *Wir sind dran!*, 2018.

Anmerkungen

Vorwort

1 https://www.sueddeutsche.de/panorama/hitze-europa-deutschland-hitzewelle-waldbrand-1.5619480, aufgerufen am 18.07.22
2 Philippe Descola, *Jenseits von Natur und Kultur*, Berlin 2013, 4. Auflage 2022, S. 12.
3 Descola, S. 15.
4 Donna Haraway, Monströse Versprechen, darin: »Anthropozän, Kapitalozän, Plantagozän, Chthuluzän: Making kin, sich Verwandte machen«; Hamburg 1995.

Klaus Töpfer

5 Der Philosoph Hans Jonas hat diese grundsätzlichen Überlegungen in einen weiterentwickelten »kategorischen Imperativ« eingebunden: »Handle so, dass die Wirkungen deiner Handlungen verträglich sind mit der Permanenz echten menschlichen Lebens auf Erden.«
6 Die philosophische Diskussion darüber, was Wohlstand ist oder sein soll, hat eine lange Geschichte. Genannt seien an dieser Stelle lediglich die zwei kleinen Traktate von Seneca: *Vom glücklichen Leben* und *Das Leben ist kurz*. Auf die intensive Diskussion dieser Fragen kann an dieser Stelle leider nur hingewiesen werden auf die *Theologie der Befreiung* (Leonardo Boff u. Dom Helder Camara).

Franz Alt

7 https://www.zeit.de/thema/russland
8 https://www.zeit.de/wirtschaft/2021-09/klimapolitik-gruene-fdp-klimaschutz-liberalismus-sondierung-bundestagswahl

Christof Schenck

9 Nature Climate Change, 22.11.2021.

Josef Göppel

10. https://www.bundestag.de/webarchiv/textarchiv/2011/36407918_wege_politik_goeppel-206818
11. https://www.bundestag.de/webarchiv/textarchiv/2011/36407918_wege_politik_goeppel-206818
12. https://goeppel.de/wp-content/uploads/2022/04/Wuerdigung-Josef-Goeppel-Staatsregierung-CSU.pdf
13. https://mdb.goeppel.de/fileadmin/template/goeppel/user_upload/Texte/2017/170601_Rede_Nachhaltigkeit_01.pdf
14. https://mdb.goeppel.de/fileadmin/template/goeppel/user_upload/Texte/2017/170601_Rede_Nachhaltigkeit_01.pdf
15. https://goeppel.de/wp-content/uploads/2022/04/Wuerdigung-Josef-Goeppel-Landschaftspflegebewegung.pdf
16. https://goeppel.de/wp-content/uploads/2019/06/Wirksame-Reduzierung-des-Fl%C3%A4chenverbrauchs-Bayerische-Akademie-L%C3%A4ndlicher-Raum-Josef-G%C3%B6ppel.pdf
17. https://www.landesentwicklung-bayern.de/daten-zur-raumbeobachtung/flaechennutzung-flaechenverbrauch/
18. https://heimat-deutsche-landschaften.de/wp-content/uploads/2020/05/Goeppel-StN-Flaechenverbrauch-20-05-14.pdf
19. https://www.spiegel.de/politik/deutschland/flaechenfrass-in-bayern-das-heimat-problem-von-seehofer-und-soeder-a-1212263.html
20. https://goeppel.de/bverfg-zoegerlicher-klimaschutz-verfassungswidrig/
21. https://www.neueenergie.net/politik/deutschland/der-energiesektor-kann-ein-stabilitaetsanker-der-demokratie-sein
22. https://www.bundestag.de/webarchiv/textarchiv/2011/36407918_wege_politik_goeppel-206818
23. https://www.bundestag.de/webarchiv/textarchiv/2011/36407918_wege_politik_goeppel-206818
24. https://goeppel.de/wp-content/uploads/2022/01/220126-Josef-Goeppel-Buergerbeteiligung-Sofortmassnahmen-Energiewende.pdf
25. https://www.neueenergie.net/politik/deutschland/der-energiesektor-kann-ein-stabilitaetsanker-der-demokratie-sein
26. https://www.neueenergie.net/politik/deutschland/der-energiesektor-kann-ein-stabilitaetsanker-der-demokratie-sein
27. https://goeppel.de/wp-content/uploads/2022/01/220120-Gruene-Buergerenergie-fuer-Afrika-Josef-Goeppel-Eroeffnungsrede-Alumninetzwerk-dt..pdf
28. https://goeppel.de/globalisierung-korrigieren-fuer-ein-zellulares-wirtschaften/
29. https://goeppel.de/globalisierung-korrigieren-fuer-ein-zellulares-wirtschaften/
30. https://goeppel.de/tag/reformation/

31 Persönliches Lebensbild Josef Göppel von 1990
32 https://goeppel.de/wp-content/uploads/2022/04/Wuerdigung-Josef-Goeppel-Gerd-Mueller.pdf
33 https://goeppel.de/wp-content/uploads/2022/04/Wuerdigung-Josef-Goeppel-Bernhard-Poetter.pdf

Helga Kromp-Kolb

34 Der »Flügelschlag des Schmetterlings« geht auf einen Vortrag von Edward N. Lorenz zurück, den er im Jahr 1972 während der Jahrestagung der American Association for the Advancement of Science hielt und in dem er der Hypothese in dieser einfachen Form eine Absage erteilte.

Thilo Bode

35 https://www.greenpeace.de/klimaschutz/klimakrise/greenfreeze-fckw-freie-kuehlschrank
36 https://www.stern.de/p/politik/klimastreik--thilo-bode-und-annemarie-botzki-diskutieren-ueber-proteste-9426168.html
37 Jennifer Lee Morgan, deutsch-amerikanische Umweltaktivistin, bis Februar 2022 Executive Director von Greenpeace International, ist seit dem 16.03.2022 Staatssekretärin und Sonderbeauftragte für internationale Klimapolitik im Auswärtigen Amt.
38 https://www.luzernerzeitung.ch/wirtschaft/neue-studie-roentgenbilder-mit-schock-resultat-97-prozent-aller-legehennen-haben-ein-gebrochenes-brustbein-ld.2254714

Christine von Weizsäcker

39 Christine von Weizsäcker/Elisabeth Bücking (Hrsg.): Mit Wissen, Widerstand und Witz. Frauen für die Umwelt.
Freiburg: Verlag Herder, 1992,
ISBN 3-451-04093-X
40 Christine von Weizsäcker: Vielfalt im Verständnis von »Artenvielfalt«. In: Wolfgang Sachs (Hrsg.), Der Planet als Patient. Über die Widersprüche globaler Umweltpolitik, S. 113–135. Berlin, Basel, Boston: Birkhäuser Verlag, 1994, ISBN 3-7643-5058
41 https://www.de-ipbes.de/de/Globales-IPBES-Assessment-Deutschsprachige-Zusammenfassung-fur-politische-2122.html
42 https://www.de-ipcc.de/media/content/Hauptaussagen_AR6-WGIII.pdf
43 https://dgvn.de/veroeffentlichungen/publikation/einzel/unep-bericht-frieden-schliessen-mit-der-natur

44 https://www.umweltbundesamt.de/sites/default/files/medien/4031/publikationen/umid-02-20-one_health.pdf
45 https://www.cbd.int/health/SOK-biodiversity-en.pdf
46 https://enb.iisd.org/global-platform-disaster-risk-reduction-gp2022
47 Christine von Weizsäcker: Biodiversity: Extractive versus Cognostic Knowledge. In: Research for development. SAREC 20 Years. S. 91–103.
Stockholm: Swedish Agency for Research Cooperation with Developing Countries, 1995, ISBN 91-86826 25 5
48 T. Nagel, The View from Nowhere. University Press, Oxford, 1986
49 Niels Bohr, 1931, S. 62.
50 Christine und Ernst Ulrich von Weizsäcker: Fehlerfreundlichkeit. In: Offenheit-Zeitlichkeit-Komplexität: zur Theorie d. offenen Systeme/Klaus Kornwachs (Hrsg.) S. 167–220.
Frankfurt; New York: Campus Verlag, 1984 (Campus: Forschung; Bd. 387), ISBN 3-593-33341-4
Christine von Weizsäcker: Fehlerfreundlichkeit: Ein Kriterium zukünftiger Technikentwicklung. In: Roland Schaeffer (Hrsg.): Ist die technisch-wissenschaftliche Zukunft demokratisch beherrschbar? Beiträge zum Kongress der Heinrich-Böll-Stiftung, S. 197–202.
Bonn/Frankfurt: Heinrich-Böll-Stiftung e. V., 1990,
ISBN 3-927760-01-3
51 Christine von Weizsäcker: Die nukleare Großtechnologie und die ihr eigene Fehlerdimension zerstören die hohe Kunst des fehlerfreundlichen Lebens. In: Claus Biegert, Elke Stolhofer (Hrsg.): Der Tod der aus der Erde kommt. Zeugnisse nuklearer Zerstörung – Ureinwohner der Erde beim World Uranium Hearing. S. 38–42.
Salzburg-München: Verlag Anton Pustet, 1993,
ISBN 3-7025-0307-2
52 Christine von Weizsäcker: Einführungsvortrag. In: Bericht der parlamentarischen Enquête-Kommission betreffend »Technikfolgenabschätzung am Beispiel der Gentechnologie« – Gutachten und Stellungnahmen, Band 3, S. 43–49.
Wien: Österreichischer Nationalrat, 1993
Christine von Weizsäcker: Lacking Scientific Knowledge or Lacking the Wisdom and Culture of Not-Knowing. In: Ad van Dommelen (ed.): Coping with Deliberate Release. The Limits of Risk Assessment, S. 195–206.
Tilburg [etc.]: International Centre for Human and Public Affairs, 1996,
ISBN 90-802139-4-2
53 Gene Drives. A report on their science, applications, social aspects, ethics and regulation.
Bern, Critical Scientists Switzerland (CSS), www.criticalscientists.ch
Berlin, European Network of Scientists for Social and Environmental

Responsibility (ENSSER), www.ensser.org
Berlin, Vereinigung Deutscher Wissenschaftler (VDW), www.vdw-ev.de,
May 2019, ISBN: 978-3-00-062389-9,
online: https://genedrives.ch/report

54 Christine von Weizsäcker: Die ethische Betriebsanleitung ist vergriffen –
Fragen zu Wissen, Zielen, Macht und Verantwortung in der kulturellen und
agrikulturellen Krise. In: Jochen Mayer et al. (Hrsg.): Ökologischer Landbau:
Perspektive für die Zukunft! (SÖL-Sonderausgabe, Nr. 58), S. 28–53.
Bad Dürkheim, Stiftung Ökologie und Landbau, 1994,
ISBN 3-926104-58-9

55 Agrofuels. Towards a reality check in nine key areas. Authors: Almuth
Ernsting, Nina Holland, Helena Paul, Christine von Weizsäcker, Stella
Semino, Tamra Gilbertson.
Published by Biofuelwatch, Corporate Europe Observatory, Ecologistas en
Acción, Econexus, Ecoropa, Grupo de Reflexión Rural, Munlochy Vigil,
NOAH (Friends of the Earth Denmark), Rettet den Regenwald,
Transnational Institute, Watch Indonesia, June 2007, pp 1–34

56 http://www.unece.org/fileadmin/DAM/env/pp/documents/cep43e.pdf

57 Christine von Weizsäcker und Antje Lorch: The Aarhus Convention
on the Convention on Biodiversity Cooperation in Implementing Article
23 of the Cartagena Protocol on Biosafety. NGO Experiences and Lessons
learned.
In: BiosafetyNews of the Convention on Biological Diversity, April 2017,
S. 1–4.
Online Newsletter by the Secretariat of the Convention on Biological
Diversity, Montreal

58 Christine von Weizsäcker: Vorwort.
In: Monitoring Report 2018, Öffentlichkeitsbeteiligung bei
Infrastrukturprojekten in Deutschland, Herausgeber: UfU, Unabhängiges
Institut für Umweltfragen
Berlin, Unabhängiges Institut für Umweltfragen, Dezember 2020, S. 2–3.
ISSN 2702-9158

59 Christine von Weizsäcker: »Wir brauchen die Wachsamkeit aller«.
Ein Schlusswort.
In: böll-Thema 3/2016. Heft zur biologischen Vielfalt. Die Liste
ausgestorbener Arten wird immer länger. Höchste Zeit zu handeln!
Berlin, Heinrich-Böll-Stiftung, 2016, S. 40

Christine von Weizsäcker: Internationale Aufgaben im Bereich der
biologischen Vielfalt. »Wenn der Weg lang ist, muss man das Gepäck gut
packen und sofort losgehen.«
In: Zukunftsfähiges Deutschland? Wann, wenn nicht jetzt? S. 74–78.
München, oekom, 2017,
ISBN: 978-3-86581-848-5

Christine von Weizsäcker: Über die gemeinsame Evolution von Krankheitserregern und ihren Wirtsorganismen. Vortrag beim »Jung und Alt bewegt«-Workshop der Vereinigung Deutscher Wissenschaftler, 2. Februar 2021,
online verfügbar: https://vdw-ev.de/portfolio/jung-und-alt-bewegt-biodiversitaet-und-pandemien/

60 Jonas et al.: Equitable and Effective Area-Based Conservation: Towards the Conserved Areas Paradigm.
Authors: Harry D. Jonas, Gabby N. Ahmadia, Heather C. Bingham, Johnny Briggs, Stuart H.M. Butchart, Joji Cariño, Olivier Chassot, Sunita Chaudhary, Emily Darling, Alfred DeGemmis, Nigel Dudley11, Julia E. Fa, James Fitzsimons, Stephen Garnett, Jonas Geldmann, Rachel Golden Kroner, Georgina G. Gurney, Alexandra R. Harrington, Amber Himes-Cornell, Marc Hockings, Holly C. Jonas, Stacy Jupiter, Naomi Kingston, tebrakunna country and Lee E., Susan Lieberman, Sangeeta Mangubhai, Daniel Marnewick, Clara L. Matallana-Tobón, Sean L. Maxwell, Fred Nelson, Jeffrey Parrish, Ravaka Ranaivoson, Madhu Rao, Marcela Santamaría, Oscar Venter, Piero Visconti, John Waithaka, Kristen Walker Painemilla, James E.M. Watson, Christine von Weizsäcker
Parks Journal Vol. 27, 1 May 2021, S. 71–83.
https://parksjournal.com/wp-content/uploads/2021/05/10.2305-IUCN.CH_.2021PARKS-27-1en_Jonas_et_al.pdf
Christine von Weizsäcker: Lokale Probleme – globaler Rahmen. Recht als Sehnsucht und Herausforderung in einer globalisierten Welt. Zu den Schwierigkeiten der Schaffung rechtlich bindender internationaler Abkommen am Beispiel verschiedener Konventionen In: Betrifft Justiz, 25. Jg. Heft 98, Juni 2009, S. 89–95.
Darmstadt: Betrifft Justiz, 2009,
ISSN 0179-2776

61 Christine von Weizsäcker: COP2 agreed on the need for a Biosafety Protocol. But what do we need in the Protocol?
In: Eighth Circular on Biodiversity. Reports from COPII. P. 7–8
Nairobi: Environment Liaison Centre International, January 1996, p. 8–9
Christine von Weizsäcker: Warum ist das Biosafety-Protokoll wichtig?
In: Blätter für deutsche und internationale Politik, 44 Jg, Heft 10/99, S. 1255–1258, Bonn: Blätter Verlagsgesellschaft, 1999,
ISSN 0006-4416

62 Christine von Weizsäcker: Vorwort. In: Michael Frein und Hartmut Meyer: Die Biopiraten – Milliardengeschäfte der Pharmaindustrie mit dem Bauplan der Natur. Seiten 7–10.
Berlin: Econ/Ullstein Buchverlage, 2008,
ISBN: 978-3-430-30033-3

François Meienberg und Christine von Weizsäcker: Will we share the
biggest part of the benefits?
In: Penang, Third World Resurgence, No 242–243, Oktober November 2010
and in: The Road to an Anti-Biopiracy Agreement. The Negotiations und
der United Nations Convention on Biological Diversity.
Penang, Third World Network, First edition 2010, second edition 2011,
ISBN: 978-967-5412-54-7
Christine von Weizsäcker: Introduction. And contributions to
other chapters.
In: Nagoya Protocol on Access to Genetic Resources and the Fair and
Equitable Sharing of Benefits Arising from their Utilization. Background
and Analysis. S. 1–5.
Lead author: Hartmut Meyer. Co-authors: Joji Carino, Chee Yoke Ling,
Michael Frein, Francois Meienberg, Christine von Weizsäcker.
published 2013 by:
Berne Declaration, Zürich; Bread for the World, Berlin; Ecoropa,
Emmendingen; Tebtebba. Baguio City, Philippines; Third World Network,
Penang, Malaysia,
ISBN: 978-967-5412-85-1 (TWN)
Christine von Weizsäcker: CBD/Nagoya Protocol. Analysing the Term
»Non-Discriminatory« in the Context of Compliance
In: Environmental Policy and Law. The Journal for Decision Makers,
Volume 45, Number 2, April 2015, S. 57–58.
Amsterdam, IOS Press, 2015,
ISSN 0378-777x

63 Christine von Weizsäcker: Weltweites Haftungsregime für GVO-Schäden.
Verzögerungsstrategien in Montreal. In: Bonn: Rundbrief Forum Umwelt
und Entwicklung, 2007.
Christine von Weizsäcker: Nichtregierungsorganisationen fordern
internationale Haftung für Gentechnik-Schäden: Kein Geschädigter
ohne Entschädigung. CBD Alliance Hintergrundinformationen für die
Medien. No. 9. CBD Alliance Hintergrundinformationen für die Medien –
Mai 2008, www.cbdalliance.org.

64 Christine von Weizsäcker: Precaution goes without saying, but comes with
controversies. In: The Role of Precaution in GMO Policy.
Austrian Ministry for Health and Women, Section IV, Forschungsberichte
der Section IV, Band 6, 2006, Vienna September 2006, S. 7–16,
ISBN 3-900019-86-X

65 The Earth Charter. www.earthcharter.org. approved and released by the
Earth Charter Commission, Paris, 24 March 2000.

66 Z.B.: Ernährungssicherung und Nachhaltige Entwicklung. Eine Studie der
Kammer der EKD für Entwicklung und Umwelt. S. 1–63.
Mitglieder der Arbeitsgruppe Ernährungssicherung der Kammer: Lothar

Brock, Gudrun Kordecki, Peter Ackermann, Hans-Jochen Luhmann, Imme Scholz, Christine von Weizsäcker.
Hannover, Kirchenamt der EKD, 2000.

67 Das Jo'burg Memo. Ökologie – Die neue Farbe der Gerechtigkeit. Memorandum zum Weltgipfel für Nachhaltige Entwicklung. Authoren: Wolfgang Sachs (Redakteur), Henri Achselrad, Farida Akhter, Ada Amon, Tewolde Berhan Gebre Egziabher, Hilary French, Pekka Haavisto, Ashok Khosla, Sara Larrain, Reinhard Loske, Anita Roddick, Vivienne Taylor, Christine von Weizsäcker, Sviatoslav Zabelin
Berlin, Heinrich-Böll Stiftung, 2002,
www.boell.de/2002/05/10/das-joburg-memo.pdf

68 Z.B.: Strategische Grundsätze und Leitbilder einer neuen Verbraucherpolitik. Diskussionspapier des Wissenschaftlichen Beirats für Verbraucher- und Ernährungspolitik beim Bundesministerium für Verbraucher, Ernährung und Landwirtschaft. Hauptautorin: Lucia A. Reisch, überarbeitet von Christine von Weizsäcker, BMELV, Stuttgart-Hohenheim/Berlin, Juli 2003, S. 1–34.

69 Bewertungsbericht zum Förderschwerpunkt »Sozial-ökologische Forschung«, Infrastrukturförderung, Nachwuchsförderung, Projektförderung. S. 1–88.
Dem Bundesministerium für Bildung und Forschung (BMBF) vorgelegt durch die Evaluierungsgruppe Förderschwerpunkt »Sozial-ökologische Forschung, Berlin, den 14. November 2005. Mitglieder der Evaluierungsgruppe: Prof. Dr. Reinhard F. Hüttl, Dr.-Ing. Herbert Gassert, Dr. Rudolf Häberli, Prof. Dr. Bernd Hansjürgens, Christine von Weizsäcker.

Alexander Van der Bellen

70 Rede zur Eröffnung der Salzburger Festspiele 2021: »Wir wissen, dass wir handeln müssen« (gehalten am 25.07.2021; veröffentlicht auf der Homepage der Präsidentschaftskanzlei; abrufbar unter https://www.bundespraesident.at/aktuelles/detail/eroeffnungsrede).

71 Rede zur Eröffnung des World Summits Austria 2019: »R20 Austrian World Summit 2019« – Rede von Alexander Van der Bellen (gehalten am 28.05.2019; veröffentlicht auf der Homepage der Präsidentschaftskanzlei; abrufbar unter: https://www.bundespraesident.at/aktuelles/detail/r20-austrian-world-summit-2019).

72 Rede zur Eröffnung des World Summits Austria 2020: Bundespräsident bei Austrian World Summit 2020: »Wir werden die Welt in Ordnung bringen.« (gehalten am 17.09.2020; veröffentlicht auf der Homepage der Präsidentschaftskanzlei; abrufbar unter: https://www.bundespraesident.at/aktuelles/detail/austrian-world-summit-2020).

73 Rede zur Eröffnung des World Summits Austria 2020: Bundespräsident bei Austrian World Summit 2020: »Wir werden die Welt in Ordnung bringen.« (gehalten am 17.09.2020; veröffentlicht auf der Homepage der Präsidentschaftskanzlei; abrufbar unter: https://www.bundespraesident.at/aktuelles/detail/austrian-world-summit-2020).

74 Rede zur Eröffnung des World Summits Austria 2021: »Es liegt in unserer Natur« (gehalten am 01.07.2021; veröffentlicht auf der Homepage der Präsidentschaftskanzlei; abrufbar unter: https://www.bundespraesident.at/aktuelles/detail/rede-aws).

75 Rede zur Eröffnung der Salzburger Festspiele 2021: »Wir wissen, dass wir handeln müssen« (gehalten am 25.07.2021; veröffentlicht auf der Homepage der Präsidentschaftskanzlei; abrufbar unter: https://www.bundespraesident.at/aktuelles/detail/eroeffnungsrede).

76 Rede zur Eröffnung des World Summits Austria 2020: Bundespräsident bei Austrian World Summit 2020: »Wir werden die Welt in Ordnung bringen.« (gehalten am 17.09.2020; veröffentlicht auf der Homepage der Präsidentschaftskanzlei; abrufbar unter: https://www.bundespraesident.at/aktuelles/detail/austrian-world-summit-2020).

77 Rede zur Eröffnung der Salzburger Festspiele 2021: »Wir wissen, dass wir handeln müssen« (gehalten am 25.07.2021; veröffentlicht auf der Homepage der Präsidentschaftskanzlei; abrufbar unter: https://www.bundespraesident.at/aktuelles/detail/eroeffnungsrede)

78 Rede zur Eröffnung des World Summits Austria 2019: »R20 Austrian World Summit 2019« – Rede von Alexander Van der Bellen (gehalten am 28.05.2019; veröffentlicht auf der Homepage der Präsidentschaftskanzlei; abrufbar unter: https://www.bundespraesident.at/aktuelles/detail/r20-austrian-world-summit-2019).

79 Rede zur Eröffnung des World Summits Austria 2020: Bundespräsident bei Austrian World Summit 2020: »Wir werden die Welt in Ordnung bringen.« (gehalten am 17.09.2020; veröffentlicht auf der Homepage der Präsidentschaftskanzlei; abrufbar unter: https://www.bundespraesident.at/aktuelles/detail/austrian-world-summit-2020).

80 Rede zur Eröffnung des World Summits Austria 2021: »Es liegt in unserer Natur« (gehalten am 01.07.2021; veröffentlicht auf der Homepage der Präsidentschaftskanzlei; abrufbar unter: https://www.bundespraesident.at/aktuelles/detail/rede-aws).

81 Rede zur Eröffnung des World Summits Austria 2020: Bundespräsident bei Austrian World Summit 2020: »Wir werden die Welt in Ordnung bringen.« (gehalten am 17.09.2020; veröffentlicht auf der Homepage der Präsidentschaftskanzlei; abrufbar unter: https://www.bundespraesident.at/aktuelles/detail/austrian-world-summit-2020).

Elisabeth Stern

82 Als Quellen dienen unsere beiden Klagen, die sämtliche Fakten zu unserem Fall im Detail referenzieren: ans Bundesgericht in Lausanne und an den EGMR.
https://www.klimaseniorinnen.ch/wp-content/uploads/2021/01/2020-11-26-KlimaSeniorinnen-Beschwerde-an-den-EGMR-Deutsch.pdf
www.klimaseniorinnen.ch/Dokumente/Beschwerde an den Europäischen Menschenrechtsgerichtshof auf Deutsch, Französisch und Englisch, November 2020

Ernst Ulrich von Weizsäcker

83 E. U. von Weizsäcker, M. S. Swaminathan and Aklilu Lemma, in cooperation with the United Nations. 1983. New Frontiers in Technology Application: Integration of Emerging and Traditional Technologies. Dublin: Tycooly

84 Ernst Ulrich von Weizsäcker. Erdpolitik. Ökologische Realpolitik an der Schwelle zum Jahrhundert der Umwelt. Darmstadt. Wissenschaftliche Buchgesellschaft 1989. 5. Aktualisierte Auflage 1997.

85 Ernst von Weizsäcker, Amory Lovins und Hunter Lovins. Faktor Vier. Doppelter Wohlstand, halbierter Naturverbrauch. München, Droemer 1995.

86 Ernst von Weizsäcker, Oran Young and Matthias Finger. Limits to Privatization. How to Avoid too much of a Good Thing. A report to the Club of Rome. London 2005.

87 Ernst Ulrich von Weizsäcker and Anders Wijkman. Come On! New York, Springer 2018. Deutsche Übersetzung: Wir sind dran. Was wir ändern müssen, wenn wir bleiben wollen. Taschenbuch 2019: München: Pantheon.

88 Ernst Ulrich von Weizsäcker. So reicht das nicht! Außenpolitik, neue Ökonomie, neue Aufklärung – Was wir in der Klimakrise jetzt wirklich brauchen. Paderborn: Bonifatius Verlag 2022.